源流说

SOURCE AND COURSE

吴晨光 主编

内容生产与分发的44条法则

ON CONTENT GENERATION AND TRANSMISSION

中国人民大学出版社
·北京·

主编
吴晨光

联合撰写（按章节排序）
吴晨光　马昌博　傅剑锋
张育群　李　彬　陈丽娜
半佛仙人　岳建雄　干　雄

高级顾问
夏　林　马昌博　宁霜巍
胡晓菲　白　炅

歌曲演唱
吴晨光

吉他伴奏
安　宁

音乐制作
王可心

源流说 20 问

SOURCE AND COURSE

任何一条河流——无论是清浅的小溪还是奔腾的大江,皆发于源、长于流。内容传播也是如此。"源"从哪里来(即内容生产,又称创作);"流"指内容到哪里去(即内容分发,又称推荐)。探究源、流,理清源、流之关系,即为"源流说"。

源流说是道,可以解释内容传播中的一切。它的应用,则涵盖了编辑、运营、审核、算法、媒体融合置等诸多层面,包括新冠疫情的应对。以下内容即为"源流说 20 问",每一问答都将解释一个内容生发中的核心问题。

常说"诗人",诗与人是什么关系?

所谓"诗人",诗即作品,人即作者。诗与人无法割裂。因为作者不可能脱离他所处的时代、环境以及成长经历去思考、写作。南唐后主李煜为君时,其词的文学造诣已是高妙;但因为有了亡国之经历,才写出了"流水落花春去也,天上人间""问君能有几多愁,恰似一江春水向东流"的千古名句。王国维在《人间词话》中评价:后主之词,真所谓以血书者也。

所以,当你难以写出优秀作品时,可能是因为选题方向不明、采访不够扎实、文字不够动人,但也可能是经历不够、阅世不深。

万里长征第一步,选题怎么找角度?

苏轼诗《题西林壁》:横看成岭侧成峰,远近高低各不同。不识庐山真面目,只缘身在此山中。这说的就是选题角度。好的角度是"意料之外,情不好的角度则是"about 新闻",也就是的一切。

2012 年,一则《85 岁的嫖客找 62 岁的"的社会新闻引发关注,绝大多数人是带着之心解读的。但搜狐新闻中心在报道时将在了"关注老年人性健康"上,这就是"新闻往上三路做"。高大上的新闻反而要气,同样出自搜狐新闻的《2000 万听障患懂十八大报告》,就是以《新闻联播》中翻译报告为切入口,解释了这个重要文件殊人群的关系。

"两会"如何约访省部级官员?

全国"两会"召开期间是采访高级官员的最当所有代表团在人民大会堂开全体会议的省部级高官的采访基本上只能是利用开会

赛发布会"；7. 一眼就能看出说啥派，如"市值风云""金融八卦女频道"；8. 一眼就能看出说谁派，如"摩登中产"；9. 看了半天也没看出谁在说啥派，如"一点晨光"。

名字的背后，其实是定位。也就是你的号到底要说什么、做什么。今天财经、明天科技、后天娱乐，这样的"杂货铺"无法给用户形成预期，就不可能拥有忠实的粉丝群体。

如何让账号涨粉？

涨粉的核心，是要保持与读者（C端用户）的互动，这样才能把公域流量转化为私域流量。新华社官方微信号在发布了"史上最短文章"《刚刚，沙特王储被废了》之后，有留言称"就这九个字还用了三个编辑"，国社编辑的回复是"王朝负责刚刚，关开亮负责被废，陈子夏负责沙特王储。有意见？？？（王、关、陈都是责任编辑）"；面对"看你们那回复……你们怎么不上天？？？"的留言，他们再回复："我们的确上过天，我们的特约记者景海鹏、陈冬在天宫二号上发过稿件，电头就是'新华社天宫二号电'。"这种操作起到了重要作用，整体涨粉50万+。

账号安全怎么保证？

账号发文的十个禁忌：1. 有害政治信息；2. 涉黄、涉低俗信息；3. 谣言，特别是在重大突发事件中造谣；4. 歪曲国史、抹黑英雄；5. 黑公关，这种操作可能负刑事责任；6. 侵犯公司商誉，以及侵犯公民隐私权、肖像权和名誉权；7. 抄袭，甚至成为"做号党"产业；8. 严重的"标题党"内容；9. 转世号；10. 发布违反广告法的内容。

除此之外还需提醒两点：第一，慎独。自媒体往往是采、编、校一人承担，这样很容易出问题，最好请有经验的人帮忙把把关。第二，责任。所谓主体责任、文责自负。很多时候，生死在于心中的一念。

源流说 — 自序
SOURCE AND COURSE — PREFACE

"'源流说'概论"部分完成的那天是2020年1月31日——庚子年正月初七。窗外暮色渐沉,冷风吹打着北京长安街上几个步履匆匆的身影,几乎没有车,只有远处传来的几声鞭炮响还在提醒着国人,这本应是一个喧嚣而喜庆的春节。

就在此前的一个多月里,一种名为"COVID-19"的新型冠状病毒,随着流动的人群散播到中国各地。它会攻击人的肺部,使那里出现剧烈的炎症、丧失换气功能,最终致人死亡。而这种新型病毒的可怕之处,更在于它像幽灵一样飘忽不定——有人感染后会发烧、干咳、腹泻;但也有部分人根本没有症状,可病毒检测呈阳性,且可能传染他人。

自从1月23日疫情暴发地武汉封城之后,代表病痛与死亡的确诊病例数字每天都在攀升,恐慌、失望、愤怒、迷茫笼罩在每个人的心头。国、家,以及个体的命运,都将被这场疫情改变。

一

流行病学研究的核心问题有三个:其一是病源,即病毒是怎么产生的;其二是传播链条,比如腺鼠疫是"啮齿动物→跳蚤→人";其三是易感人群,新型冠状病毒的超强传播力迅速打破了"老人、幼儿不易感染"的说法,所有人都是易感者。

这正是"源流说"探究的核心问题。**从哪里来,是源;向哪里去,是流。源与流的背后,是人。**

二

从传播规律上说,病毒与内容基本趋同。

我对内容源的探究,是从1997年12月24日进入传媒行业开始的。还清晰地记得在22年前的那个平安夜,我接到《中国劳动报·职业导刊》录用通知时"漫卷诗书喜欲狂"的场景。可能今天的求职者很难体会到,作为一名钢铁冶金专业的大学毕业生,在市场化刚刚开启、走到哪里都要带着档案的年代,想成为一名记者有多么艰难。但我成功了。

此后的日子变成白天采访、晚上写稿。在北京市东直门外斜街小关56号——中国劳动报社的四层——那间东西朝向的房子里,我习惯了对着夕阳创作。而当稿件完成的时候,回过头来,一缕微微的晨光已经照在了脸上。

这样的日子过了14年,从《中国劳动报·职业导刊》到中央电视台、《南方周末》再到《中国新闻周刊》,我从150万字的采访作品以及大约500万字的编辑作品中总结出了8个字:

选题、采访、写作(对视频而言是剪辑)、**包装**(主要指标题制作)。它们构成了基本内容源。一切传播,始于源头。

三

回溯这14年里最让我记忆深刻的作品,当属2002—2004年SARS流行期间的系列报道。从 2002 年冬天广东的第一个病例开始,到 2004 年夏天最后一例病人在安徽合肥出院,幽灵般的病毒一直是我追踪的对象。我和《南方周末》的同事们暗访了藏有大量果子狸的广东某野生动物地下交易市场,追查广东、北京、山西三大疫区的传播链条,进入北京地坛医院记录救治现场,全程跟踪病人遗体火化,并见证了关于口罩的真实与谎言。2003 年 4 月,在山西兴县一个村庄采访农村防疫情况时,我差点从 100 多米高的悬崖上跌落;同年 11 月,我和同事林楚方联名发表的作品《SARS 爆发一周年回访:我们活着,坚持着》,描述了病人们因严重的后遗症——股骨头坏死而导致的凄惨生活,至今读起来仍让人泪流满面。

经过科学家们近十年的溯源,SARS 病毒的源头最终被确认为中华菊头蝠,而中间宿主就是活跃在黑市里的果子狸。但直至新冠疫情暴发之前,人们还把吃蝙蝠等野味作为炫耀的资本,真的是可悲可叹!

而在两次疫情暴发之间的 17 年里,内容创作者的结构发生了巨变。自媒体悄然崛起,各种"号"铺天盖地,在某些方面的影响力甚至超越了机构媒体。但在这次疫情中,冲在一线的依然是那些优秀的传统媒体记者,这些媒体除了《人民日报》、新华社和中央电视台这"三大家"之外,还包括《财新周刊》《财经》《三联生活周刊》《人物》,以及我的老东家——《中国新闻周刊》和《南方周末》。当我看到《中国新闻周刊》社长夏春平戴着口罩、拎着行李匆匆登上前往武汉列车的照片时,一种久违的冲动涌上心头。对于真正的战士而言,无所谓年龄、无所谓职务、无所谓身处何方,只要听到战斗的号角,他们都会在第一时间归队奔赴前线,用血肉之躯保卫岁月静好。

所以,在"选题、采访、写作、包装"的背后,是内容源的另外 8 个字:**真相、勇气、责任、信仰**。无论是机构媒体还是自媒体、无论是传统媒体还是新媒体,包括国家花大力气打造的"融媒体",都是概念和形式,只有讲真话、负责任的媒体才是好媒体。失去了这些内涵,再高明的技术流派、再完美的理论体系,也是无本之木、无舵之船。

四

在类似《南方周末》这样的传统媒体里，记者负责内容生产，责任编辑负责版面处理。哪篇稿子能上、哪篇稿子会被"枪毙"，谁是头条、谁是二条，取决于编辑和总编辑的选择。我2012年进入搜狐网出任新闻中心总监时，PC端的编辑也掌握着对稿件生杀予夺的权力。

在记者手里、没能上版或上页面的内容，是源；当编辑同意发布，内容与阅读者见面后，是流。这与瘟疫传播的道理相同——病毒是源，而当它通过中间宿主传播到人身上并形成"人传人"时，就变成了流。

《第一财经周刊》封面。它是一座丰碑，记录着这段不平凡的历史

流的核心是排序逻辑，也就是谁是头条、谁是二条。由编辑决定头条、二条的信息流，我们称之为"编辑流"。今天，在财新、澎湃等新闻客户端上，编辑排序仍是主要的方式。

2012年，是移动互联网崛起元年。随着智能手机的普及、3G到4G的跨越，两个划时代的产品诞生了——一个是微信的"朋友圈"功能上线，它代表着社交信息流，在这里看到的是被关注者的动态；另一个是今日头条，它代表着智能传播，也就是算法流，"你关心的，才是头条"就是其背后的推荐逻辑。

从此，编辑流、社交流、算法流三足鼎立，信息的传播在加速、分发的效率在提升，大量的信息需求又倒逼着生产者创作出更加丰富的内容，内容小溪流变成了大江东去。

线上与线下的进步总是相伴而生的。同样在这段时间里，高铁诞生、高速公路扩展、航线增加、随叫随到的"网约车"出现在城市……人的流动速度越来越快。17年前，为了报道SARS疫情，我从山西太原赶到兴县，200多公里的路走了10个小时；今天，高速公路直达，用时仅需约两小时。在平时，这是便捷、是效率；但面对疫情时，这就是巨大的风险和挑战。

一道道隔离线很快建立起来。国家—省—市—社区，进出需要量体温、出示通行证，网格化的管理模式起到了巨大作用，这就像把互联网切成局域网一样；禁止人员大规模聚集，等同于封群；最大限度地减少出行、出门必须戴口罩，把点对点的传播概率降到了最低。阻挡病毒传播与阻挡内容传播的逻辑是相同的，源流说的理论其实解释了一切传播规律。

五

在源、流的"提速"中，我的转型也开始了——从专注内容生产，到生产、分发兼顾。特别是在2013年10月担任总编辑之后，视野和格局已经远超之前。在6年的总编辑时间里，我完成了搜狐网"分源、分流"的媒体融合变革；搭建了一点资讯自媒体平台，打通了源与流之间的交汇点；并和工程师一起，建立了"算法+编辑""智能+人工"的"二流合一"的分发模式。

在这个过程中，我更深刻地认识到了用户的重要性、数据的重要性。

在传统媒体那里，只有读者、观众、听众的概念；到了互联网，它们被统一称为"用户"。这并不是简单的称谓变化，而是理念的变化。我们不知道读者、观众、听众是谁，因为无法追踪他们，但用户可以。进入后台，调取用户日志，他们看了什么、评论了什么、转发了什么，他们的兴趣和爱好，一目了然。这些用户的行为会以数据的方式表现出来——比如某个用户今年阅读了 5 篇关于疫情的文章，针对每篇文章发表了 1 条评论等。

正因为掌握了这些数据，所以可以根据用户的需求，对源与流进行运营——这就是用户思维。**从编辑思维到用户思维，是传统媒体人转型的根本。**就像面对病毒，可以从医生的专业角度给出治疗方案，但最终要根据病人的治愈情况，对方案进行优化。目前，中国对新冠肺炎的治疗方案已经更新到第 7 版，这也是依据 8 万多病例救治大数据分析的结果。马云曾经说过，"大数据是新时代的生产资料"，而在这样的特殊环境里，简直是"救命资料"。

新冠疫情数据公开后的每一天，我早晨起来做的第一件事，就是看有关数字的通报。我会根据这些数据分析、判断疫情的走向，以及可能采取的对策。我也在时刻提醒自己：数字不是冰冷的、机械的，每一个数字都代表着一个人的行为、思想甚至生命，代表着一个家庭的悲欢离合，也代表着中国的国运与方向。把宏观和微观结合起来，把数据和事件结合起来，把理性和感性结合起来，这也许就是一个拥有互联网和算法背景的职业媒体人的优势所在，也是《源流说》一书的看点。

六

就在疫情的变化中，《源流说》的字数在逐渐增加，理论体系也变得逐步丰满起来。

第一章是概论：包括内容生产与分发的 44 条法则，以及一篇解释内容生态的长文。

第二章讲源：前台是作品；后台是作者。作品又可拆分为选题、采访、写作、包装；而作者就是"号"。

第三章讲流：按照出现的时间，分别是编辑流、社交流、算法流，最后谈到了"三流合一"的问题。

第四章讲审核： 它位于源、流之间，相当于污水处理场，是把握内容导向和安全的手段。

第五章讲 App： 源与流在 App 上完成转化，内容创作者和阅读者在 App 上进行沟通，它是媒体的一种表现形式，如何运营 App 是本章重点。

第六章讲源流说的应用： 包括媒体核心竞争力的塑造、媒体融合操作要点、舆情的引导与处置，以及疫情中的数据分析、处置建议。

我很庆幸自己在 22 年的媒体生涯里留下些东西，包括此前的积累和思考。比如，对诗词的背诵与理解成就了书中《写作说：句秀、骨秀、神秀》这篇文章。我还翻阅了大量业务笔记——2002 年到《南方周末》以后，就开始以邮件形式保存了资料；2012 年到搜狐后，坚持每天写工作日志，一年半从不间断；而在一点资讯，则留下了大量的周报以及重要工作完成后的总结。其中的一部分，已形成文章发布在"一点晨光"公众号上，另一些则在这次的书籍整理中首次披露。粗粗算来，这些年写下的总结类文字应该在 150 万字左右，不少于我的原创报道。

不积跬步，无以至千里；不积小流，无以成江海。

在整理这些笔记时，并不如烟的往事也扑面而来：五道口那条尘土飞扬的小路和每周必住三晚的七天酒店；在搜狐媒体融合变革中领悟了"用户"含义时的仰天大笑；深圳大梅沙海边萌生"源与流"想法时的悲喜交加；一点资讯获得《互联网新闻信息服务许可证》时的泪流满面；以及辞去一点资讯总编辑时为同事们讲的"最后一课"……

两个十年磨剑、三个"七年之痒"，最终成就"源流说"。

在每天面对死亡、失望、恐慌的日子里写作，压力是巨大的。特别是看到 2020 年的憧憬被现实击碎，更是欲说还休。好在自从出任总编辑之后，人生已经几起几落，很多东西成为"新常态"。当痛苦、难过围绕身边，当看不清方向时，我们能做的只有等待和坚持。

2 月 4 日——疫情非常严重的那天，我录了一首歌：《春风十里》。那一刻，我想起来《南方周末》同事李海鹏写下的名言：

没有一个冬天不可逾越；没有一个春天不会来临！

七

在全书的写作过程中，最难忘的是在 2020 年 2 月 7 日凌晨，李文亮医生逝世的那一刻。

35 岁的李文亮是武汉中心医院的一位医生，因为在 2019 年 12 月 30 日发出了"有类似 SARS 病毒传播"的防护预警而被称为"疫情吹哨人"。他因此受到了当地警方的传唤，那张给他的《训诫书》上写道："现在依法对你在互联网上发表不实言论的违法行为提出警示和训诫，你的行为严重扰乱了社会秩序。"因为"造谣"，这位医生登上了包括湖北电视台在内的若干主流媒体的头条。

但李文亮预警的事情最终发生了。就在他病逝的那天，全国新型冠状病毒的感染人数已经超过了 4 万。

就在那个瞬间，在所有人的朋友圈里，所有人都在悼念这位敢于说真话的医生，这已经不能用"刷屏"形容，而是历史上从未有过的网络洪流。一位媒体前辈写道：我们愤怒于你的预警被当成谣言，我们伤恸于你的死亡竟不是谣言……还要怎样惨重的代价，才能让你的哨声嘹亮，洞彻东方！

看到这个消息时，我泪流满面。一个念头突然变得更为清晰：从业 22 年，从一个连导语都不知为何物的工科毕业生成长为总编辑，从《超越门户》《自媒体之道》再到《源流说》，我们的努力是为什么？《源流说》中所列举的技术手段，研究它们的意义又是什么？

在那个终生难忘的深夜，我增补了《内容生产与分发的 44 条法则》的第四十四条：

从源到流，再到"源流说"，为什么要建立这样的理论体系？内容生产、内容分发、内容风控、App 运营技巧、媒体融合、舆情处置……这些技巧的价值又是什么？真实、真情、真理，才是传播的终极目标。我辈须铭记：有时候，一句真话的分量比整个世界还重。

就在李文亮逝世的次日，国家监察委派出的调查组抵达武汉，就群众反映的涉及他的有关问题做全面调查。国家卫生健康委员会及武汉市也公开发声，对这位医生的去世表示深切哀悼，追授他"全国卫生健康系统新冠肺炎疫情防控工作先进个人"的光荣称号。

八

最后是感谢和致敬。

在本书写作的过程中,随着框架的不断成熟,越来越多的人被邀请加入。按照章节顺序,一一致谢。

马昌博

《南方周末》前资深记者、编辑。现为中国第一知识短视频——"视知TV"创始人、CEO,《"两会"报道方法论》一文的作者。

傅剑锋

曾供职于《南方都市报》,曾任《南方周末》新闻中心资深记者、资深编辑,《侦破"神雕之死"》一文的作者。

张育群(兽爷)

微信公众号"兽楼处"创始人。出自这个公众号的《疫苗之王》震动了中国。《新闻专业主义歇了吗》一文的作者。

李彬

搜狐网副总编辑。拥有近20年的门户网站从业经验,《编辑流:首页头条是如何确认的》一文的作者。

陈丽娜

新浪微博执行总编辑。她参与了新浪微博的创办工作,并供职于这家目前中国最大的社交媒体平台10多年,她是《社交流:人传人是怎么造成的》一文的作者。

半佛仙人

知名自媒体人、内容风险控制高手,《系统拯救小红书》一文的作者。

岳建雄、干雄

前者现任爱奇艺副总裁,曾经与我在搜狐、凤凰网两度共事;后者也是我在搜狐的同事。两人合作完成了《"大河奔流"的秘密:解析用户增长模型》。

这几位合作伙伴中也有人问我：为什么要写这本书？

我回答：一是多年的积累最终要有结果；另外，也是对这样一个特殊的时段的记录——这是我辈能尽到的一点点责任。

在历史长河中，人其实可以分为三种：

一是改变了其进程的，如封建制度的终结者孙中山、新中国的缔造者毛泽东，我们称之为"领袖"。

二是对历史进程有着重大影响的，如伍连德——如果没有这位"总医官"成功阻击肺鼠疫，1910年的中国很可能像中世纪的欧洲一样，陷入"万户萧疏鬼唱歌"的绝地；还包括在两次特大疫情中敢说真话、已经成为中国民众定心丸的钟南山院士，我们称之为"国士"。

更多的人则是第三种，像你我这样的小人物。除了至亲至爱之人，没有人关心我们从哪里来，最终到哪里去。

但在某一个节点，一位小人物可能因为一个偶然的机会站出来，完成了一件让所有人都无法忘记的事情，比如李文亮医生等人。或许，他们并不觉得"吹哨"是使命，但他们确实完成了。**这样的人是不是英雄、是不是可以被树碑立传已经不再重要，他们真正的价值，是告诉我们每个人都可能有意无意地去写下类似使命、责任的字样。而这些人性中最宝贵的精神，终将汇成一股洪流，滚滚向东。**

九

小时候，我一直坚信一件事情：每一个故事都会有一个圆满的结局，比如，凶手被依法判处死刑，王子和灰姑娘步入婚姻殿堂，一位身经百战的士兵最终成为将军等。但当我走过了不惑之年后才明白，这更多的是一个愿望。无奈、徘徊，甚至痛苦和眼泪，往往是事件的结局。即使我们在一场战争中最终获得了胜利，那也需要付出巨大的代价。春天已经来临，但很多人永远留在了那个冬天里。

本书初稿封笔的2020年3月19日，中国内地——包括武汉在内的31个省（自治区、直辖市）当日新发确诊病例为零、疑似病例为零，这是自疫情数据公布以来的第一次。这一天，李文亮事件的调查结果也公之于众——来自国家监察委调查组的通告称：督促公安机关撤销《训诫书》并追究有关人员责任，及时向社会公布处理结果。随后，武汉市公安局撤销了李文亮训诫书，并郑重向这位英雄道歉（4月2日，李文亮医生被评定为烈士）。

这一刻的我们，却没有"漫卷诗书喜欲狂"的感觉。因为同样在这一天，新冠病毒已经席卷全球150多个国家和地区，超过21万人感染，1万多人病亡。因为疫情引发的金融危机也已经席卷全球，美股第四次熔断，油价大跌。国内的疫情虽然被遏制，但它所带来的伤痛以及对中国经济和社会心态的影响，可能只是刚刚开始。而境外的输入性病例，还在时刻威胁着我们的国家和人民。

3月19日的凌晨，我在自己的微信朋友圈里写下了这样的话：

这几天，各种各样匪夷所思的事情在不断发生……是环境的剧烈变化激发了人性中的多面，但我们依然相信真实、善良、美好是主流，在无法为此做出更多的时候，就在长风呼啸的夜里，微笑一下。

晨光

2020年3月19日

补记：

2020年3月31日，中华人民共和国国务院新闻办公室在武汉举行新闻发布会。中央指导组成员、国家卫生健康委员会主任马晓伟介绍：以武汉为主战场的全国本土疫情传播已基本阻断，疫情防控取得阶段性重要成效。

2020年4月8日0时，在艰苦卓绝地奋战了76天之后，武汉解除封城。

2020年5月18日晚，中国国家主席习近平在第73届世界卫生大会视频会议开幕式上发表题为《团结合作战胜疫情，共同构建人类卫生健康共同体》的致辞。有评论指出：习近平直面全球抗疫的一系列紧迫和长远问题，从构建人类卫生健康共同体的高度，提出六项建议、宣布五大举措，每一条都有很强的现实针对性和指导意义，为国际社会团结合作战胜疫情指明了方向。

2020年5月22日，《柳叶刀》在线发表全球首个新冠疫苗人体临床试验结果，显示重组腺病毒5型载体新冠疫苗在Ⅰ期临床期间安全，并能在人体内产生针对新冠病毒的免疫应答。该试验结果来自中国人民解放军军事科学院军事医学研究院生物工程研究所陈薇院士和江苏省疾控中心朱凤才教授团队。

2020年5月22日，中华人民共和国第十三届全国人民代表大会第三次会议于北京召开；21日，中国人民政治协商会议第十三届全国委员会第三次会议在北京召开。会议开幕前，全体与会人员向新冠肺炎疫情牺牲烈士和逝世同胞默哀。

2020年6月12日，已故抗疫英雄李文亮遗孀诞下男婴。

扫码可听吴晨光演唱的《春风十里》。翻唱此曲已得到原创者鹿先森乐队授权，特此致谢！

源流说 目录

1 第一章
"源流说"概论 ... 001
内容生产与分发的 44 条法则 ... 002
"源流说"与其背后的内容生态 ... 013

2 第二章
源：内容生产 ... 023
选题说："源中之源"的价值判断 ... 024
采访说：让关键人物说出核心事实 ... 030
 深度案例之一："两会"报道方法论 ... 035
 深度案例之二：侦破"神雕之死" ... 047
 深度案例之三：新闻专业主义歇了吗 ... 058
写作说：句秀、骨秀、神秀 ... 062
 深度案例之四："抄作业"更看水平 ... 069
标题说：提纲挈领三境界 ... 075
账号说：大号背后的名与利 ... 084
 附：自媒体"清朗计划"演讲实录 ... 093

第三章
流：内容分发 — 103

- 编辑流：首页头条是如何确认的 — 104
- 社交流：人传人是怎么造成的 — 116
- 算法流：谁打造了千人千面的后台 — 125
  - 深度案例之五：吴晨光算法笔记一则 — 135

第四章
审核与内容风险控制 — 145

- 封禁启示录：内容风控是一个体系 — 146
  - 深度案例之六：《南方周末》头版致歉内幕 — 155
  - 深度案例之七：系统拯救小红书 — 162
  - 附：网络信息内容生态治理规定 — 172

第五章
App 运营 — 181

- "大河奔流"的秘密：解析用户增长模型 — 182
- 冷启动：人生若只如初见 — 191
- Push：拼的不仅是速度 — 203

第六章
"源流说"的应用 — 209

- 决胜密码：不是源，也不是流，而是场 — 210
- 媒体融合：中央厨房生产，不同餐厅分发 — 219
- 舆情处置：为什么总有人把它弄成火上浇油 — 239
  - 深度案例之八：新闻发布会败于口罩 — 251
- 疫情处置：一切应以人为本 — 255

后记
内容的未来 — 261

源流说

SOURCE AND COURSE 1

第一章 『源流说』概论

ON CONTENT GENERATION AND TRANSMISSION

内容生产与分发的 44 条法则

我于 1997 年年底进入传媒行业，先后任职于报纸、电视、广播、杂志、门户网站、智媒体。前 14 年专心于内容生产，2012 年任职搜狐网后，开始认知内容分发之规律。在一点资讯，又深入探究算法、数据以及生产、分发之间的平衡，22 年终成"源流说"如下。

【一】

源与流构成传播。源指内容从哪里来（即内容生产，又称创作）；流指内容到哪里去（即内容分发，又称推荐）。探究源流之根本，厘清源流之关系，即为"源流说"。"源流说"是道，可以解释传播中的一切。

【二】

《现代汉语词典》：内容，指事物内部所含的实质或存在的情况。在"源流说"体系中内容特指一切可以传播的信息。新闻指时效性强的内容，资讯一般指时效性较弱的内容，短到跟帖、长到小说，文字、图片、视频、音频，皆包含于内容之中。

【三】

源流背后皆为人。源由作者控制，流由读者控制。作者之思维，可影响读者；读者之兴趣，亦反作用于作者。平面媒体时代是"计划经济"，作者为上；互联网时代是"市场经济"，读者为上。不懂人性，难做传播。但传播又须考虑意识形态，正如同"市场经济"前要冠以"中国特色"之定语。

【四】

源与流可相互转换。两人对话，说者是源，听者是流；听者将其获得的信息转述第三人，他又变成了源。互联网传播的复杂之处就在于源流的不断转换之易，且多点交互影响，是谓"病毒式扩散"。而信息的价值就在源流的转换中产生。

【五】

因智能硬件的普及以及移动互联网的发展（比如从 4G 到 5G），源在逐步"降维"——越来越多的人获得了创作的权力，内容小溪流因此变成了大江大河；而流在逐步"升级"——因为社交和算法的介入，分发效率提升，表现为在同样的时间里可处置更多内容，并将这些内容更精准地推荐给阅读者。降维与升级，亦互为因果。

【六】

源可拆解为两个维度：前台是作品，后台是作者。《南方周末》记者：当你看到我的时候，我和新闻在纸上；当你看不到我的时候，我和新闻在路上。即为作品与作者的关系。

【七】

一个基本内容源的产生需经四步：选题、采访、写作（对视频而言是剪辑）、包装（主要指标题制作），重要性依次递减。所谓"上兵伐谋，其次伐交，其次伐兵，其下攻城"。文章、视频、图片都是"基本内容源"；跟帖虽短，亦符合上述规律。

【八】

选题之要义在于两点：一是可读性，即如何吸引人；二是必读性，即能对更多人、更重要的人产生更深远的影响。同题竞争，高下则在角度，所谓"意料之外、情理之中"。

【九】

采访之要义，在于从权威人士处获悉核心信息。为保证信息的真实性，需经过至少三个互不相干的信息源交叉印证。"网传"只可参考，不经核准，不能判定为事实。

【十】

写作之要义，在于主题明确、逻辑清晰、表述流畅、细节丰富而又与主题密切相关。张若虚《春江花月夜》能"孤篇盖全唐"，在于句秀，在于骨秀，更在于神秀。

【十一】

标题之要义，在于提纲挈领，即将全篇核心或要点提炼出来。真实、简洁、精彩又是其中三境界。"标题党"看似提升流量，实则杀鸡取卵。

【十二】

在新媒体语境下，源的生产者称为"号"，一号背后即一人，亦可是一个团队、一个组织。号的高下，在于垂直度（定位）、原创度（不抄袭）、活跃度（常发文），以及其生产内容的品质。号的气质即作者之人设。《人间词话》曰：东坡之词旷，稼轩之词豪。无二人之胸襟而学其词，犹东施之效捧心也。

【十三】

天下熙攘，皆为名利。号的存在，亦因名利。传播中，名是阅读数据，即点击、评论、分享、收藏、用户停留时长等指标；利是收益，也是名的货币转化，与名成正比。名与利均为阅读者对创作者的反馈。因生于平台，所有号获得名利的叠加，又构成了平台的影响力与收益。

【十四】

《人间词话》:"四言敝而有《楚辞》,《楚辞》敝而有五言,五言敝而有七言,古诗敝而有律绝,律绝敝而有词。盖文体通行既久,染指遂多,自成习套。豪杰之士,亦难于其中自出新意,故遁而作他体。"今日内容源形态变化的原因,如从文字到视频、从消息到短内容(140字以内,微博),与之同理。传播模式也在影响源的形态,在移动阅读普及、时间化为碎片的大背景下,更短、更简单的内容就变得更受欢迎。

【十五】

"流"有两重含义:一是流动,二是今天的阅读模式。"飞流直下三千尺,疑是银河落九天。"从李白时代到互联网诞生之前,人的阅读一直是以"块"为基本单位的。特别是报纸,块阅读的特征非常明显——版面由一篇篇文章组合而成,每篇文章排列后的形状就像豆腐块。先看一块,再看一块,这就是块阅读。而App上的阅读是典型的"流阅读"——刷手机时,内容就像瀑布一样飞流直下。从"块"到"流",是信息传播效率的极大提升。

【十六】

流的核心是排序逻辑。即谁是头条,谁是二条,谁是三条……以及谁为什么是头条、为什么是二条、为什么是三条……今日头条的崛起,是因为其"你关心的,才是头条"的算法排序新理念。今天,内容源已经浩如烟海,而人之精力有限,所以排序就是对阅读者"应知、欲知而未知"的判断。

【十七】

当下,流的排序模式有三种,按出现时间的先后为编辑流、社交流、算法流。编辑流以价值观输出为目的;社交流以建立人与人之间更广泛、更紧密的连接为目的;算法流以获取更高阅读效率为目的。一点资讯等平台已在同时使用两种甚至三种手段，混合干预内容排序逻辑，但这恰恰需要流的目标更明确，所谓"不忘初心，方得始终"。

【十八】

编辑流的排序逻辑是职业经验，包括对内容的时效性、重要性以及所属领域的判断。比如，刚刚发生的排在前面、影响更多人的排在前面、时政排在娱乐前面。在编辑流里，阅读者看的是专业人士的水准和价值观。新闻越重大，编辑流的优势越明显。

【十九】

社交流的排序逻辑是用户的关注行为。你关注了谁，他的语言、动态、思想，就会出现在你的信息流里。与编辑流的专业与强价值导向、算法流的冰冷与高效不同，它是一条以网络社交关系为基础，并写着人性的信息流。对任何一个社交平台，最终的目标都是把其关系网编织得更大，并让任意两个节点之间的关系更加牢固。

【二十】

算法流的排序逻辑是阅读者（C端用户）的行为与爱好。自然属性（如性别、年龄、籍贯及学历等）和兴趣（如点击、评论、转发、收藏、搜索、订阅及停留时间等）会被算法记录下来，据此判断这些用户喜欢什么，再推荐相关内容。在算法流里，读者其实是在看自己。今天，由于协同过滤、兴趣图谱等算法手段的应用，点击什么推荐什么、搜索什么推荐什么的"信息茧房"时代已经过去，精准而可泛化已是趋势。

【二十一】

人工智能（AI）三要素：算法、数据、（计）算力。算法即解题方式，数据即习题量，计算力即脑容量。算法效率低、数据量小、带宽及服务器不足，人工智能就无法有效运行。

【二十二】

马云：大数据是新时代的生产资料。以此类推，人工智能是新型生产力，移动互联网构筑了新型生产关系。

【二十三】

虽然各媒体的编辑部门一直在追赶潮流，纷纷改名为"内容运营部"，但鲜有对"运营"之精确定义。编辑的工作主要在源，一是发现邀约培养优秀作者，二是提升作品品质；运营的工作主要在流，特别是与技术及产品团队一起修订规则，提升点击率、用户时长及留存。编辑为舵，运营为桨；编辑为本，运营为木。

【二十四】

从源到流，中间还需一个环节，称为审核。平面媒体即有"三审三校"之说。审核的作用，原是把控底线、核实真相、精编内容，在每天可能涌入百万条信息的大平台上，已经简化为污水过滤之功效。审核定生死，小红书、即刻等平台，皆因把关不严而被重创。但须铭记，审核不是为谋私利而阻止真相传播的工具。

【二十五】

审核之要义，在于安全、效率、标准三者兼得。即正确判断审什么不审什么、先审什么后审什么、审到什么程度；且因时而异、因地制宜、因势利导。审核中留精华、去糟粕，是对源的把控；而"打标签"环节是对流的初步塑形。

【二十六】

人工智能技术在审核中的应用极大提升了效率。一个合格的"涉低俗内容过滤模型"能替代无数双人眼，但审核的效果，最终归结于人对底线的判断、人对规则的制定。底线、规则有了，据以收集正负样本，训练模型即可。所谓"人工智能"，人工在智能之前，即为此意。

【二十七】

内容平台的安全，不是仅靠审核就能保证的。这就像只靠污水处理厂，不能保证河流清澈见底一样。安全是系统工程，包括对宏观政策的理解，业务标准和规章制度的制定、执行，技术的支持，组织的有效，以及同管理部门的充分沟通。但大多数内容平台无法理解这一点，它们认为有审核、有政府事务部就能搞定一切，却忽略了源流之间的因果关系，以及内容生态中各元素之间的复杂逻辑。对于主管部门而言，要保证全网的安全稳定，也需要充分考虑移动互联网时代传播的基本规律——特别是在每个人都是源和流，且源和流随时可以转换的当下，这样才能保证全网大平台的稳定运行。

【二十八】

源流之间，需要一种介质承上启下，这就是媒体（又称"内容平台"）。藏身于后台、没有展示在页面上的内容是源；一旦在页面上出现，就变为信息流。正如长江之水，在唐古拉山是源，"大江东去"后便是流。媒体始于新闻纸，发展于广电，1993 年第一根网线接入中国大陆，后又从 PC 端走向了移动端。目前，App 是最主要的媒体形态。

【二十九】

App 的核心指标有二：一是每日活跃用户数（DAU）；二是用户平均停留时长。微信一度封禁来自抖音的内容，并非因为后者抢了前者的用户，而是时长。抖音、微信是两种产品，主要功能不同，所以不存在用 A 就不用 B 的问题，但"人生不满百"，时间有限，所以有个选择的问题——多用了 A 就少用了 B。

【三十】

DAU（每日活跃用户）的提升，不仅需要新用户量的增长，还需要App生命周期内各阶段重要指标的增长——包括用户获取（Acquisition）、提高活跃度（Activation）、提高留存率（Retention）、获得收入（Revenue）、传播推荐（Referral）。这就是业界普遍认可的"AARRR漏斗模型"。正如长江三峡大坝，若想积蓄更多势能，截流要多，释放要少。

【三十一】

冷启动，指用户首次打开App与内容"见面"的过程。其重要性如谈恋爱时的第一面，可能会决定终身。冷启动运营之要义也与恋爱相似：所推荐的内容优选能投用户所好——而这就需要事先搜集其信息；次选大家都感兴趣的公共话题。不顾对方感受自说自话，势必谈崩。

【三十二】

推送（Push）是提升用户活跃度的最有效运营手段。从覆盖用户的层次上，它分为全量推送、个性化推送、本地化推送。推送三要义：重要、准确、快速。三者次序不可颠倒，尤其是准确一定在快速之前。"中美贸易战止战"的误推，就是只求快速、不求准确的结果。其背后，则是编辑希望"一战成名"的功利心。

【三十三】

媒体核心竞争力的塑造，在源也在流。源是打造独家内容、独特形态；流是寻求独特分发模式、独特用户。以深度报道替代消息、以视频替代图文，是源的进步；以算法排序替代编辑分发，是流的进步。在移动增速放缓、流量红利消失的今天，靠几篇独家内容打天下的时代已经过去，唯有合源与流之力形成"场"、形成生态，才能构筑壁垒、不被超越。这是一个战略问题而不是战术问题。

【三十四】

《南方周末》一纸风行二十年，不是仅仅靠几篇独家内容、几名优秀的记者编辑就能成就的。特稿、深度报道（调查性报道及解释性报道）与周报的形态相得益彰，领军人物深具家国天下情怀，中国改革开放先锋地区的包容度，以及生于1980年代长于1990年代，皆为超越源流的幕后原因。后有多人欲效仿其模式而失败，是因天时、地利、人和皆不可复制。

【三十五】

抖音，天下第一秀场，秀美人、秀美景、秀美食、秀才艺、秀情感。而"场"的塑造，在旋律、在节奏、在引领、在点赞、在跟评、在氛围，可以理解为将一个 Club 搬到了线上。

【三十六】

快手 CEO 宿华："我们只是社区的维护者，最大的特点就是尽量不去定义它。我们常做的是把规则设计好之后，用户凭借他们的聪明才智、自己的想法，以及他们之间的化学反应，去完成社区秩序的演变。实际上，快手在历史上的每一次迭代，都是用户驱动的。"这就如同中国的村民自治，在守法的基础上，实行自我管理、自我教育、自我服务。

【三十七】

媒体融合之要义，在合源、分流，所谓"中央厨房生产，不同餐厅分发"。融合的核心目标，是内容生产数量质量的提升与分发效率的提升——以更低的成本，获取更丰富、优质的内容，并让阅读者更快、更方便地看到。

【三十八】

融合之难，不在技术、不在内容，而在人。合源、分流的背后，是组织构架的调整，亦是利益的重新分配。一分为二，多出机会；合二为一，少了位置。这是对融合操盘手的巨大挑战，唯具备大格局、大智慧并深谙人性者，方能担此重任。

【三十九】

新冠疫情初期的失控，不在源而在流。一个月破解新型冠状病毒之结构，已是极速；但因为对人员控流不力，导致500万人在封城前流散，是最大失误。舆情处置与疫情处置相同，找到引发舆情的源头整改，并控制好传播链条是有效应对之策。但相较而言，控源的成本比控流小很多。所以，提前布局、发现隐患才是相关团队的核心工作，而非事后救火。

【四十】

疫情中有超级传播者，舆情中有大V转发；疫情中有聚集性感染，舆情中有群扩散。舆情处置与疫情处置方式相同，都是首先阻断"主路径"上的传播。所谓主路径，是指用户集中之处，如报纸的头版头条、电视的黄金时间、App的首页头条。

【四十一】

对舆情的处置，本质是对社会情绪的处置。情绪会被宣泄，这是人性，特别是重大灾难发生之时。所以，正确的应对手段不是"防民之口，甚于防川"，而是"大禹治水，堵不如疏"。

【四十二】

生态有平衡，内容亦有平衡：供需之间的平衡；长短的平衡；图文视频的平衡；正负面报道的平衡……小到某一个媒体，大到一个国家的所有媒体，平衡是其最理想状态，可以称之为稳定的内容生态。当阅读者有了新需求时，势必促使生产者创作符合其需求的内容；而当新内容出现时，又会引导阅读习惯的变化。于是，旧的平衡被打破，新的平衡逐步形成。如此往复、螺旋上升，内容和人的进化就缘于此。

【四十三】

中国特色社会主义进入新时代，社会主要矛盾已经转化为人民日益增长的美好生活需要和不平衡不充分的发展之间的矛盾。"不平衡不充分"是目前供给的状态；而"人民日益增长的美好生活"是需求的状态。供是源，需是流。以人民需求倒逼供给侧改革，以供给侧改革引领人民需求，求平衡、求发展，是为大道。

【四十四】

从源到流，再到"源流说"，为什么要建立这样的理论体系？内容生产、内容分发、内容风控、App 运营技巧、媒体融合、舆情处置……这些技巧的价值又是什么？真实、真情、真理，才是传播的终极目标。我辈须铭记：有时候，一句真话的分量比整个世界还重。

"源流说"与其背后的内容生态

提要

生产、审核、分发，构成了内容传播的整个链条，用更简洁的语言表述，传播就是"源——流"。当作者（B端用户）生产内容的数量、质量、形态、所属领域等指标，与读者（C端用户）的需求完全匹配时，就形成了一个稳定的生态——这是所有媒体平台追求的终极目标。

与人类不足300万年的"寿命"相比，传播的历史要悠久很多。当一头豹子逼近时，猴群中的瞭望哨会向同伴发出预警——比如尖叫，这就是信息的传播。猴群在逃跑的过程中，又会把信号传递给其他动物，一个关于"危险"的概念就这样被不断扩散。

没有了传播，我们面对的不仅仅是孤独，更是无法生存的绝境。

对现代传播的研究发源于美国。在包括拉斯韦尔、卢因（也译为勒温）等五位传播学奠基人的推动下，传播学被定义为"跨学科研究的产物"——政治学、社会学、心理学、经济学、人类学、哲学、语言学、语义学、神经科学等等，都与其相关。宣传学、新闻学被部分囊括在传播学之中，内容（或者信息）是被传播的一种素材，媒体则是内容传播的重要介质。

而在"源流说"理论体系中，内容传播被归结为两个字：源、流。**所谓"源"：指内容从哪里来；所谓"流"：指内容到哪里去。** 源是内容生产、流是内容分发，它们分别对应着作者和读者。所以，源流说也是对于人性以及人与人之间关系的探究。当然，这个体系中所揭示的规律，也不仅仅来自内容，还适用于一切可以传播的物质——比如病毒。

这里还要简单解释一下什么是内容。在《现代汉语词典》中，内容指事物内部所含的实质或存在的情况，此处特指一切可以传播的信息。新闻是时效性强的内容，资讯一般被认定为时效性较弱的内容，文字、图片、视频，都是内容的载体。

一、源：内容小池塘变成了汪洋大海

再长的河流，终有源头。所以，我们先从内容生产（也称内容创作）说起。

1997 年，当我从首钢总公司的一名技术员跳槽到《中国劳动报》做记者时，内容生产的权力几乎全部掌握在职业媒体人手中。当时的记者是很受尊重的，而办报纸、杂志所需要的刊号更是稀缺资源。

但互联网的崛起逐渐改变了这种状态。先有博客（Blog）、后有微博，2012 年 8 月微信公众账号功能的上线，让中国进入了"万众办报"的时代。微博号、微信公众号，2014 年前后崛起的头条号、一点号、百家号，以及抖音、快手等短视频平台上不计其数的个体创作者，构成了一支全球最为庞大的内容生产队伍，我们称之为"自媒体"。只需一张身份证，就可以在这些平台上注册一个属于自己的"号"，发布内容，吸引流量，赚钱养活自己甚至发大财。

传统媒体鼎盛时期，中国一共有上万家报纸、杂志，不到一万家广播及电视台。但在今天，每天增加的自媒体可能都不止一万个，这让内容小池塘迅速成长为汪洋大海。而在流（内容分发）的环节上，社交和算法拥有了处理海量内容的能力，从以前的人找内容变成了内容找人，极大提升了传播效率。这又与内容量的暴增互为因果：创作的东西有人看、有人赞—创作更多内容—更多人看、更多人赞—创作更多内容。

内容形态也因为网络有了巨大突破，从 Blog 时代的文字 + 图片，演变到今天的短视频、短内容（140 字以内）、问答，甚至一度出现了 VR 内容。

但无论如何变化，内容生产离不开以下四个环节。

选题：做什么，从什么角度入手；

采访：如何拿到真实、核心的素材；

写作： 如何把素材写成一篇文章（或者剪辑成一条视频）；

包装： 起标题、写提要、配图片，以及选好视频的封面图等。

这四者的重要性依次递减。也就是说，一个好选题几乎可以决定一切，有了选题方向再去采访，拿到了素材后再去写作，最后才是做标题。用《孙子兵法》里的一句话来形容，"上兵伐谋，其次伐交，其次伐兵，其下攻城"。很多人认为，"流阅读"时代标题最重要，但这恰恰是对内容生产的最大误解。"标题党"短时间之内可能会提升点击量，但从长远看无异于杀鸡取卵。

另有一些观点认为，随着大量 UGC（用户生成内容）的出现，公众的阅读变得越来越"随意"，传统的内容编辑应该被裁撤或者削权。所以，"重运营、轻编辑"的组织模式在一些平台开始流行。但这是错误的。即使是一条跟帖，也要看它的立意、角度、逻辑、表述，没有一个用户——无论是生活在五环内还是五环外——愿意看逻辑不清、废话连篇，甚至充满了错字的内容。

编辑，就是内容质量的维护者。

更可笑的是，很多人口口声声讲着内容运营很重要，其实连它的定义都没有弄懂。**所谓运营，是指站在流的维度上，去提升阅读效率——比如说点击率——的工作。** 特别是在类似一点资讯这样依赖算法进行推荐的平台上，在保证内容导向和安全的前提下，阅读的效率是其追求的终极目标。

所以，编辑和运营的关系应该是这样的：编辑是掌舵者，不能让船触礁，所以要把握好内容的导向、价值观和质量；而运营是划桨者，要把船开得更快，以保证最高效率、最大范围地影响用户。编辑主要做的是有关源的事情，要具备的是专业传播素养，在稿件刊发前给出影响力大小的基本判断，以及对自媒体人的专业指导；运营人员主要针对流，根据数据好坏去调整相关策略，所以要熟悉算法或者社交媒体的分发逻辑。而在一个人的成长路径上，如果没有从创作者到编辑、再到运营者的历练过程，则很容易摔跟头。因为无舵之船终会触礁，无本之木终会枯萎。

也正是因为绝大多数内容生产者都没有受过专业训练，所以在信息因自媒体极大丰富的同时，也让垃圾内容、虚假内容、低俗内容、侵权内容充斥于网络，就像未经处理的污水被直接注入海洋。所以，我们需要建一个污水处理厂进行过滤，这就是内容审核。

二、审核：源流之间的污水处理厂

对内容审核，可以打三个比方——

比喻 1： 如果说内容生产是造车，内容审核就是造刹车。

比喻 2： 如果说内容生产和分发构成了一个鱼缸的生态，内容审核就是水循环系统，负责过滤有害物质。

比喻 3： 如果说 20 世纪八九十年代，为了追求经济的高速发展，人们并没有意识到环境污染的严重后果，但在新时代，环保已经成为国家主题，所谓"绿水青山就是金山银山"。一个媒体平台的审核系统，相当于国家生态环境部。

很明显，审核首要解决的问题是内容安全——这是生死线。

如果从危险程度上看，有害政治信息——特别是涉及党和国家领导人、涉及意识形态、涉及领土主权、涉及民族宗教的不良内容，是最容易让平台付出代价甚至关停的。其次是涉黄、在重大事件中传播谣言，以及其他违背法律法规的文章。而"标题党"等业务型瑕疵，也是在审核过程中需要注意的问题——所谓千里之堤、溃于蚁穴，不能因恶小就纵容放过。

所以，我们首先要有一套审核的基本标准，依据它判断什么样的内容应该被清除，同时不能误伤无辜。2018 年年初，一点资讯出台了《互联网新闻信息审核规范》（简称《规范》）。这是中国互联网行业第一本审核标准，共 14 章、近 1 000 个案例、约 30 万字，其中对文字、图片、视频、跟帖等不同形态的内容底线均有详细描述。2019 年 1 月，《规范》新版出台，根据 2018 年全年出现的新情况——比如自媒体的严监管，又做了超过 5 万字的修订。在这样严格的管理之下，我执掌一点资讯内容部四年，底层审核环节从未出现过大问题。

算法和人工都可以对底线进行把握。一般来说，待审内容先过机器关——运用关键词识别、语义识别、图片识别等系统，会将问题内容或者敏感内容进行拦截。目前，在对文字和图片的审核上，机器已经具备了较强的能力，难点在于把关视频，因为文字可以靠关键词识别，但理解一个视频的含义需要很多模型——比如人脸识别系统，这给很多试图转型的平台带来了巨大挑战。

机器过滤之后，就是人工审核。审核编辑像"看门狗"一样，根据标准和经验，进一步清理敏感内容。

在包括今日头条、一点资讯这样的平台上，每天都会有百万条以上的内容进入。所以除了要把控底线之外，审核的效率同样重要。除了启动人工智能提升效率之外，更需要有审核优先级的排序，具体总结为三个要点：

审什么不审什么；

先审什么后审什么；

审到什么程度。

比如，对时政类内容——特别是涉及最高领导人的内容一定要先审，特别是严格保持三审制；而教育、体育、旅游等垂直类内容因时效性差且敏感性弱，可以后审，减少投入。另外，审核属于典型的因势利导、因时而异的工作，不同时间节点，要关注的重点不同。比如在乌鲁木齐"7·5事件"发生的节点，应该防"疆独"；而在拉萨"3·14事件"的节点上，则应该重点盯住有关"藏独"的言论。

审核环节处于内容生产和分发之间，所以要同时考虑到创作者和阅读者的感受。比如，如果一个作者在某平台上什么样的东西都发不出来，或者一篇文章待审的时间是几个小时，只能促使他放弃发文。做任何工作都需要对上游和下游有充分了解，并依据其反馈调整自己的动作，这样才能形成一个闭环、一个系统。

审核除了把握底线之外，还需要给相关内容"下定义"。比如，一篇描述东北虎的文章，要给它打上"猫科动物、老虎、东北虎"等标签。这个标签可能来自机器的判断，也可能来自审核员的界定。特别是在视频领域，人工标注非常重要，因为算法目前对视频的理解还有欠缺。有了标签这个简单的"产品说明书"之后，算法就能在内容分发时做出精准推送。

三、流：内容分发权的三足鼎立

一个内容生产者最大的愿望，就是他创作的东西能被更多人知晓，并影响更有影响力的人。我初入记者行业时最羡慕的岗位是编辑，他们对稿件有着生杀予夺的大权。在"一纸风行二十年"的《南方周末》，也遵循着"记而优则编"的规则——编辑是中心，记者和稿件由其调度。如果连编辑关都过不去，那就别说与阅读者见面了。

刊发出去的内容排列在一起，就形成了流。源是开始，流是去向。"流阅读"的概念始于 App，因为我们每天刷手机刷出来的内容，就像一条瀑布一样。而在报纸时代，阅读是一块、一块的——我们经常把短小的文章称为"豆腐块"，长文章叫"大块头"。到了 PC 时代，则进化为块 + 流，今天的门户网站依然保持着这样的阅读模式——用鼠标上下滚动是流，不同领域之间是块。

但这里的"流"还有另外一个含义，就是流动。无论内容还是其他物质，只有流动，才能产生价值。

在今天的传统媒体，编辑和总编辑依然拥有决定内容分发的权力，比如能不能发、上不上头版头条。但由于移动互联网的介入，另外两支力量充分参与到了内容分发之中，与编辑形成了三足鼎立的格局。

第一支力量叫"社交"。 从微博到微信，都属于社交媒体。在微博上，用户看到的信息主要取决于他的"关注"——关注谁就能看到他发的内容，拉黑谁就能让他发布的信息消失。朋友圈也是同样的道理。在社交流，阅读者是看别人。

第二支力量叫"算法"，或者叫人工智能（有关算法和人工智能关系的问题，后面的章节会有详细介绍）。在一点资讯、今日头条，用户点击、评论、转发、搜索、订阅了哪些内容，算法都会记录下来——也许有些行为你自己都忘掉了，但它的记忆力要比人脑好很多。算法根据此前的阅读记录判断某一个人喜欢什么，我们称之为"用户画像"，然后投其所好，推送他喜欢的东西。今日头条之前的 slogan"你关心的，才是头条"，形象地描述了这个逻辑。在算法流，阅读者更多的是在看自己。

社交平台和"智媒体"平台的出现，是移动互联网占据传播主导地位的表现。在 PC 时代，电脑无法 24 小时跟随用户，让他能随时和朋友沟通，并随时记录其行为，但手机可以。当人们在吃饭和上厕所时都在刷屏的场景下，社交和个性化分发也变得无处不在了。

以社交和算法替代人工编辑，是生产力的巨大进步。因为近五年来，内容小池塘已经变成了汪洋大海，如果还是门户时代的让用户（阅读者）在海量信息中选择自己喜欢的内容，他们会累得半死。无论是通过社交还是算法，都是精准推荐，事半功倍。今天，门户时代所强调的"快速、海量"，已经被"精准、优质"替代。这个进步，如同从计划经济到市场经济的跨越——按照市场需求、用户需要进行分配，比国家去印粮票、布票，然后塞给大家去买东西要强得多。

但别忘了，我们走的是中国特色社会主义市场经济道路。市场经济强调效率，但必须保证公平。社交和算法分发可能导致的最大问题是让人陷入自己的圈子，不关心其他事情。特别是算法，因为看重点击率，会把标题党、情绪化文章做大规模分发。

所以，一方面要不断修改算法模型，避免陷入"点什么推什么"的逻辑中。另外，总编辑和编辑在新媒体时代的作用依然不可缺少。他们保证的是公平，也就是价值观的问题。他们要把重大新闻、重要话题人工推送给用户。**"智能+人工、算法+编辑"的分发模式，也满足了信息的基本定义：应知、欲知而未知的内容。编辑保证"应知"，算法保证"欲知和未知"。**

这就又涉及一个问题：在市场经济里，计划的部分占多少？每个平台都在探索这个边际，以及编辑和算法、社交之间的关系。目前达成的基本共识是：**重大事件强干预，垂直**

长尾不干预。这和市场经济运行规则一样，涉及国家安全领域的产品，比如能源，政府要有绝对控制权；而其他东西——比如鸡蛋，则交给市场调节。

社交和算法也不是两条平行线，它们正在相互融合。比如，从 2017 年起，知乎开始布局算法流，目前已经在从社区走向社交 + 算法两条信息流并重；而今日头条进军社交的野心也在不断放大，从头条信息流里推出的"粉丝关注自媒体账号"功能以及"关注"流，到其孵化出来的各种社交产品——悟空问答、微头条、多闪等。所有的融合都为了一个目的：更多维度获取用户画像，做更精准、效率更高的分发，让媒体平台获得更多的用户，并让这些用户与平台的关系更紧密。

四、源与流背后的内容生态

说完了源、审核、流，我们来讨论关于平衡的问题。

"生态平衡"是我们都熟悉的一个概念。它是指在一定时间内，生态系统中的生物和环境之间、生物各个种群之间，通过能量流动、物质循环和信息传递，使它们相互之间达到高度适应、协调和统一的状态。水族缸、小池塘、大海，尽管大小不一，但都需要一个平衡状态，否则就会变成一潭臭水。

同样，内容生态也需要平衡，我们可以称之为"文态平衡"。 这个平衡包含很多个层次：

比如内容生产（源）和分发（流）之间的平衡；

比如自媒体和机构媒体之间的平衡；

比如正面报道和舆论监督之间的平衡；

比如不同内容表现形式——诸如 140 字的精短内容和深度报道之间的平衡；

…………

其中的核心，是源和流之间的平衡。它的背后是内容和用户（阅读者）之间的平衡，也是内容生产者与阅读者之间的平衡。

如果把水比作内容，鱼就是用户。什么水养什么鱼，多少水养多少鱼，这就是内容和用户之间的平衡。很怕出现此类情况：缸里有一吨水，但只养了几条小鱼，这会导致大量内容没人看，作者得不到流量和收益，最终流失；相反，如果鱼多了而水不够，用户看不到自己想要的内容，也就走光了。

在内容生态系统里，我们靠什么来掌握这种平衡呢？

是数据。它不是冰冷的数字，而是用户行为的反映。理解数据，就是理解人性。

2017年第四届乌镇互联网大会上，阿里巴巴创始人马云做了关于大数据的主题演讲，他把数据定性为"新时代的生产资料"。

（1）在内容源的维度上，有两组重要数据。其一是宏观数据：包括"每日活跃作者"数，以及日均的发文数。这两个数据还可以做进一步拆解，比如在某一个领域的作者数，某一个领域的发文数，某一种内容形态——如小视频的发布数等。其二是微观数据：一篇文章的相关指标，也就是文章画像，比如它的所属领域、形态、长度、作者等。如《"源流说"与其背后的内容生态》这篇文章，可以被贴上"新媒体领域、文字、深度报道、作者吴晨光"的标签。

（2）当这篇文章被推荐、进入信息流之后，也会产生一组数据，比如有多少展示、多少点击、多少转发等。这组数据其实是阅读者的行为，可以归结为流数据。

（3）对于一个媒体平台的层面，其核心的宏观数据有两个：**其一是每日活跃用户**，就是每天有多少人点了这个阅读流——因为阅读流在App里，所以也可以称之App的每日活跃用户（DAU）。**其二是用户平均停留时长**。DAU是多少人喜欢的问题；停留时长是喜欢到什么程度的问题。两者又有一定的关联度，因为一个被大多数人接受的事物，每个人对其的喜爱程度也不会太差。

所以我们要做到的是：微观上，某一个用户能看到他想要的内容，不多不少刚刚好；宏观上，要让用户画像和文章画像充分匹配，生产的内容都有人看，每个人也都能满足自己的阅读需求。这就是平衡。

判断是否平衡的依据，可以参照信息流的某些指标，比如A类内容的展示量很大，但点击、分享等数据却很差，我们就可以得到一个结论：A 类内容不受欢迎，可以减少这种源；相反，如果 B 类内容展示量很少，但点击等数据却很高，则可以判断 B 类内容源要增加。

在具体的调节方式上，就是给受欢迎的源以更多的名利——也就是流量和收益，反之则要去限制。如果我们想限制某一类内容，就直接将其分发数量设置上限——就算点击率是 100%，也不再给更多人做推荐，更不会给它开通收益。作者看不到流量、挣不到钱，自然会减少甚至停止生产。

而最终效果的评判，则是看内容源进行调整后，DAU、用户停留时长是否提升了。

打造一个真正平衡的内容生态并不是容易的事。因为用户的兴趣和爱好是随时变化的，而且对于一些非常长尾的兴趣——比如插花，想了解并满足是一件不容易的事情。这就要求对用户的刻画要更细腻，算法模型也要更多、更精细。所以，真正的"智媒体"所构造的壁垒绝不在几篇头部内容的推荐上。

但从另外一个维度说，优秀企业家的决策不仅取决于数据、"硬的知识"，同样依赖于"默会知识"——个人对选题、产品、市场前景、技术前景和资源可获得性的想象力、感知力、判断力，用技术语言表达就是"先验指标"。只有把判断力和数据结合起来，才能准确把握市场、进行决策，做出像微信这样伟大的产品来。

"治大国如烹小鲜"，"源流说"中的平衡理论同样适用于国家。中共十九大报告指出："中国特色社会主义进入新时代，我国社会主要矛盾已经转化为人民日益增长的美好生活需要和不平衡不充分的发展之间的矛盾。"这里所说的"不平衡不充分"，指的就是供给侧没能满足需求侧。

在供给侧，是市场提供的产品、服务（衣食住行），以及政府提供的产品、服务（养老、医疗、教育）；在需求侧，是人的数量、性别、地域、职业、年龄，以及他们想要什么。需要注意的是，"不平衡"放在了"不充分"前面，所以要解决新时期的矛盾，除了大力发展生产力，更要考虑资源的重新调剂、高效率分配、精细化的治理模式，最终的目标，则是人民群众"获得感、幸福感、安全感"的提升。

源流说 SOURCE AND COURSE 2

第二章
源：内容生产

ON CONTENT
GENERATION AND
TRANSMISSION

选题说："源中之源"的价值判断

提要

选题之要义在于两点：一是可读性，即如何吸引人；二是必读性，即能对更多人、更重要的人产生更深远的影响。同题竞争，高下则在角度，所谓"意料之外、情理之中"。

——摘自《内容生产与分发的44条法则》之八

关于选题，这已经是我第三次在书中进行总结。

第一次是在2015年出版的《超越门户：搜狐新媒体操作手册》中，我把对选题好坏的判断归结为四点：卖点、价值、信息增量、价值观；第二次是在2018年出版的《自媒体之道》中，它延续了《超越门户》中的内容，但把案例换成了更新的。

在"源流说"体系里，衡量选题的基本标准虽无太大变化，但格局又有提升：

其一是"看下游"。 选题属于源头的源头，所以找选题时应考虑下游的情况，包括根据这个选题进行采访、获取素材难度的大小；在写作时能否建立一条清晰的主线；能否提炼出一个让人过目不忘的标题等。还要预判这个选题在形成基本内容源（如一篇文章、一个视频）之后，传播效果如何。

其二是"人本论"。 从表面上看，"源流说"总结的是内容传播规律，背后则是在探求人与人之间交流、沟通的模式。因为内容来源于人，也流向人。所以，对选题价值的判断核心，是对人的判断。

一、选题的卖点：如何抓住人的眼球

卖点，指可读性，就是某一个选题能否吸引更多人，能否形成更广泛的传播。卖点由以下要素构成。

（一）时效性

时效性狭义指"新闻事件发生的时间"距离"该事件被报道的时间"的长短；从广义上说，它是指作者是否最早获取线索、最早进行价值判断，以及在第一时间进行采访、写作和传播。特别是在移动互联网时代，出版周期已经从月、天、日加速为"秒"，这让选题的时效性变得更为重要。

而从人的本性上讲，大家更愿意关注新鲜事，不愿意总去讨论陈芝麻烂谷子。所以，对选题的要求是"新"。这里的"新"，亦指新方向、新趋势。

（二）地点的显著性

地点的显著性指新闻发生地点的知名度大小。同样的新闻，发生在不同的地方，传播效果会大相径庭。一般而言，首都的显著性＞省会＞地级市＞县城。但一些此前并不知名的地方，会因发生过重大事件变得备受关注——如汶川。武汉、黄冈等地，也必将因为这次新冠疫情而备受关注。

地点的显著性可用于新闻的后期包装，尤其是标题制作上。

可以比较下面两则新闻：（1）在天安门金水桥前，发生了一起交通事故；（2）在河北省廊坊市建国道，发生了一起交通事故。很明显，虽然是同样的事故，但人们对前一条报道的关注度要远大于后一条。

（三）贴近性

贴近性指选题关注的事件影响到了公众的生活甚至生命。

最典型的例子就是 2020 年冬春之交暴发新冠疫情，我国 31 个省级行政区域先后启动"重大突发公共卫生事件Ⅰ级响应"，本书截稿时，中国超过 8 万人感染，4 000 多人死亡。它几乎让每个人都生活在恐慌之中。

（四）矛盾与冲突

选题中表现出的冲突越激烈，越吸引眼球。

从两个人吵架，到两个人打架，到两拨人打群架，再到两个国家打架，冲突的严重程度是逐渐加剧的，其关注度会也逐渐升级。两个国家打架，就是战争。而战争的最激烈表现形式是核战争。朝鲜核试验备受关注，就是这个原因。

（五）人情味

人情味指选题中有关情感元素的含量能不能换来读者的共鸣。涉及老人、儿童及其他弱势群体的选题，往往充满了人情味。

《知音》杂志的单期发行量一度超过1 000万册，就是因为抓住了人情味这个要素。这次新冠疫情中，曾有一则90岁老人照顾其被感染的儿子的新闻，也因为充满强烈的人情味引发了高度关注。

（六）名人效应

新闻中主要人物的知名度越高，传播效果越好。这里的名人不仅指自然人，还包括知名企业、知名组织机构，比如红十字会。

普通人离婚不是新闻，王宝强离婚则成为重大新闻；普通人出轨不是新闻，林丹出轨却引发了高度关注。很多时候，新闻对人不对事。

（七）神秘性

未知比已知易传播。马航MH370"失联"事件，为什么至今仍然如此让人关注？是因为其失联之谜至今没有被破解。

（八）趣味性

趣味性指选题是否有意思、好玩。它要符合"悦读"的特性，可以让读者轻松接受，并形成谈资，所以利于传播。

如"视知TV"推出的动画片《三分钟看懂中国官员级别》，就是把一个严肃的政治话题变得轻松活泼，获得了 10 万 + 的点击量。

（九）性

食色，性也，这是人的基础需求。但要严守底线，切忌把此类报道做成黄色新闻。下三路的新闻，应该向上三路做。

我在搜狐时曾策划过的一组关于"性治疗师"的原创图片专题集，赢得了流量和口碑的双丰收。其成功的秘诀是，它以严肃、严谨的态度，完成了关于性的选题。

二、选题价值：对人的影响是大是小

选题的价值，指其重要性、必读性。一切报道都是"人的新闻"，其重要性最终体现在对人的影响上。它主要包括三个指标：

（1）**影响了多少人**，是一个两个，还是成千上万。影响的人越多，选题的价值越大。

（2）**影响了什么人**。影响普通人和影响重量级人物当然有差别，新闻的"功利"就体现于此。

（3）**影响到什么程度**。对比 SARS 和 COVID-19，如果从死亡率来说，SARS 在 10% 左右，而新冠肺炎在 2% 左右。但最终，中国新型冠状肺炎的感染人数超过 SARS 的 16 倍，死亡人数超过其 6 倍。所以，中央将新型冠状病毒感染的肺炎定义为"新中国成立以来最严重的疫情"，其选题价值也远大于 SARS。

三、视角：为读者提供信息增量

人的本性是对未知充满了好奇。所以，在选题阶段，就要向着为阅读者提供信息增量而努力。**信息增量，是指"欲知、应知、未知"的内容。**也就是不重复其他媒体已经报道过的东西、不说正确的废话。

提供信息增量，主要体现在以下三个方面。

（一）角度

"横看成岭侧成峰，远近高低各不同"，这就是角度。尤其是针对所有媒体都关注的大事件，选择什么样的角度介入，是能否独占鳌头的重要手段。切忌大而全、切忌"about"（关于某某的一切）报道，要能够"小切口、大主题"，所选择的角度要在意料之外、情理之中。

金正日逝世后，几乎所有媒体都集中于对金家三代和朝鲜政局的报道上，但《博客天下》杂志刊发封面文章——《52小时秘不发丧，朝鲜如何瞒过全世界》，解读了在这个特殊时期朝鲜发生了什么。此文堪称不同角度报道的典范，并从侧面表现了这个国家的封闭状况。

这次新冠疫情的媒体大战也是比拼视角的时机。我的公众号"一点晨光"在一月下旬发出了《关于口罩的真实和谎言》。口罩是战略物资，围绕它发生了非常多的大事件。比如，红十字会把口罩"捐"给了莆田系医院，但处于抗疫最前线的武汉协和医院却没有得到援助；在一场举国关注的新闻发布会上，武汉市市长把口罩戴反了，时任湖北省省长在通报该省口罩的生产量时连错两次。加上SARS期间时任卫生部部长张文康的一句"戴口罩、不戴口罩，我相信都是安全的"的谎言，最终导致了这位正部级官员的引咎辞职。把这些关于口罩的信息组合在一起形成文章，就找到了一个不同于他人的角度。

（二）高度

"会当凌绝顶，一览众山小"，这就是高度。在准备报道一则新闻的时候，要能够站在国计民生的层面上去分析规律、趋势，而非就事论事。

比如，2014年山西官场大动荡中，搜狐财经将此事件定位于地方政府过度介入能源产业多年后中央政府进行的整风和肃毒，将官场窝案引申到权力与市场的良性互动关系上，使得系列报道立意更高。

（三）深度

碎片化传播符合移动互联网的特征，但深度报道同样不能缺少。深度报道不是"3 000字以上的内容",而是把报道的重点从"时间、地点、人物、事件"转移到"Why"上去,去追求新闻发生的原因和背景。

深度报道的形成在于选题阶段的深入思考。要有洞察事务本质的能力,才能入木三分。

四、价值观:不同人的不同立场

价值观是一个人、一个团体、一个国家秉持的立场。左与右、黑与白、民主与独裁、开放与封闭、进步与倒退,都代表着价值观。当选题确定时,价值观其实已经确定,不管作者是有意还是无意。

坚持中国共产党的领导,坚持走社会主义道路,爱这个国家与它的人民,是所有中国媒体应该遵循的基本价值观。

采访说：让关键人物说出核心事实

提要

采访之要义，在于从权威人士处获悉核心信息。为保证信息的真实性，需经过至少三个互不相干的信息源交叉印证。"网传"只可参考，不经核准，不能判定为事实。

——摘自《内容生产与分发的 44 条法则》概论之九

我书桌的抽屉里整齐地码放着几十个采访本。这些黑色的、封面有烫金"南方周末"字样的本子，记录着 2001—2005 年我采访过的所有大事，包括与新冠病毒一样影响全球的 SARS "非典"事件。

从 1997 年 12 月成为一名记者开始，到 2005 年 8 月出任《南方周末》调查版编辑，这 7 年多的时间，采访是我的主要工作，甚至人生的重要组成部分。一次次受阻、一次次突破；一次次遇险、一次次化险为夷；用腿、用手、用脑，目标只有一个——获取最核心、最接近真相的素材。

一、什么是采访

从内容形成的顺序上说，采访排在选题之后、写作之前——首先要知道去采什么，而采访的目的是为了在写文章时有据可依。**所以，可以把它定义为"记者获取事实或观点的一种手段"。**

按照这个定义，查阅资料是采访，现场观察是采访，与知情人的沟通也是采访。

这三种采访方式是有顺序的。最先查阅资料——互联网给今天的记者提供了非常便捷的渠道，只须输入关键词搜索一下，就会有大量的相关内容出现。在 22 年前——我刚刚成为记者时，查阅资料还要去图书馆。

资料查阅后记者们所要做的，一是通过这些信息了解事件背景，此前是如何报道的，以寻找更新、更吸引人、更有价值的角度——这也是对选题的修正过程；另外，网上的材料不可轻信，要在接下来的直接采访中核实真伪。

现场观察这一环节，则应该调动所有感官，所谓"望闻问切"并不夸张。比如，记者来到火灾现场，除了用眼睛观察之外，嗅觉也可以帮助你识别是什么引起的火灾——如果是某些化学物质，会有特殊的气味散出。同样，触摸过火后的物品，其温度会让你对火灾发生的时间有一个初步判断。

把通过不同感官获得的素材写入文章，会让内容变得更丰富、更立体、更可信。

2004 年，我到曾被称为"中国四大沙尘暴策源地之一"的甘肃民勤采访。在那片已经严重沙化的盐碱地，我拈起一丝土放进了嘴里——又苦又咸。这种用味蕾采访到的感受后来成了《民勤沙殇》的导语，有读者评价"穿透力极强"。

在问答环节，一对一、一对多称之为专访，这样能与被访对象有更深入的交流；多对一、多对多称之为群访，比如每年全国"两会"上的总理记者招待会，就是最高规格的群访。专访的问题一般是开放性的，以"是什么、为什么"为主，因为对方会有更多时间进行解释；在群访或偶遇受访对象时，应该提出简单的或者封闭式问题，让对方回答"是或者不是"。

而在一些调查性报道中，如果明查拿不到料，还需要暗访。所谓明查，指记者亮出身份观察或提问；暗访是指记者隐藏身份、变换身份进行观察或者提问。暗访获得的素材往往更接近于真实。关于这一点，在本章"深度案例之二：侦破神雕之死"中会有详细阐释。

采访本和录音笔是采访时必备的工具。但须记住一点：最重要的素材肯定是记在脑子里的，采访本是备忘录。录音笔除了再次备忘之外，还有一个重要功能——保存证据。很多批评性报道都会引发争议甚至官司，记者和媒体需要保护好自己，所以录音应至少保留两年。

二、多方核实

采访的核心目标是获取素材，所以可以把其结果分为几个层次：

从权威信息源拿到核心信息；从非权威信息源拿到核心信息；从权威信息源拿到一般性信息；从非权威信息源拿到一般性信息。

记者要努力去实现的，是第一个层次。

但无论哪个层次的信息，保证其真实性是第一要义。这就要求多方印证信息的真实性——按照《南方周末》等媒体的规则，**要由三个互不相干的消息源交叉印证，才能证明其基本接近于事实。**这里特别需要强调的是：互不相干。也就是说，不能是记者找了三个人采访，而这三个人提供的信息又来源于同一个渠道。

我本人曾在这方面吃过大亏。2005年12月，因对一场安全生产事故处置不力，时任国家环保总局局长的解振华引咎辞职。我在《南方周末》头版头条发表文章《为什么是解振华》，解读这位正部级官员去职的原因。这本是一篇角度独到、分析丝丝入扣的深度调查，几乎能够问鼎《南方周末》年度最佳。但就是因为有两个细节未经核实，与事实有出入，导致报社被环保总局问责，最后不得不公开致歉。

一篇调查报道涉及的信息源可能包括：爆料人、被爆料人、现场见证的第三方、爆料人的朋友与对手、被爆料人的朋友与对手、政府相关部门、专家等。如果涉及案件，还应该采访法院、检察院、纪委监察委等部门。总之，信息源越多，获得的信息越接近真相。

与法院判案同理，对素材的验证同样是重物证不重"口供"。一份盖章的内部文件的可信性要远远高于一个人的说辞。2020年2月20日，《财新周刊》报道了武汉市社会福利院的11位老人因反复发烧、呼吸衰竭而死的事件，记者拿到了若干死者的肺部CT报告单，这些报告单就很说明问题。

还须提醒一点：来自网络的信息只供参考，不能当作事实认定。但让人遗憾的是，相当多的创作者并没有意识到这一点，特别是自媒体经常把未经核实的信息当作新闻发出去。这对互联网内容生态的影响很大,应严格管理,并对违规者严厉打击。

三、致敬逆行者

2012 年 8 月,微信上线了公众号功能,让每个人都可能成为一个内容源。随后,今日头条、一点资讯、百度等大平台纷纷开设了类似功能,自媒体因此崛起。不完全统计,在巅峰时刻,中国的自媒体作者不少于 4 000 万人,如果加上微博和小视频平台,数以亿计。

内容的小溪流变成了大江东去,但能深入一线采访、拨开迷雾追寻事实的人却少了。有传播学学者统计,2011 年,全中国的调查记者接近 400 人;到了 2017 年,只有 100 多人。

以下几个原因造成了这种现象:

(1)**移动互联网是传统媒体真正的掘墓人**。App 阅读的快速、海量、精准、免费和方便,让报纸和杂志几乎没有了生存空间。而传统媒体在新媒体转型上的动作往往又慢,所以导致大批优秀人才流失。很多记者跳出报社自立门户,以输出自媒体内容为生。

(2)**与自媒体相伴相生的是社交内容流和算法内容流**。前者靠社交关系链条传播,比如朋友圈;后者是以人工智能为驱动力,数据——特别是追求高点击率,是其判断输出什么内容的唯一标准。在这两条信息流里,谣言、标题党、情绪化内容更容易引发关注,而这恰恰是严谨的传统媒体记者所不屑的行为。但对某些喜欢钻空子的自媒体人而言,这又是很好的机会。在他们眼里,没有真相、没有责任,只有对流量的收割。既然稳坐家中、靠操控社会情绪就可以获得"10 万 +",又何必冒着危险到一线调查?

(3)**大环境对调查报道的容忍度降低**,擅长批评性报道的媒体的生存空间越来越小。而对自媒体,官方不会给他们采访的权力,特别是在重大突发事件之中。

这次席卷全球的新冠疫情是人类的悲剧,但对于记者和沉寂已久的传统媒体而言,却是一次证明自我价值的机会。当人们逃离疫区或者足不出户的时候,他们是逆行者。据官方统计，此次前往武汉采访的记者不少于 3 000 人。以《财新周刊》《财经》《三联生活周刊》《中国新闻周刊》等媒体记者代表的这个群体，用扎实的调查结果为公众揭开了一个个真相，使几乎已经无人问津的杂志一度脱销。

很多公众因此明白了一个道理：即使在自媒体和资料写作盛行的时代，记者和采访仍然是无可替代的。不到一线，不可能拿到真实的素材；没有真实的素材，即使妙笔如花、流量 100 万＋，内容终究禁不起检验。

而对那些冒着生命危险的逆行者，我们最需要记住的一点是：**为众人抱薪者，不可使其冻毙于风雪。**

深度案例之一："两会"报道方法论

文 | 马昌博

提要

在这场中国年度最大的政治盛宴中，采访需注意以下环节：（1）了解"两会"——主要是对背景资料的搜集，这属于广义采访。（2）战前准备，包括熟悉采访对象的照片，准备证件、录音设备等。（3）代表团审议时的采访以及与省部级官员的面对面，这是核心。（4）如果能直接采访总理，则是一名记者的高光甚至成名时刻。

如果你已经被选中参与全国"两会"的采访，那么恭喜，你会体会到悲喜交加的感觉。

作为一名记者，能够参与到这场中国年度最大的政治盛宴中去观察中国当下的政治现实，自然是职业生涯中宝贵的经历之一。但同时，作为一名上会记者，跟随"两会"匆匆节拍的劳累感和面对宏大场面、如潮人群的茫然感，会让你在兴奋之余倍感痛苦，而更要命的是无法遏制的焦虑——你知道自己必须时刻准备进行采访，但却无法确定自己是否能够采访到预先的目标；而且，你很容易淹没在信息源的海洋里。

下面的这些文字以本人历年上会经验为基础，并搜集了其他同行的"两会"报道灼见，形成方法论总结——如果能在这个中国最重大的政治事件上"通关"，再面对其他的时政类采访报道，则应是游刃有余。

一、广义采访：准确理解"两会"

在讲述报道经验之前，我们要了解所要去报道的究竟是什么。

对新闻背景资料的搜集，其实也属于采访的一部分，我们称之为"广义采访"。与之相对的，是与采访对象面对面，或者深入现场调查的"狭义采访"。 今天——这个互联网无处不在、随手就可以完成资料搜集的时代，广义采访更有必要。它可以让你了解你的同行们报道过什么，避免信息重复。但需要注意的是，网上的资料不能随便用，因为有相当多以讹传讹的东西。

所谓全国"两会"是"全国人民代表大会"（简称"全国人大"）和"中国人民政治协商会议全国委员会"（简称"全国政协"）的简称。同样聚焦重大"国是"，两者的不同之处在于：人大代表们要对政府工作报告、全国人大常委会工作报告和"两高"报告等进行表决，体现"决定"；而政协代表们则主要是讨论，不对上述报告进行表决，体现"参与"。

一般来说，全国人大在每年3月5日开幕，全国政协的会议则提前在3月3日开幕，以体现提前"协商"之宗旨。

如果因为重大不可抗力无法如期开会，比如2020年的新冠肺炎疫情，则全国人大的延期召开问题由全国人大常委会委员长会议提出，交全国人大常委会决定是否延期召开；全国政协会议延期程序也类比操作。

几千名全国人大代表和全国政协委员，怎么讨论？

以2019年为例，全国人大会议包括开幕闭幕在内共五次全体会议，前四次听取"六大报告"——政府工作报告、计划报告和预算报告、人大常委会工作报告和"两高"报告，最后一次表决。

全国政协会议2019年召开五次全体会议，开幕会也是听报告，闭幕会表决，中间三次全体会议则安排大会发言。另外，政协委员们还将列席全国人大的相关全体会议。

而在2020年这样特殊的年份里，"两会"的会期被压缩了。

绝大多数代表委员发言的机会不在人民大会堂里，而是在各自代表团驻地。每次全体会议之后，人大各代表团召开代表团全体会议和代表团小组会议，政协委员则展开小组讨论或界别联组讨论。从实际情况来看，能形成讨论氛围的，主要在小组会议。

二、战前准备：工欲善其事，必先利其器

全国"两会"的报道准备工作颇为繁杂，首先自然是编辑部要准备一份"两会"的报道计划。一般来说，不同时候的"两会"，准备报道计划的重点会有不同。如果某一年"两会"恰逢大换届（比如 2013 年、2018 年），重点自然是人事调整和机构改革，那些退休的官员和即将上任的官员是计划需要关注的重点。2020 年，则是如何破解"疫后综合征"。

（一）熟悉照片和简历

制订了报道计划之后，就要根据大概确定的采访对象熟悉照片和简历。这是最为头疼的工作之一，因为人大代表和政协委员加起来有 5 000 人。一般的方法是，和报道计划有关的重点人物熟悉其照片、简历，列出紧急碰到需要问的问题，次要人物熟悉简历。上述材料都要打印成册。

还有一些小技巧：如果你的工作就是盯着政协经济组，那么这几十个委员的材料自然都要准备；如果是跑某几个代表团，比如湖北、重庆、山西等，则就把代表团中你觉得比较重要的代表（尤其是官员）材料打印出来。

（二）采访证件的申请

过去只有中央媒体才能直接向全国人大新闻局申请采访证件，而地方媒体只能在分配给地方省份的固定名额中抢夺——稀少的名额往往都给了当地的党媒。但是最近几年，有影响力的市场化地方媒体也已经开始能够直接从人大新闻局申请"中央媒体"的上会证件，申请一般在当年 2 月份就已经开始。

一般来说，中央媒体的证件可以通行大会堂和各个代表团，而地方随团记者的证件上会标注诸如"广东代表团"的字样，按照规定只能出席在人民大会堂召开的大会和本地方代表团的会议。每个上会的记者凭证件都可以申请一张车证，以便"两会"期间通行会场，该车证"两会"期间不限行。

政协会议的申请类似，不过政协会议方面的申请难度比人大要小一些，所以未申请到人大证件的多申请政协证件亦是途径之一。

（三）多拿几支录音笔

因为大多数媒体上会名额有限，你经常会碰到在一个驻地跑多个代表团的情况。那么有时候在代表团讨论现场的音响旁放一支录音笔，然后再去另外一个代表团的现场，就放心得多。还有一种情况是，在代表团讨论时你现场约代表出去采访，可以将一支录音笔放在现场记录发言，另外一支用来采访（我采访海南一位副省长时就曾有过深刻教训，当时只带了一支录音笔，最后是手机帮了我）。

（四）住宿和交通

无论是外地媒体还是在京媒体，很多都是"两会"期间记者集中住宿，以便可以随时交流。地方随团媒体多选择在代表团驻地的宾馆或者代表团驻地周围的宾馆，而全国性媒体要跑很多驻地，此时宾馆的选择以交通便利和上网迅捷为第一要务。

从过去的经验看，地铁是最可靠的交通工具，其次是拥有"两会车证"的车辆，最后是打车——这在北京"两会"期间的交通状况和限行规则下基本是看运气。所以选择一个地铁边上的或者好打车的宾馆很重要。一般来说，人大代表的驻地多在北京西部，而政协委员的驻地多在北京东部。

三、采访技巧全揭秘

（一）首先是开幕前的采访

千万不要以为只有"两会"开幕的时候才是采访的开始，其实早在开幕之前的准备阶段，"暗战"就已经开始，比如对部长和各地"封疆大吏"的约访（关于高官的采访后面会有专门章节交代）。

如果你此前曾经采访过"两会"，那么不要忘了及早给去年采访的代表委员们打个电话，问问他们今年有什么样的议案提案。你也可以在代表团陆续到京前跟对方代表团联络员联系，一起接机采访，对一些准备充足的代表团，你还可以向联络员们要到一套有代表房间号的名册，这份名册将是你日后联系代表采访的主要依靠。

因为政协会议比人大会议提前两天召开，所以政协委员会比人大代表提前到达。在非特殊年份里 3 月 2 日政协委员会到各自的驻地报到，此时也是媒体采访的时机。

（二）"围堵"大会堂

3 月 3 日全国政协会议开幕，这是"两会"的正式开始。不过真正的新闻大战，还是在 3 月 5 日全国人大会议开幕之后。

"围堵"是人大会议开幕后记者的关键词。围堵分为两个地方，一个是人民大会堂的东门外，这是人大代表进入的门，围堵的主要是各地的地方高官。而北门则是围堵由此进入的列席会议的各中央部长。

传媒围堵的官员几乎都是政治明星或者敏感地区官员。只要能将其围住，这些高官总会回答问题。如今"两会"的围堵采访几乎变成了一个纯粹的"体力活"，另外就是"简单粗暴"，此时你要做的就是眼尖腿快，认出人之后冲上去。**此时的问题不宜宏观不宜开放式设问**（诸如下一步发展计划之类的，还是留待代表团自己的新闻发布会上问吧），**要直接提问具体的事，敏感问题也无所谓。如果对方时间太紧，就直接让他回答"yes or no"。**

虽然跟随"围堵"只能是群访，但对新闻人物面孔不熟悉的新记者来说，这依然是发现高官最简单的方法。

（三）随后开幕式举行，总理作政府工作报告

上会的老记者们不会真安静地听报告，因为会场外的各个厅内，政协委员们在通过电视旁听报告，也有一些委员坐在二楼大厅内喝茶休息，记者可以穿梭采访政协委员，或者在一楼围堵出来去卫生间的人大代表。新记者可以尽量先看委员胸牌，等看清名字确定身份后再问问题。脸皮一定要厚，不必担心委员们拒绝。这就是个采访心理学的问题，如果记者都不好意思问，采访对象怎么好意思回答。

而大会结束之后，又是类似开幕时的围堵。事实上这种围堵得来的新闻基本上大同小异，除了不漏稿之外，基本不会出彩，而真正的媒体功力，就要看接下来的采访了。

（四）重中之重：代表团审议时的采访

从 3 月 5 日下午开始，代表团开始讨论政府工作报告。

事实上，3 月 4 日尤其是 3 月 5 日有一件比较关键的事，就是要到各个代表团找联络员去要有代表房间号的名册，很多宾馆会同时有几个省的代表团，记得要一网打尽。动作要快，因为他们不会印制太多。这个名册同时也要复印一份给未能持证上会的自家同事，以便他们电话约访。

3 月 5 日下午按惯例各代表团在驻地举行全体会议审议政府工作报告，此时就是约人的开始。

认人是你此时发现的最大困难之一，但请记住做记者永远不要羞于开口，直接问旁边的当地随团记者，或者坐在工作席上的该代表团随团人员（多是省委办公厅或省政府办公厅的秘书人员，他们对本代表团官员代表的面孔很熟），你要采访的官员是哪一个。

一般来说，第一次代表团全体会议上代表们会按照某个心知肚明的顺序挨个发言，这基本上可以算作任务。所以要等到想采访的代表发言完毕后，再提出是否可以中途到外面大厅"聊一下"的要求。

除了会议中间叫出来采访外，会议结束后请代表留下来接受你的采访成功概率也很大，但这种采访一般都在半个小时内，超过这个时间，代表就要着急去吃饭了。

不管是对哪一级别的代表，约定后坐下来直接采访最有效，它远比约定一个几天后的日期和跟联络员联系靠谱。此时就不要发扬上午在大会堂的同人精神了，如果你单独约定的采访对象走下来后，别的同行也伸过来一只录音笔而同时你又很在意独家问题的话，就直接告诉这位同行好了。

事实上，午饭和晚饭期间，在餐厅里等对方吃得差不多的时候坐到他身边提出采访也是一个不错的选择，因为很多人吃完饭后乐意跟你聊一会，或者回房间聊。当然高官除外，这在后面会有单独说明。

说到证件的问题，除非有警卫要求查看，进入代表团驻地后收起记者证比带着它更能让采访对象开口，这个在胸口晃动的牌子只会让对方更紧张，尤其是一些市场化媒体。

人大会议开幕后的第二天你可以到大会新闻中心拿前一天的各代表团发言简报，不过基本上所有的"料"都被剪除了，简报上都是表态文字。所以，想要拿料，简报用处不大，还是要到现场——正如那句有关摄影的名言所说，"拍得不够好，是因为离得不够近"。

从第二天——也就是3月6日开始，各代表团开始小组审议。约人采访的最佳时机也开始到来。上述已经讲过的方法这时候都可以充分运用，在小组讨论现场你也会看到经常有代表被约到外面接受采访。

一些地方——尤其是地市这一级的宣传部官员，会在"两会"期间努力寻求扩大本市领导的影响。他们和诸多中央级媒体的老记者多有联系，会邀请他们采访当地代表官员，如果你认识这些老记者，可以让他们跟你多通消息，以便获得一些采访便利。

另外要注意的是，你要及时跟各代表团新闻联络员确认该代表团是在驻地举行会议还是会去人民大会堂举行全团会议（一般也就一次），此时往往是中央高层要到该团参加审议。按惯例，政治局常委们到代表团驻地参加审议时，绝大多数上会记者是无法进入现场的。

从这时开始一直到大概3月10号，都是约人采访的好时机。这时候一般各省的厅局长和市长们都还在，而两三天后，一些主要的市厅官员也会开始请假，原因无外乎是拜访部委和大型国企，一位市长"两会"期间拜访多位部委的司长的现象并不罕见。而各省诸如发改、财政这样的厅局官员更是忙得很。

事实上，"两会"到了中间，代表便开始散了，此时能够留在会场坚持讨论的，多是基层代表，而且往往讨论时间很短。所以"两会"采访，前半段最为重要。

按照全国人大的要求，各个代表团都会举行"团组开放日"活动，并在开放日当天的审议会后接受媒体的采访，各省党政一把手都会出席。不过需要说明的是，"团组开放日"主要是针对境外记者，境内记者无论是否开放日原则上都是可以旁听的，有时候也会有人问你，你最好提前到会场，然后坐在工作人员席不出声就是了。

最近两年出现的一个不好的现象是，一些省份的代表团开始限制境内记者进入某天某次小组讨论现场，这并不符合大会新闻组的要求。这时候除了联合其他记者跟现场工作人员据理力争外，找几个诸如新华社、《人民日报》这样的在场记者朋友一起进入，也可偶尔一试。

（五）采访审议现场的部委官员

从 3 月 5 日开始，按照规定，很多部长都要列席全国人大各省代表团的审议，以便听取意见。但部委高官们去哪些代表团、去几次，并未有特定之规。不过，从总体上看，资源大省或欠发达省份会受到较多的关注。

大多数部长们的行程是在全国人大会议正式开幕时就大致安排好的。但最确切的消息一般在头一天才会敲定下来，具体情况各团联络员也不太清楚，而是由各代表团随行的省办公厅工作人员掌握。参加审议的部长们基本不会在讨论现场发言，不过记者围堵采访时会多说几句，尤其当身处某个民生热点时段需要他们表态之时，比如类似国家卫生健康委员会主任。

"两会"期间，除了国家领导人和部长之外，还有为数众多的部委中层官员旁听各代表团审议。如果没有别的任务，大可跟对方聊一聊，换个名片，以备日后之需。

提到换名片，这也是上会的重要任务之一。要抓住一切和采访对象交换名片的机会以为报社积累采访资源，因为你一年中再也没有别的机会可以和这么多政治经济文化精英们相对平等地交流。

（六）没有上会证件的采访

对于没有上会证件的记者来说，采访会有很多麻烦，但是也并非无可作为，事实上，很多地方的都市报报道"两会"的记者都在几乎没证的情况下做出了出色的报道。

如果是报道本省代表团的新闻，依仗作为地方媒体对自己代表团成员的熟悉并不是难事。

如果你是全国性媒体，那么首先就是拿到此前提到的各代表团成员的房间号，给宾馆总机打电话并说出房间号码和代表名字，对方会给你转接。如果对方在房间，就可以试着进行电话采访。另外一个方法是想办法让代表或者委员把你带进驻地会场，你可能是去采访他，也可能他就是此前一个熟悉的采访对象，对方只是单纯地帮你这个忙——所以"两会"期间和身为代表委员的采访对象保持良好的关系很重要——千万不要不好意思，**因为记者本来就以麻烦别人为职业，但是也要记得别频繁麻烦对方，尤其当对方是官员的时候。**有时候，地方代表团的工作人员也能带人进去，但是在一些有军队背景的宾馆，比如京西宾馆、西直门宾馆、远望楼宾馆等则对此控制比较严格。

有些全国性的市场化媒体本身会拥有强大的联络名单，如果你在这种媒体有朋友，而且他也没证，那么记得跟着他就是了。而且只要进了驻地，就干脆待到晚上再出来。

四、约访省部级官员：技巧、韧性和运气

关于省部级高官（部长、省委书记、省长）的采访，之所以要单列出来，是因为这些官员本身既是媒体采访的重点，同时对其的采访方式也和大多数其他代表委员不同。让核心人物说出关键性内容，是采访的最高境界。

（一）会前提早联系高官

前文讲到，对高级官员的采访，尤其是对部长和地方省份党政一把手的采访，要在会前做足工作。我之前所在的《南方周末》在几次"两会"前就曾经成功约访了诸如时任卫生部部长高强、国家审计署审计长李金华（对李的采访是李卸任前的最后一次采访）等热点部委高官，然后在"两会"期间将访问刊出。

对于地方高官同样如此，联系方式大多是通过省委宣传部，如果你之前和省政府办公厅秘书长之类的官员熟悉也可以通过他们直接约省长（注意党委和政府系统的不同）。一般情况下，稍微热门一些的省部级官员都会收到至少十几份约访申请，他们的秘书班子会从中挑选几个"够分量"的媒体进行沟通。

这些省部级官员每年总会"适当地"选择专访次数（一般两三次左右，电视、报纸和

网络分别选择），如果在事先的约访中他没选择你（通常是对方决定此次会上低调行事或者觉得你的媒体不"够分量"），那么会上基本上也不用再对其进行纠缠采访了——当然，这要在你确定中间渠道确实跟领导本人传递了采访请求并被拒绝，而非是中间渠道本身的托词的基础上。

（二）会上尽量躲开秘书

如果你决定在会上对省部级官员进行现场约访或者干脆就是围堵型采访，必须提醒你的是，在绝大多数的情况下高官们的秘书在"两会"上基本不会对你的采访起到太多推动作用。

事实上，找随行的宣传部的官员或者办公厅官员也比联络秘书来得靠谱。当然，试图通过递送采访提纲给代表团新闻联络员以图采访书记、省长的做法基本上也是无效的，因为他们大多是省人大系统的宣传官员，也是把提纲转给领导秘书，而这些提纲大多会被秘书直接否掉，都到不了领导眼前。

（三）现场约访高官之经验

当所有代表团在人民大会堂召开全体会议的时候，对省部级高官的采访基本上只能是利用开会进场和会后散场的时机进行围堵式的采访。需要提醒的是，一些热门的省部级官员自然是围堵重点，但是一些并非热点的省部级官员，因为面孔大多不为媒体熟知，往往不被注意，如果你事先有准备，能认出人来，倒是有可能做几分钟的单独采访。

而代表团单独召开新闻发布会时，该省的书记、省长基本上就是被群访了，单独采访此时是最不可能的。

同其他代表相同，省部长们最好的约访方式是在各省代表团举行全团会议和分小组讨论的时候。

一般来说，全国人大会议开幕后的前三天，书记、省长们基本还在会场。约访的方式可以是直接写纸条在讨论现场交给要约的高官，此时一般是会议中场时分，在高官不发言的时候，要大胆但又低调地绕到他们身边（这个场合，一般不会有人拦阻你），低声简要介绍几句，然后放下纸条和采访提纲。等散会后，再继续上前和该高官详细沟通解释。

有时当你去某代表团旁听审议时，未能想到某书记或者省长在场，不用着急，他不会马上走，你还有机会让编辑部草拟一份采访提纲，然后到驻地宾馆的网络中心下载打印递给对方。

有时你会在驻地电梯里和省委书记们遇到，或者"故意"遇到。此时电梯间里空间狭小，秘书也无法把你拖走，而驻地宾馆高高的楼层也给你足够的时间陈述约访理由，或者问一两个关键问题。

如果对方答应了你的采访请求，那么记得赶紧跟他敲定具体时间，诸如"过几天再说吧"或者"我会联系你"这样的话是靠不住的。当然，更多的高官会拒绝你。这也没什么，传递采访之意，制造熟悉感，本身就是胜利，谁知道日后在某个时刻、某个新闻事件中，他会不会因此想起你这个媒体，并接受采访呢？

和采访普通代表委员不同，对于这些地方大员，中午和晚上去敲门基本上是没有用的，因为首先是中午或者晚上这些地方大员往往都有会见应酬，主要是"跑部"。尤其是晚上，基本没人。当然你可以写个纸条塞入门缝，我们也曾以此获得过回音。至于中午，这些地方大员大多需要休息，此时的打扰会让对方颇为不爽。

事实上，关于"麻烦"高官的分寸问题也需要把握。我曾经在中午时候追访过多位省委书记，但是基本上都无功而返，而且还和秘书发生过一些并不愉快的讨论。

另外，对省部级高官现场即兴式的简短采访（比如在代表团驻地审议时单独的几句话式采访）成稿后，并不需要让对方审看；但是对方确实答应的"专访"，稿件的审看则实属必然。

当然，让记者最有成就感的高级官员采访，就是直接采访总理，这往往只能在总理记者招待会上实现，而且很多时候是一个记者的高光甚至成名时刻。

1998年，在朱镕基任国务院总理的第一次"两会"总理记者招待会上，他亲自点名要时任凤凰卫视主持人的吴小莉提问。吴小莉抓住这次机会，提出了至今被业界称赞的经典问题：海外的媒体对您的评价相当高，外界有人说您是"铁面宰相"，或者说"经济沙皇"，想请您谈谈您在进行改革过程当中的心路历程，有没有曾经想过沮丧？想要放弃过？

而朱镕基总理的回答，则已经被时代铭记，他说：至于我本人，没有什么好说的，不管前面是地雷阵还是万丈深渊，我都将勇往直前，义无反顾，鞠躬尽瘁，死而后已。

最后需要提醒的是，采访"两会"要有早起、挨饿和熬夜的准备，你也要随时应对各种拒绝，请注意调节情绪，因为感到无力和沮丧是经常的。但无论如何，都要感谢这份职业，让我们能有机会打量中国：这个转型中的国家如多棱镜一般折射出不同的侧面，让人忽然欣喜或黯然神伤。记者能做的，就是揣着一颗温和而冷静的心：记录、诉说，并相信这不停地记录，本身就是一种希望。

作者马昌博：《南方周末》原资深时政编辑、南方报业集团第一届"南方报业年度记者"，高级数字编辑。现为视知传媒 CEO，是国内知识短视频领域的开创者之一。他同时是国务院国有资产监督管理委员会中国企业新媒体 50 人论坛专家，国务院新闻办公室全国新闻发言人培训班培训专家，中国应急管理学会舆情专业委员会副主任委员。

深度案例之二：侦破"神雕之死"

文 | 傅剑锋

提要

调查报道的三个要素：公众利益正在被侵害；这种侵害正在被掩盖；记者通过独立采访而不是依据道听途说或者仅看某个部门提供的材料，揭开真相。而调查报道最大的诱人之处，就是能从一鳞半爪的信息开始，挖出一个个事关公共利益甚至牵涉国脉民瘼的真相。因此，调查报道被普利策誉为"王冠上的明珠"。

在调查过程中，记者的视角和视野非常重要，比如政治学视野、经济学视野或社会学视野。视野在，格局就在，就可以把一条看起来微不足道的线索放在时代的背景下思考，其中的"黄金"也才能被挖掘出来。

调查"神雕之死"及其背后的野生动物地下贩卖黑网，是一次对自身力量的挑战和超越。

一、寻找目击者

"神雕之死"的线索是由吴晨光转给我的。那是在 2007 年 4 月，当时的我是《南方周末》记者，而晨光担任着这张报纸调查版的责任编辑。我们两个都是调查报道——它被普利策誉为"王冠上的明珠"——的忠实追随者。调查报道最大的诱人之处，就是能从一鳞半爪的信息开始，挖出一个个事关公共利益甚至牵涉国脉民瘼的真相。而这一过程是对智力、毅力、应变力极限式的挑战，我们喜欢它，就像一个极限运动员迷上那些危险游戏。

线索最早出现在作家老村的 Blog 上。在 13 年前，没有微博，更没有微信，Blog 是公众能够表达自己的为数不多的渠道。这篇呼吁"拯救青海金雕"的短文，描述了一个偷猎者虐杀国家一级保护动物——金雕的全过程。在青海牧区，这种猛禽代表着太阳，所以又有"神雕"之称。此文让我决定要调查神雕之死——不只是因为一只大鸟的死亡，更是为了查出其背后偷猎、贩卖的巨大黑网，包括食用野生动物的陋习。

于是，我在老村的 Blog 上留下了手机号码。

第二天，老村复电了。他是一位古道热肠的知识分子，答应尽可能帮我联系上见证了虐杀全程的人——那位目击者是他的青海朋友。

过了一两天，老村联系上了目击者，但目击者不愿直接和我沟通，因为害怕遭偷猎组织的报复。我让老村转告他我如何一次次严密保护线人的故事，以及《南方周末》在这方面一贯的操守，末了，我还希望目击者看看我的 Blog，了解一下我的为人。这样的做法有成功的先例：在湖南郴州调查官场黑幕时，一位神秘的知情人开始时不信任我，后来他在网上发现了我的 Blog，被我的博文深深打动而接受了我的采访。

这个办法再次奏效。然而在交流中，目击者仍有深深的恐惧："我在反复地斗争，如果不说出真相，我会良心不安一辈子。如果说了，我可能只有离开生我养我的青海去避难。但离开青海，我将一无所有，甚至不知道靠什么谋生……"

确实，如果为了一篇报道，让一个善良的人后半辈子不得安宁，我也会无法承受良心之重。保护好线人是一个职业调查记者的基本操守。

我和编辑晨光商量怎么办。后来晨光设法帮这位目击者在广州联系上了一份不错的工作，以解其后顾之忧。在再一次电话沟通时，我把我们的努力告诉了目击者。他的反应出乎我意料："我很感动，但是我不需要你们帮我找工作。如果我接受了这样的帮助，就变成了一场交易。我愿接受你们采访，只是因为良心，而不是利益。"

最终，目击者答应在青海西宁与我见面，条件是在调查和报道时，都必须对目击者的身份、性别、年龄、目击地点等信息全面保密。

二、交叉印证，只为无限逼近真相

西宁的阳光明亮得刺眼。在一家餐厅的包厢里，目击者缓缓道出了全部过程，以及他和猎杀组织之间的关系。

开始时平静的叙述慢慢被打破了，目击者在回忆那只雕的头部被钉入钢针，仍像王者一样站起来时，泪流满面。他说，在两三个月内，他经常会在梦中看到金雕像受伤少年般的绝望眼神……当时，我也忍不住流泪了，那是我进《南方周末》后第一次因为采访而流泪。

但按照新闻专业主义的要求，记者不能被爆料人的情绪感染，这样会很容易被带到沟里。**调查报道要秉承客观、独立、真实的基本原则。如果缺少书面或者影像记录，仅仅靠一位知情者的叙述，无法判定是否属实。**即使是目击者这样的核心消息源的爆料，也需要另外两个互不相干的信源对其进行印证。所以，与他的沟通其实只是采访的开始。

我从目击者处获取了一个秘密渠道，并借此找到了猎杀金雕者的电话。为了不暴露目击者，我让一位同事以老板秘书的身份和虐杀者联系，声称要购买金雕标本。虐杀者自称是一个金雕标本制作高手，并在几个月前拿一只年轻的活雕做了标本（即目击者所说的那只，从这只雕的头部钉钉子杀死它，是因为不想去破坏标本的完整）。他还夸口说他的动物标本在整个西宁市质量最好，表示愿意做这笔生意。

为了侧面印证这并非是个案，我又在互联网上搜索"金雕标本"，还真从一些论坛上搜到了两条愿意出卖金雕标本的信息。我已经在调查中获知，买金雕标本的不少是广东商人。于是，我让一位实习生从广州打电话给这些网上贩卖者，求购金雕标本。他们果然上钩，透露了贩运渠道和市场价格。其中一伙人对两只金雕标本要价50万元！

我还通过各种关系拜访了青海报界、商界、文学界和政界的一些人士。他们向我证实，近几年在青海确实存在猎杀金雕的情况，青海当地的一些高级官员甚至在办公室里非法摆放金雕标本。这是下级为了职务的晋升送给他们的。

各个方面采访的信息都证明：目击者反映的盗猎团伙的情况是真实的。

三、对"源"与"流"的深度调查

但要挖出"金雕之死"背后的庞大黑组织，这样的努力还远远不够，当地野生动物管理部门掌握着核心情况。

于是，我到了青海省林业局，又找到其管辖的青海省野生动植物资源管理局，以及青海省森林公安局。但他们对我爱搭不理，让我空耗了数个小时。

怎么办？如何让他们信任我？

我在一楼大厅边思索边百无聊赖地观察着这个严密的组织，突然灵机一动，上了六楼。我发现有一个办公室面积最大，桌上还插着一面小红旗。我猜办公桌后的人就是这幢大楼的头头——省森林公安局局长或副局长——他正在打电话，于是径直闯了进去。

在采访中，常常是"阎王好见，小鬼难缠"。我就赌一把，如果他们的头头同意接受我的采访，一切问题就迎刃而解了。

等那位领导放下电话，我介绍了自己的身份，然后就开始了一番关于动物保护的滔滔演讲。当然，演讲是以合乎官员逻辑的方式进行的。我充分肯定了他们近几年在保护藏羚羊方面的出色工作，强调国家高层领导对野生动物保护状况的重视，并列举了领导人的几大批示。这样交流了半小时，局长同意了，他打电话给宣传处，要求下属各单位配合我的采访。事后证明，这人就是公安局的一把手。

青海省森林公安局的一位副局长由此开始接待我采访。他带我看了他们缴获的鹰类标本，并派了一位警局官员专门接受我的采访。也正是这些采访，让我了解到猎杀金雕等野生动物的张恩科和张维科兄弟集团，了解到他们遍布青海、陕西的猎杀网络以及伸向北京和广东的全国性地下黑网。

也正是在他们的介绍中，我得知广东是全国最大的野生动物消费中心。我把这一信息告诉编辑吴晨光，认为要查清整个地下网络，必须先查清广东的动物交易黑市。晨光同意我的看法。他亲自出马，和广州的同事一起暗访了当地的销售黑网。

在后来和晨光的交流中，他提供的素材再次让我震惊。数百年的积重难返，让广东等地的人养成了食用野味的陋习。穿山甲、果子狸、蜥蜴，以及各种蛇类……都是家常便饭。而当金雕被杀之后，皮和羽毛被制成标本，肉身则被运往广州做汤，据说是大补之物。同样被煨汤的，还包括各种蝙蝠。当时正是2007年，SARS疫情刚刚过去不到四年，而病毒的发源地就是广东。几年后，科学家证明了病毒发源于蝙蝠，其中间宿主就是果子狸。我不仅感慨：人，真的是记吃不记打！

后来，广州市森林公安局也接受了我们的采访。开明的广州市森林公安局提供了大量有价值的信息。正因为有了这样的信息补充，遍布西北、中南、华南甚至延及东南亚的猎杀、贩运黑网，在我们的眼前渐次清晰起来——**源头有了，流向也有了，一篇精彩的调查报道的轮廓已经非常清晰。**

四、惊心动魄的暗访

在采访森林公安局的间隙，我还抽空拜访了一些研究野生动物的专家。一位专家语出惊人：西宁市野生动物保护协会里的野生动物救助中心，就是一个监守自盗的贼窝！他称，该协会常常以合法的名义猎杀国家一二级保护动物，以此来获利。

当时我想，即使这样的事是真的，要报道也极困难，因为对方不可能认账，也极难取到有杀伤力的证据。猎杀国家一二级保护动物会被判刑，刑期甚至可达十年以上。如果我没有足够证据来证实这一情况，可能会被他们指控为诽谤。

但我还是想看看这个野生动物保护协会，说不定能看到点蛛丝马迹，以印证那位知情人的说法。

经查114得知，这个野生动物保护协会在西宁市植物园内。植物园依山而建，我打车到植物园，找了一圈竟没找到。其时已是下午4点，我生出了偷懒的心，心想找不到就先不找了，逛一逛植物园算了。我就开始爬植物园内的土山。在高原上运动有点吃力，爬到山顶，我觉得肺都快要炸了。坐在山上，我静静地看着斜下的夕阳。如果头顶掠过一只金雕，该多美啊！可是我只在西宁动物园看到了被圈养的金雕，像母鸡似的，再也没有了飞翔在长空的壮美气势……

从山上下来后，我告诉出租车司机，想买只金雕标本带回广东，问他哪个黑市有货。司机指着刚好路过的西宁市人民公园哈哈大笑："黑市就在眼前。"人民公园里的花鸟市场曾经是贩卖各种野生动物的著名黑市，被警方打击后，贩卖行为只是隐蔽了些而已。我表示不信，司机就急了："上个月我还帮一个客人从花鸟市场里运出一只金雕标本呢！"

我决定次日暗访。**调查报道中的暗访，指记者隐匿身份或者变换身份获取信息的手段。**在《南方都市报》工作时，我曾用了五年时间，通过明访与暗访结合的方式报道了"砍手党村庄"。

当我走到一家藏饰小店询问时，遇到了一位有意售卖标本的女店主。我开始编故事：到西宁出完公差，广东公司的大老板突然要我帮他带一只金雕标本回去，因为摆到办公室里可以转运……她说："只要你诚心想买，我可以帮你介绍。但你一定要保密啊，警察查得很紧，贩卖金雕可是要坐牢的。"我连连允诺。她说今天帮我联系"老大"。

第二天，她如约电话通知我，到她店里去谈。这里说明一下，为了保护自己，暗访时一定不能留下任何个人的真实信息。例如我告诉她的那个手机号，就是临时在青海买的。

她说"老大"不想直接和我见面，但让她带了两张金雕标本的照片给我。我说你们"老大"是一个什么人物啊？她说："我们'老大'经营的是全青海最大、最正规、最合法的野生动物店面。"我问她："既然你们'老大'做的是合法的生意，为什么要这样神秘啊？"她笑了："警察查得紧啊。"突然又问了句："你不会是警察的密探吧？"我很镇静地反问她："你看我像吗，你看我有必要吗？"

在和她交谈时，我已悄悄录下了交谈内容，保留好暗访证据是非常关键的。

如此往来接触了三四次，女店主终于信任我了。那天下午，她通知我可以去见"老大"。去之前，我做了充分准备，一方面给编辑吴晨光打好招呼，一方面在手机上拨好了青海省森林公安局局长的电话，如果情况危急，我可以直接拨号让他们来保护我。同时，我拿掉了平常随身带着的身份证、名片、记者证等任何会暴露身份的东西，只在一个内袋里放了一支录音笔。

女店主还带了另一个女人，和我一起坐上了出租车。

我问："'老大'叫我们在哪里接头？"

"山上。"女店主淡淡地回答。

我的心一下子跳得快起来，山上！千万别是那些人迹罕至甚至打不通手机的地方啊，千万不能被搜出录音设备啊……

五、查出监守自盗者的名字

在途中，我看着车窗外的情况，越来越觉得古怪——朝山上走的这条路我怎么好像见过……

啊！我突然想起来了，这是通向西宁市植物园的路，也就是我上次去寻找西宁市野生动物保护协会的路，只是当时没找到。我突然开始怀疑，难道她说的"老大"就在西宁市野生动物保护协会里？

进入植物园，女店主带我爬山绕了几个弯，指着"西宁市野生动物保护协会"和"野生动物救助中心"这两块牌子对我说："'老大'就在里面等我们。"

那时我的心几乎要跳到嗓子眼上！如果那次我没有偷懒，找到了西宁市野生动物保护协会采访，那今天的暗访不但会暴露，而且有可能遭到人身攻击，甚至还可能惊动牵涉其中的权力者，他们会通过各种关系来压掉我的报道。

偶然的偷懒成就了这次暗访，这不是天意还能是什么？

"老大"站在野生动物保护协会的门口，脸很黑，胖胖的，长得像香港明星曾志伟。我又把以前编造给女店主听的"故事"重新在这个"老大"面前说了一遍。由于是熟人带来的，他相信了我。他告诉我："我这里什么标本都有。"然后带我去二楼的仓库看货。

在这间昏暗的仓库里，不但有金雕的标本，还有国家一级保护动物胡兀鹫、棕熊、藏羚羊的标本……我指着各种标本探问价格，诱使他说出猎杀、制作标本的经过。他滔滔不绝，我则早已悄悄按下录音笔，录下这些他自供的罪证。

看完标本后，我开始和他谈价格，最后谈到一只大金雕标本8 000元。为了让他相信我，我又当着他的面给吴晨光打电话。这时晨光成了我的广东老板。我们事先已设计好，晨光假装暂时不同意这个价格，这样可以让我在现场有一个脱身的理由，也可以为下一次接触埋下伏笔。通完电话后，我告诉"老大"，老板觉得这个价格贵，我回宾馆再说服他。

过了几天，我再次去找"老大"。这次我还带了相机。

那天是周末，到了西宁市野生动物保护协会，"老大"还没回来，只有一个看门人和一个值班人员。通过和他们聊天，我不但知道了该野生动物保护协会确实曾大量贩卖各种野生动物牟利，而且还确证了上次接待我的"老大"就是这里的工作人员贾某。

贾某回来后，我继续和他谈，并要求对仓库里的标本拍照，原因是："我的老板没法到现场看货，所以要我拍几张数码照传回去，此前你们给的照片不清晰，他以为是你们的标本质量不够好。"我的实际目的是进一步获取该协会贩卖野生动物的证据。

贾某对此有点警惕，他要求我提供名片和单位电话。我说，我们老板比较怕事，你知道的，做这种生意，让别人知道得越少越安全。他也拿我没办法，但不同意拍照。

我继续用激将法刺他："现在查这么严，你怎么帮我们把货安全运到广州？"

他说："没有金刚钻，不揽瓷器活。"

我继续激将："你不拿出金刚钻，我怎么知道你能揽瓷器活？"

他终于说出了真相："我们是野生动物保护协会，可以给你弄件合法的外衣。例如，你可以让你们单位传一份你们要搞野生动物研究和展览的函过来，我就可以给你办出合法的批文。你们老板如果还想办个合法的收藏证也可以，只是价格要加倍。"

我仍装得将信将疑。他就亮出一份已经搞定的批文给我看，并得意洋洋地将里面的内容读给我听。

这正是我所需要的,我全部录了音。

经过长达二十多天的调查,贩卖黑网查清了,《神雕之死》的报道发表在 2007 年 5 月的《南方周末》头版。

这篇刊发于 2007 年 5 月 10 日《南方周末》头版的文章,堪称调查报道中的经典之作

社会舆论对《神雕之死》反响强烈,但令人遗憾的是,有关管理部门至今未向《南方周末》查询更多的幕后情况,青海当地管理部门没有处罚贾某等人,也没有追查猎杀金雕的黑手,只有已经在押的贩卖野生动物的黑市大佬张恩科被判了 10 年有期徒刑。

目击者称,并没有因为我的报道在生活上受到影响。

我想,这其一是我的保密措施起了作用,让他们摸不着头脑;其二,我手中还掌握着更多的情况,他们投鼠忌器。

六、真相与责任

时光飞逝，转眼《神雕之死》已经发表 13 年。其间，我和晨光都离开了《南方周末》，并退出了报道一线。

但我对调查报道的理解却随着阅历的丰富不断增加。特别是视野，比如政治学视野、经济学视野或社会学视野。视野在，格局就在，就可以把一条看起来微不足道的线索放在时代的背景下思考，其中的"黄金"就能被挖掘出来。

如果从大视野上看《神雕之死》，这是一个具备重大公共价值的报道。从猎杀金雕切入，背后是贩卖野生动物的链条，而链条的终端则是食用野生动物的陋习。**没有买卖就没有杀戮；在交易背后，则是人的贪婪与无知**。这也是另一种形式的源流，有需求就有供给。

这次新冠疫情的暴发，终于让人们惊醒，食用野味不仅不能滋补养生，还可能把自己送进鬼门关。对于 COVID-19——新型冠状病毒，它的源头再次指向了蝙蝠，而穿山甲则有中间宿主的嫌疑。在《神雕之死》的调查过程中，我们发现穿山甲是广东野生动物黑市最受欢迎的交易品类，晨光甚至现场目击了野味馆残忍地给穿山甲剥皮的过程。

在 2020 年 2 月 24 日召开的十三届全国人大常委会第十六次会议上，第一项议程就是关于提请审议全国人大常委会关于禁止非法野生动物交易、革除滥食野生动物陋习、切实保障人民群众生命健康安全的决定草案的议案。而这也正是调查报道的终极目标——要有影响决策甚至制度安排的气度！

遗憾的是，在我们离开调查记者的日子里，这种报道体裁已经如昙花一样凋零。有人统计，目前中国的调查记者不足 100 人。与 13 年前相比，报道空间在缩小；同时，大量的自媒体在算法和社交平台的烘托下喷薄而出，其中相当一部分以 10 万 + 为唯一目标，大肆传播谣言、渲染情绪，罔顾事实和真相。

一位资深调查记者曾说：现在的某些自媒体连不写错字、不造病句都不能保证，还能指望着他们为了验证一个消息而去采访三个互不相关的信源？

但这个时代需要真相，需要揭开真相的"吹哨人"。而这也是在疫情肆虐的寒冷冬夜写下以上文字的意义。尽管，真实有时让人难堪，但直面真实的民族是成熟的民族，直面真实的人群是坚强的人群。

在文章的最后，让我们重温调查报道的定义。它指——

公众利益正在被侵害；

这种侵害正在被掩盖；

记者通过独立采访而不是依据道听途说或者仅看某个部门提供的材料，揭开真相。

将这样的报道体裁延续下去，则是我辈之责任。

作者傅剑锋： 曾任《南方都市报》记者，《南方周末》资深记者、资深编辑。因《卧底番禺传销》《揭开传销绝对秘密》等系列调查获荐央视2004年度"中国风云记者"的候选人。2011年，傅剑锋从《南方周末》离职，投身互联网媒体。

深度案例之三：新闻专业主义歇了吗

文 | 张育群

提要

不管任何时候，不管在传统媒体还是新媒体，做商业报道都有三个步骤：（1）大量的信息搜集；（2）查看工商资料、招股书；（3）找人，找更多知情者。然后，就是尊重专业、尊重常识。

我读大学的时候，也正是《南方周末》的巅峰时代，"祝愿阳光打在你的脸上"被四方传颂。那时的理想，就是去那张百万大报做个记者。

大学时代的互联网还没有现在这么发达，也不像现在有这么多写作课，没有什么教材。那时我们上写作课，就是每周花 1.5 元买一份《南方周末》，一起讨论头版是怎么做出来的，某篇调查报道是怎么做出来的。

那也正是《南方周末》这样的市场化硬核媒体高歌猛进的年代。说它"硬核"，是因为每一篇文章都是通过扎实的采访写出来的，而不是像今天的某些自媒体一样去编故事、带情绪。**特别是调查报道，需要采访若干信源：包括但不限于爆料人、被爆料人、第三方见证人、政府部门、法官（如果已经进入审理程序）、专家，以及爆料人的朋友和对手、被爆料人的朋友和对手。**

毕业以后，我在两本杂志干了几年。2010 年去了《南方周末》，几年后又离开。研究了十几年经济类调查，能厚着脸皮去说说这份职业。其实都是一些陈词滥调，但我们现在且一直缺的，恰恰是重申常识。

一、见面是个笨办法，但最有效

去《南方周末》之前，我在《环球企业家》杂志。这是一本半月刊。

2010年之前没有自媒体，报道节奏不会那么快。一个选题出来，可能让你有一周甚至更长的时间去操作。

我那年写过一篇《SOHO夫妻档的斗争》，被《环球企业家》老板评价为中国最接近《名利场》杂志报道的一篇稿子。

这篇稿子9 000字，花了两星期采访和写。当时SOHO中国还是一家明星公司，被资本市场追捧，业绩也到了一个顶点。但是那年，公司走了四五个副总裁，我就很奇怪，在10多天时间里，找所有能找到的SOHO中国的员工和前员工采访。

我对这家公司也没有那么熟，就是找朋友问能不能介绍，找到电话号码发短信过去约。还有很多采访对象都是在新浪微博上发私信约见面的。通过这个社交媒体约了几十个人，最后见面的有十个人左右。

采访从高管到中层到底层员工都做了。最后我才闹明白，潘石屹夫妻其实闹过别扭，这对公司产生了巨大影响。张欣慢慢接管了公司，很多老潘的旧部受不了，就走了。

所以，关键还是采访。怎么见面，见面后怎么通过采访获得想要的信息。用的都是这样的笨办法。

二、商业调查三部曲

后来去了《南方周末》，开始适应周报的工作。恰逢微博、微信先后崛起，信息传递的整体节奏也加快了。这要求记者几天内就得把调查完成并成稿。后来我练就了一种特殊的本领，迅速了解并起底某家公司或者一个富豪。

我的经验是：不管任何时候，不管在传统媒体还是新媒体，做商业报道都有三个步骤：

（1）大量的信息搜集。

（2）查看工商资料、招股书。

（3）找人，找更多知情者。

第一步是找背景性资料。在《南方周末》时，写一篇三千字的报道，我们可能要看五万字的背景性资料；到了我自己做新媒体，要求更高，要看十万字以上的背景性资料了。

在背景性资料中能发现很多线索，因为它可以让你站在众人的肩膀上，综合评判。比如我们做《疫苗之王》的稿子，看到中国疫苗行业最大的几个玩家都是从"长春长生"走出来的，就引起了进一步调查这家公司的欲望；比如写联想，发现柳传志和任正非都出生于1944年，两个人的人生轨迹都在90年代初发生了截然改变，后来写了一篇《生于1944》。

第二步是看工商资料、招股书。这也是基本手法。做财经新闻，很多线索都在工商资料里。比如当时万达上市，我翻看了万达所有股东名录，发现几个人很不寻常，其中一个人叫李琢生——一个中国大妈，她拥有万达1800万股股票，上市后市值大概10个亿。

我研究了一下，确定她是章子怡的妈妈，后来写了一篇东西叫《万达上市，章子怡会暴富》。

前两步都是网络给今天的记者带来的便利。但需要注意的是，网上的资料特别是报道要引用的核心消息源需要自己再去核实，于是就有了第三步。

第三步，找人，还是找人。比如到对方的老家、就读过的学校、工作过的单位去深挖。

一个例子是当时写四川富豪刘汉。打电话、发微信找任何跟采访有关系的朋友，上微博搜索人，去微博页面搜回复的评论，看有没有熟悉刘汉的人，然后给成都的媒体记者发私信，给刘汉的老乡——广汉人发私信，尽量榨干每一个线人。

刘汉出事的第三天，我飞到了成都，再从成都坐大巴车到了他的老家广汉。去广汉之前，我对这个城市一无所知，对刘汉的人一个也不认识。然后我下了大巴，在长途汽车站门口拦出租车，问每一个司机知道刘汉吗，知道刘汉老家吗？对刘汉的过去了解吗？

拦到第五辆车，有个司机跟我说，他知道刘汉弟弟刘维杀人的地方在哪里。我就上了车，让他带我去现场，那是一个茶馆。后来跟老板娘聊天，了解到了那天的场景，变成了我稿子的开头。

从茶馆出来，我继续拦车，还是问司机知道刘汉老家吗？对刘汉的过去了解吗？忘了第几辆车，有个司机说，我知道刘汉上的高中在哪。我就跟着他去了刘汉上过的高中——那天是周日，高中没人。我继续从学校出来拦车。拦了好多辆车，最后有个老司机停下来，问我，你打听刘汉干吗？

这个司机，是刘汉的发小。他跟我聊了一天，带着我采访了刘汉以前的朋友。

三、新闻专业主义歇了吗？

自媒体这些年攻城略地，让职业新闻人确实有些狼狈。一种声音在说：新闻专业主义可以歇了。

许多年轻新闻人和学子开始迷茫受伤，怀疑是否上错了船。

人和时代一个德性，越年少越会轻视传统。互联网时代的媒体，无论内涵还是价值，都有所重构，也有所消解。老话新言，我们现在且一直缺的，恰恰是尊重专业、重申常识。

你会发现，在中国做新媒体做得最好的，也都是传统媒体出来的人。

很多人问我，你们那些 100 万 + 的稿子都是怎么生产的。有永恒不变的部分吗？

有的。头顶星空，脚踏实地，站立现场。跑的新闻越多越会发现：最终制胜的不是多么酷炫的技巧，反倒是为人处世的基本情商。

不是人人都喜欢记者，采访被拒、调查受阻等时有发生，焦虑淤积，相当煎熬，偶尔也会闪过一些取巧和哄骗的非常之念。后来，一句忘记出处的话让我重获平静：**如果你不知道该怎么做，就做一个正直的人。然后，说真话。**

作者张育群：笔名"兽爷"，其公众号"兽楼处"作品《疫苗之王》被誉为 2018 年影响力最大的自媒体文章。

写作说：句秀、骨秀、神秀

提要

写作之要义，在于主题明确、逻辑清晰、表述流畅、细节丰富而又与主题密切相关。张若虚《春江花月夜》能"孤篇盖全唐"，在于句秀，在于骨秀，更在于神秀。

——摘自《内容生产与分发的44条法则》之十

细数能够影响我一生的书籍，《人间词话》当属其一。这本出自民国国学大师王国维之手的文学批评著作，以诸多案例解析了诗词的欣赏与创作，建立了一套以"境界说"为核心的理论体系。

内容生产与分发的44条法则，正是借鉴了《人间词话》64则的模式。

《人间词话》第十四则：温飞卿之词，句秀也；韦端己之词，骨秀也；李重光之词，神秀也。

简单翻译一下：温庭筠（唐代诗人、词人，字"飞卿"）的词，字句工整、精致；韦庄（唐代词人，字"端己"，韦应物的四代孙）的词，逻辑严谨；而李煜（南唐末代国君，词人，字"重光"）的词，思想境界更胜一筹。

在现代内容的创作上，"句、骨、神"分别对应细节、逻辑、主题。理解了诗词，也就学会了如何写好一篇文章、做好一条视频。

一、细节：著一字，则境界全出

六岁时，身为语文老师的父亲送的《千家诗》，是我读过的第一本诗集。那时的我记忆力很好，而且心性恒定。从小学到大学，我背诵了近 1 000 首诗词和古文。李白写诗 3 000 多首，留存下来 990 首，我能背出十分之一；辛弃疾留词 600 多首，我也能背八分之一。

"熟读唐诗三百首，不会作诗也会吟。"读的多了，肯定想自己写。李白早期的作品就有大量模仿汉代乐府的痕迹。

模仿的初级阶段，是字和词。那时，我喜欢把生僻词或者某些典故用在诗中来显示自己的"博学多才"，比如把"月亮"称为"桂华"。直到很多年以后，才明白了自己的浅薄，因为直抒胸臆才是最高境界。辛弃疾这么伟大的词人，也会因用典过多、别人看不懂其作品而被诟病。

那么，究竟什么样的细节才是好的？《人间词话》里说得很清楚。《人间词话》第七则："红杏枝头春意闹"，著一"闹"字，而境界全出。"云破月来花弄影"，著一"弄"字，而境界全出矣。翻译过来就是：细节是好是坏，取决于它能否把诗想要表达的"境界"全盘托出。围棋大师吴清源对此也有同感：一手棋是妙手、俗手还是恶手，要放在全局上考虑。

细节很重要，但必须服务于主题。只盯着细节而缺乏高度的人，难成大器。这就是格局。

这里还要讲一个关于"推敲"的小故事。唐朝的贾岛是著名的"苦吟派"诗人，所谓"苦吟派"，就是为了一句诗甚至诗中的一个细节，不惜耗费心血。有一次，他写了一首《题李凝幽居》：

闲居少邻并，草径入荒园。

鸟宿池边树，僧敲（推）月下门。

过桥分野色，移石动云根。

暂去还来此，幽期不负言。

但他有一处拿不定主意——到底是用"推"还是用"敲"。犹豫之间，就骑着毛驴闯进了大官韩愈（唐宋八大家之一）的仪仗队里。问明原因后，韩愈说："我看还是用'敲'好。其一是说明了你拜访友人时的礼节；其二是夜静更深时用'敲'字，又让这首诗多了几分声响。"

在今天的创作中，不要说这样的推敲精神，就是连使用正确的语法、减少错别字都难以保证。报纸的差错率不超过万分之三、期刊的差错率不超过万分之二方为合格，但很多网稿的差错率超过了 2%。移动互联网提升了内容传播的效率，但极大地降低了内容的品质。其背后，则是浮躁的社会心态。

但我们依然相信：无论在什么时代、无论是五环外还是五环内，人对美的追求是永恒的，而且审美的基本标准是不变的。用心打造的经典，必将永恒流传。

二、逻辑：《春江花月夜》的多线并行

读诗也给了我很多逻辑、结构上的帮助。如果能在非叙事性的文学体裁上展现自己严密的逻辑——也就是"骨秀"，那就是高手中的高手。

先看《白雪歌送武判官归京》，这是唐代著名边塞诗人岑参的作品。全诗以雪为主线，四个"雪"字贯穿始终。从"胡天八月即飞雪"开始，作者与友人一直痛饮到"纷纷暮雪下辕门"。两人分别时依然是"去时雪满天山路"，最后朋友不见踪影，"雪上空留马行处"。

被誉为"孤篇盖全唐"的《春江花月夜》（作者张若虚），则更高一筹。其明线有两条：一是月，一是江。从"春江潮水连海平，海上明月共潮生"，到"江天一色无纤尘，皎皎空中孤月轮"，再到"不知江月照何人，但见长江送流水"，最后到"不知乘月几人归，落月摇情满江树"。**全诗 15 个"月"字，11 个"江"字，两者相互衬托、相伴而行。月是主体、江是场景，月出月落之间，江水东流不止。**

而在描述月、江的同时，作者又将两种情感穿插诗中。一是游子思念情人，"可怜楼上月徘徊，应照离人妆镜台"；"此时相望不相闻，愿逐月华流照君"。同时也在感慨时间的流逝，人与世界在月出月落、大江东去之间的变化，所谓"江畔何人初见月，江月何年

初照人"；"人生代代无穷已，江月年年只相似"。此时，情感变成了主体，而江与月又变成了场景，景、情、理三者交融。

有当代文学家这样评价《春江花月夜》的结构：全诗共三十六句，四句一韵，共九韵。以整齐为基调，以错杂显变化。诗人贯注全篇的感情是悲凉的，但旋律既不是"哀丝豪竹"，也不是急管繁弦，而是像小提琴奏出的小夜曲或梦幻曲，含蓄、隽永。诗的内在感情虽然热烈、深沉，看来却是自然的、平和的，犹如脉搏跳动那样有规律、有节奏，诗的韵律也相应地扬抑回旋。诗中描述的所有细节，比如空中流霜、汀上白沙，也正因为这种严密的逻辑，像散落的珍珠被串成了一条项链。

在这里，给大家提供几种行文的基本逻辑：

（1）**时间逻辑**，也就是按照时间顺序叙事。比如我早晨 8：00 起床，8：30 吃饭，9：00 上班……这种逻辑简单明了，但容易写成流水账，所以其中又有倒叙、插叙等手段。

（2）**空间逻辑**，也就是按照地点变化叙事。比如我今天去了两次图书馆、两次超市、两次饭店……这种逻辑的场景感很强，动感也很强烈。

（3）**因果逻辑**。比如因为我很努力，而且掌握了好的方法，所以考试得了 100 分。需要注意的是，新闻的表述往往是"先果后因"，这样的节奏感会更强烈。

三、主题与境界

细节生长在逻辑之中，逻辑则为主题服务。如果把一篇文章比作一棵大树，细节相当于叶子，逻辑结构相当于枝干，主题则是根基。

主题不够高远，作品就是无本之木。

南宋词人辛弃疾的《水龙吟·甲辰岁寿韩南涧尚书》，本是一首给领导（韩南涧）的祝寿之作，但他把拍马屁的题材写得波澜壮阔，直抒希望北上抗金、收复失地的宏伟志向。"算平戎万里，功名本是真儒事，君知否？""待他年，整顿乾坤事了，为先生寿"，至今读来，都是荡气回肠。

《人间词话》第十五则：词至李后主（李煜）而眼界始大，感慨遂深，遂变伶工之词而为士大夫之词。……"自是人生长恨水长东""流水落花春去也，天上人间"，《金荃》《浣花》（《金荃词》是温庭筠的词集；《浣花词》是韦庄的诗词集），能有此气象耶？这里的"眼界、气象"，说的都是立意，也就是主题。而在第十八则中，王国维这样评价李煜：后主则俨有释迦、基督担荷人类罪恶之意，其大小固不同矣。

王国维的伟大之处是把细节、结果、主题等，用一个词进行了概括，那就是"境界"。**所谓"词以境界为上，有境界则自成高格，自有名句"。**《人间词话》的成就也在于境界说。

境界本来自佛家之语，有"边际"之意，后被王大师演绎为诗词的水平，以及对学术的追求。从"昨夜西风凋碧树。独上高楼，望尽天涯路"，到"衣带渐宽终不悔，为伊消得人憔悴"，再到"蓦然回首，那人却在，灯火阑珊处"，这就是学术三境界，后被引申为人生三境界。一个永不后悔的人生，是不停地追求更高境界。对我本人而言，从《超越门户》到《自媒体之道》再到《源流说》，也是境界上的不断突破。

四、作者的"志"

无论达到什么境界的作品，都是由人创作的。**所以，《诗经》里说"诗言志"，作者的境界即是作品的境界。**

正如辛弃疾的词中所写，"少年不识愁滋味，为赋新词强说愁"。在阅历不够丰富的时候，往往是为了表达而表达。随着人生阅历的逐渐丰富，才渐渐感受到了"欲说还休，却道天凉好个秋"！

辛弃疾是我最喜欢的词人，《人间词话》评价其词"豪"，又有人评价"沉郁悲凉"。同为豪放派词人，苏轼的词则是"旷"。这是为什么？因为在辛弃疾所处的时代"靖康耻，犹未雪"，所以他在词中表现出来的情感多是"臣子恨，何时灭"。

人无法脱离他所处的时代、环境以及成长经历去思考、去写作。三国时期的三位英雄人物——曹操、诸葛亮、周瑜，都得到过后世大诗人的评价。毛泽东写曹操"魏武挥鞭，东临碣石有遗篇",毛主席是一个时代的开创者,所以喜欢同样雄才大略的魏武帝;杜甫写诸葛亮"出师未捷身先死,长使英雄泪满襟",杜甫是士大夫,却一生不得志,自然推崇鞠躬尽瘁、死而后已的汉丞相;与周瑜同样风流倜傥的苏轼,则写下了"羽扇纶巾,谈笑间,樯橹灰飞烟灭",描述这位东吴水军大都督在赤壁之战中的飒爽英姿。

《人间词话》对这一点的评价非常到位。其第十七则:客观之诗人,不可不多阅世。阅世愈深,则材料愈丰富,愈变化,《水浒传》《红楼梦》之作者是也。主观之诗人,不必多阅世。阅世愈浅,则性情愈真,李后主是也。

五、真实:创作的最高境界

2016年1月末的一天,我来到了"为你读诗"的办公室,面对话筒,开始录音。

"为你读诗"是一个知名微信公众号,每天会播出一首或两首由名人朗诵的名篇,包括彭丽媛、星云法师等人都曾参与。作为一个喜欢诗词的互联网媒体人,用现代传播手段去表达千年前的作品,这是让人兴奋的事情。倾听我声音的,不再是无法追踪的听众,而是可以随时互动的用户。

在音乐的伴奏下,我读起了苏轼的《卜算子·黄州定慧院寓居作》,"寂寞沙洲冷"进入听众的情绪中。一位名叫"鱼沉丸子"的网友听后留言:寂寞沙洲冷,似是故人来。人生有起有落,当尘埃落定,再回首旧时光,那寂寞孤苦倒成人生回忆……五味杂陈,才是人生。

"为你读诗",让我收获了公众号的第一个10万+。这可以告慰我远在天国的父亲,是他为我启蒙,让诗词伴我成长——在很多时候,课外之功起到的作用超过处心积虑经营的东西。

四年后的今天,当我写下这篇文章时,也正是新冠疫情肆虐的时候。本应繁华的大街上,行人寥落。这个国家,以及每个人的命运都因此而改变,包括我。面对不确定的未来,如同缥缈的"孤鸿"。我又读起这首词,再一次体会"寂寞沙洲冷"的境界。在这个时候,我会觉得与作者苏轼的距离变得更近了一些,感受到了作者的真情实感。

句、骨、神，或者说细节、逻辑、主题都是为"真"服务。真情实感，才是写作的最高境界。所谓"其辞脱口而出，无矫揉妆束之态。以其所见者真，所知者深也。……持此以衡古今之作者，可无大误也"。

最后，附上我的一首词，希望能为这个寒冷的夜，增加一抹亮色。

插花词

水边篱落，塑横枝两三，唤名疏影。又拈来、红花一朵，含苞待香。积雪廊檐风吹下，弦月初升清光冷。小筑里，看明烛高照，纤手织。

再起红泥新火，煮陈茶，热凉浓淡。征尘未断八千里，唯觉此境心安。却难耐：时光无据，月华流转。轻叹。且添柴融雪，请盈盈翠袖，加一叶。

深度案例之四："抄作业"更看水平

提要

从"竹影横斜水清浅,桂香浮动月黄昏"到"疏影横斜水清浅,暗香浮动月黄昏",两字之变,点铁成金。

一

如果你是个热爱生活的人,一定会被"回眸一笑百媚生,六宫粉黛无颜色"倾倒。这句诗出自唐代大诗人白居易的《长恨歌》,描述的是玄宗宠妃杨玉环之美。但你可能不知道的是,这句诗借用了同为唐代顶级诗人李白的《清平词》中的"一笑皆生百媚"。

从六字词到七字诗,多的是"回眸"。这是一个足以让人产生无数联想的动感之词。如果用现代语言来形容,就是描述了一个产品的应用场景。

二

超越李白的不仅仅是白居易,还有宋代的大文学家苏轼——虽然他是一个典型的"李粉"。苏东坡文列唐宋八大家之一,词为宋代三大词人之首,诗、书、画以及烹饪的造诣也是登峰造极。他最脍炙人口的作品,当属《水调歌头·明月几时有》。特别是最后一句"但愿人长久,千里共婵娟",可谓千古绝唱。

这首词写于 1074 年,作者谪守密州之时。大约 330 年前,李白在《把酒问月》里就有着类似的描述:"但愿当歌对酒时,月光长照金樽里。"一个未经考证的说法是,苏轼作词时借鉴了李白的这句诗。但从境界上看,后者明显超越了前者——前者未能脱离酒,而后者写的是人心。

从写作角度上看，两者也不尽相同。苏词感慨的是人间聚散无常，所谓"人有悲欢离合，月有阴晴圆缺"；李诗则感慨时间流逝、世事轮回，所谓"今人不见古时月，今月曾经照古人"。所以，我们可以得出一个结论：用别人的内容不是不行，但要忠于自己的主题，所谓"自成高格"。

三

另一种"抄袭"是借用别人的句式。初唐四杰之一的王勃有《滕王阁序》，其中名句有"落霞与孤鹜齐飞，秋水共长天一色"。如果看了下面这句"落花与芝盖齐飞，杨柳共春旗一色"，你会不会觉得非常相似？后一句出自南北朝时期的著名文人庾信——因其官职被人尊称为"庾开府"，杜甫曾评价其诗"清新"。

但前后对比，王勃明显技高一筹。原因很简单：开阔。能描述出更开阔场景的原因，则是人生境界"更上一层楼"。

四

与"抄袭"格式相反的，是格式全改，但内容一字不动。同样是写清明，有两种方式：

绝句：清明时节雨纷纷，路上行人欲断魂。借问酒家何处有，牧童遥指杏花村。

小令：清明时节雨，纷纷路上行人。欲断魂。借问酒家何处？有牧童，遥指杏花村。

你喜欢哪个？

五

我自幼学习诗词，目前在记忆中残存的、能流利背出全文的接近1 000首。这个"数据库"不大，但也能把很多东西关联到一起，重新排列组合，进行对比分析。

如果说"抄袭"境界最高的，当属北宋著名隐逸诗人林和靖。此人"梅妻鹤子"（以梅花为妻，以仙鹤为子），写了若干咏梅花的诗歌。其中最著名的是"疏影横斜水清浅，暗香浮动月黄昏"。疏影、暗香之后被演绎了无数次，俨然成为梅的代名词。

"疏影"联，其实是从一位很不著名的诗人的"竹影横斜水清浅，桂香浮动月黄昏"点化而来。如果按照现在各平台的规则（比如，如果文章的重复字数超过 70%，会被自动判定为抄袭），14 字重复 12 字，那是绝对的抄袭了，林大师会被立刻取消"原创"资格。但人家就牛在这里，明目张胆地 copy，只动两个字，立马点铁成金。特别是"疏影、暗香"使用的修辞手法"通感"之妙，难以用语言形容。

为什么能做到这一点？还是那两个字：境界。如果格局不够，只能抄袭。所以，王国维在《人间词话》中点评：东坡（苏轼）之词旷，稼轩（辛弃疾）之词豪。无二人之胸襟而学其词，犹东施之效捧心也。

六

词人们还有一种写作方法，就是用"原韵"。意思是说，你押韵的那个字是什么，我就用什么。和（音"贺"，一唱一和）朋友的词多用此手法，或有隐隐较劲之意。比如宋代的章质夫和苏东坡。

章词《水龙吟·杨花》

燕忙莺懒芳残，正堤上柳花飘坠。轻飞乱舞，点画青林，全无才思。闲趁游丝，静临深院，日长门闭。傍珠帘散漫，垂垂欲下，依前被风扶起。

兰帐玉人睡觉，怪春衣雪沾琼缀。秀床渐满，香球无数，才圆却碎。时见蜂儿，仰沾轻粉，鱼吞池水。望章台路杳，金鞍游荡，有盈盈泪。

苏词《水龙吟·次韵章质夫杨花词》

似花还似非花，也无人惜从教坠。抛家傍路，思量却是，无情有思。萦损柔肠，困酣娇眼，欲开还闭。梦随风万里，寻郎去处，又还被莺呼起。

不恨此花飞尽，恨西园落红难缀。晓来雨过，遗踪何在？一池萍碎。春色三分，二分尘土，一分流水。细看来，不是杨花，点点是离人泪。

后世大多认为，苏词胜于章词。特别是王国维的《人间词话》里也这样评价，说苏词"和韵而似原唱"，章词"原唱而似和韵"。苏轼之强大，能反客为主，可见一斑！

我在2011年也写过一首词，用了苏词的原韵，写的是雪花。放在这里，算是东施效颦。

次韵苏词之《水龙吟·雪》

似花还似飞花，有阴云惜从教坠。晓落柴门，轻披鸡黍，冻凝犬吠。路遇白梅，赢得冰清，输了香味。又散入珠帘，粘湿罗幕，偷眼美人小寐。

不恨此花无情，恨今年依旧独醉。残阳来过，遗踪何在？素裹皆碎。玉体三分，二分润土，一分随水。细看来，不是雪花，片片是思君泪。

这里再抛出苏大师的一首词，名为《南乡子·集句》。顾名思义，词中所有句子，都是照抄别人，一字不改，但进行整合之后，又是一番新境界。如果有兴趣，可以看看每句都出自何处。

怅望送春杯。渐老逢春能几回。花满楚城愁远别，伤怀。何况清丝急管催。

吟断望乡台。万里归心独上来。景物登临闲始见，徘徊。一寸相思一寸灰。

七

最后一个案例来自毛泽东。他有一首《卜算子·咏梅》，是效仿陆游同名之作。

先看陆词：

驿外断桥边，寂寞开无主。已是黄昏独自愁，更著风和雨。

无意苦争春，一任群芳妒。零落成泥碾作尘，只有香如故。

再看毛词：

风雨送春归，飞雪迎春到。已是悬崖百丈冰，犹有花枝俏。

俏也不争春，只把春来报。待到山花烂漫时，她在丛中笑。

毛词作于 1961 年。对中国来说，当年可谓内忧外患。国内正逢"三年困难时期"，外交上则与"老大哥"苏联断绝了关系，对方虎视眈眈、陈兵百万，要扼杀社会主义新中国。毛泽东试图表达共产党人的态度和斗志，当读陆游的《卜算子·咏梅》时，感到文辞甚好，但意志消沉，于是在词的序中表明，要"反其意而用之"。

这位新中国缔造者在诗词方面的造诣应是百年来第一人，特别是其诗中的气魄，无人能出其右。纵观他的作品，"万"字最多。纵然是"诗仙"李白，更多使用的也不过是"千"字。能在九死一生的长征路上写出"万水千山只等闲"的人，又怎么可能甘心去拾人牙慧？

八

沧海桑田，世事变迁。移动互联网和人工智能的出现，让"创作"的定义翻天覆地。即使与 20 年前的传统媒体时代相比，一些观点也发生了深刻的变化。比如：当年做调查记者的我，被要求每个信息点要经过三个互不相干的信源交叉印证后，才能认为基本接近事实，尤其不能不经核实直接援引网上资料。但今天武侠小说一般的"非虚构写作"，已经完全打破了这个定式。唯一缺少的，是对原有素材的理解、消化、整合，如古人一样为我所用、提升境界。

更有人东拼西凑、大段抄袭，甚至衍生了"做号党"产业。他们有着狗一样的灵敏嗅觉，看到爆款选题就开始东抄西凑、攒出文章，然后做一个类似"不转不是中国人"这样的可以裹挟公众情绪的标题，疯狂收割流量——有了流量就有了收益，这是他们唯一的目标。

2019 年 8 月，有家培训机构请我去讲课，场面很火爆，于是我们小聚庆祝。我说："这次的主题是内容安全，下次可以讲讲采访写作。"但对方说："这个估计不行。别看您资深，但随便找个小编讲'教你如何在三天内生产出 10 万 + 爆文'，肯定比您讲的更受追捧——因为大家都渴望快速成功。"

很明显，这是个普遍性问题。当每个人都认为网络就是"那样"的时候，各种光怪陆离的事情就会出现。而网络，则是社会问题在线的反光镜。

  但我相信，在大多数人心中，对美的追求依然存在。无论是 60 后还是 90 后，无论是五环内还是五环外，每个认字的人，都不想读到错字连篇的文章；就算不认字，也不希望看到画面模糊、东拼西凑的视频。只有经典，才能永久流传。

标题说：提纲挈领三境界

提要

标题之要义，在于提纲挈领，即将全篇核心或要点提炼出来。真实、简洁、精彩又是其中三境界。"标题党"看似提升流量，实则杀鸡取卵。

——摘自《内容生产与分发的44条法则》之十一

1998年，当我刚刚成为一名记者的时候，并没有觉得标题是如此重要。

道理很简单：其一，纸媒的阅读是"块阅读"，除了标题之外，图片、提要和内文也会同时出现，在读者眼里"东方不亮西方亮"；其二，纸媒的阅读不是免费的，这就决定了只要你把它买回家，就会认真看。

但互联网改变了这一点。

其一，"流阅读"在PC时代已有雏形，而在移动时代，完全变为了信息流模式——从上到下刷屏，内容就像瀑布一样流下来。App首页根本看不到内文，只有标题或者标题+图片（对于视频App而言，是标题+封面图）。甚至可以夸张点说，信息流其实就是标题流。

其二，几乎所有App都是免费阅读，大家对白来的东西耐心有限。如果在第一时间看到的标题没有那么吸引人，会直接放弃。

所以，标题在流阅读时代变得更重要。它直接关系着流量——改动一个标题，往往会让文章在单位时间的点击量迅速攀升甚至翻倍。

王国维在《人间词话》中提出了"学术三境界"，我认为做标题也有三个境界：第一，真实，也就是不搞标题党、不去骗流量；第二，简洁，能用一个字说清楚，不要用两个字；第三，精彩，让人过目不忘、有强烈的点击欲望。**但在这三者之上，是去追求"题"的本意——提纲挈领，标题要把文章的核心意义或重要信息表达出来，**正所谓"蓦然回首，那人却在，灯火阑珊处"。

一、标题的真实性如何保证

还记得是 2013 年 6 月的某一天，一个电话打破了搜狐新闻中心的宁静。电话来自北京卫戍区，对方要求迅速处理首页上题为"北京卫戍区启动一级战备状态"的链接。

所谓一级战备，指局势极度紧张、针对中国的战争征候十分明显时解放军部队所处的状态：枪支弹药会分配到每个士兵手上，快速反应部队将按区域驻兵；战备值班人员昼夜坐班，无线电指挥网络保障不间断指挥；同时运用各种侦察手段，严密监视敌人动向，进行应急扩编等等。一句话：就是很可能要打仗了！

北京真的启动了一级战备吗？肯定没有。该文章原标题大意为"北京卫戍区某师演习，启动一级战备状态"。为了吸引流量，相关编辑竟然隐去了"某师演习"四个字。据北京卫戍区那位人士称：其他军区（当时还未改为"战区"）负责人看到了这条新闻，纷纷紧急致电，北京的电话都快被打爆了。如果不是及时处理，战争的恐慌甚至可能在全国蔓延。

这就是"标题党"惹的祸。

所谓"标题党"，指标题不能准确表述文章中心意图或重点，而是靠无中生有、夸大其词等手段，骗取用户点击的现象。具体表现包括：

夸大其词："北京卫戍区启动一级战备状态"，就是典型的夸大。

断章取义："习近平：欢迎女兵上航母"——这个标题就是典型的断章取义。因为在这篇 3 000 多字的文章中，只有大约 30 个字谈及了相关内容。

偷换概念："男朋友一个星期要七次！我要不要跟他分手"——其实是说一周要吃

七次肯德基。偷换概念的目的是将眼球引向更敏感的部位，比如性，以换取更高的点击率。

文不对题："三国五虎上将之最：关羽身高最高，武艺最高的是他？"如果仔细读文章会发现，里面根本没说谁武艺最高。

无中生有："证监会凌晨报：A股意外剧变大盘走势 三个字或让散户抱头痛哭"，这基本等同于造谣。

"他她"系列："他成名时，黄渤还是素人，如今不敢和黄渤说话！"别问TA是谁，好奇害死猫。因为他不是你感兴趣的人，否则名字就会出现在标题里。

在传统媒体时代，尽管已经有"标题党"现象存在，但远不如今天盛行。这与流阅读只看标题有关，但背后的原因是利益驱动。

在《南方周末》，记者和编辑只对稿件负责。记者对自己花一周甚至一两个月才能完成的作品是非常珍视的，绝不会哗众取宠，起一个不靠谱的标题去砸自己的牌子。报纸或杂志的销量是发行部门的事情，编辑部甚至可以完全不去理会。

但在今天，不论是网站编辑还是自媒体作者，其中不少人没写过像样的稿子，缺乏对内容的敬畏之心，另外很多都背负着经营的压力，没有点击、没有UV（独立访客），就没有收入，使用"标题党"做文章是换取流量最简单的手段。

不去扎实做事情，却靠投机取巧试图取得成功，是这个时代最大的悲哀。所以，对内容而言，互联网是把双刃剑——提升了内容分发的效率，却降低了内容生产的质量。

阅读者已经越来越意识到这个问题。不管是社交传播还是算法传播，"标题党"都在被逐步限制。比如，当人们在朋友圈里看到"不转不是中国人""中国霸气回应，美国吓尿了"这类标题时，往往会在第一时间屏蔽相关文章。而算法通过大批量的案例积累，不断地训练模型，创建"标题党分类器"后，可以识别一些特征明显的标题党，也批量降低这类标题文章的展示量。请看，以下用语均为标题党的常规套路用语：

> 就在刚刚，央视曝光，高层揭秘，惊天秘密，绝对隐私，价值千万，千万别吃，还敢喝吗，赶快扔了，能害死你，尺度巨大，现场惨烈，惊悚一幕，差点丧命，大惊失色，胆战心惊，看后崩溃，令人发指，灭绝人性，彻底玩完，摊大麻烦，沦为炮灰，突然翻脸，诡异一幕，机会难得，绝不再忍，国人哽咽，震惊国人，全民炸锅，北京震怒，北京发飙，西方胆寒，西方崩溃，川普慌了，安倍沉默，安倍慌了，川普沉默，美国怂了，美国跪了，美国哀嚎，美国疯了，美国崩塌，幕后黑手，全球沉默，世界哗然，最后警告，果断出手，噩梦来临，国人哄笑，深度好文，不转不是中国人……

标题党常规套路用语

举个例子，这里有两篇文章：

文章 1："大魔王"张怡宁解说乒乓球比赛，遭现场观众呛声：你行你上啊！

点击率：40%；分享率：0.04%；用户平均停留时长：77 秒。

文章 2：那些年所有张怡宁让过的球！她还透露了退役原因

点击率：20.5%；分享率：0.09%；用户平均停留时长：148 秒。

请问文章 1 和 2，谁更可能是标题党？

答案：文章 1。

标题 1 明显比标题 2 更吸引人，冲突感更强烈，所以更容易吸引用户，点击率高达 40%。但如果点进去看内容，标题 1 的内文十分粗糙简单，只有几张配图和几句没头没尾的文字；而文章 2 的内容明显饱满充实，逻辑严密，配图合理。所以从用户的数据来看，平均停留时长、分享率，标题 1 都只有标题 2 的约一半，证明标题 1 对用户的价值低，所以算法会大幅降低该内容的展示量。

算法还会通过追溯和记录，找到时常发布"标题党"文章的自媒体账号。如果一个自媒体账号每天只发这样的内容，那么它在分发平台上的流量就会下降，乃至被禁发文章。

二、长标题不等于啰唆

同样是在搜狐，另一个案例也让人记忆犹新。在一次例行巡查新闻首页的时候，我发现了一个标题:"公厕分级"对上厕所有什么好处?

看后哑然失笑。"公厕分级"不对上厕所有好处,难道对吃饭有好处?正确的做法是:"公厕分级"有什么好处?

啰唆,是做标题的另一个大忌。标题的作用是提纲挈领,而且任何一种媒体对标题字数都有限制——比如门户首页一般是 22 个字左右,所以更需简洁明了。

标题的啰唆主要表现在几个层面:

文字重复:"公厕分级"就是典型的例子。阅读者不傻,只要你点出来核心意思,他自然就能理解,不需要反复强调。同样的案例还包括"阿司匹林又火了!上万人参与抗癌测试,上千人参与助孕测试",改后为:阿司匹林又火了!它能抗癌还助孕?

虚词多:"意大利截获了 2 000 多万张火车票,都是在中国印制的","了"、"的"都可以省略。改后为:"意大利截获 2 000 多万张火车票,均印制于中国"。

标题中表达的内容,不是核心或者重要新闻点。比如,我们经常会看到这样格式的标题:某某地一男(女)子……但从来没有想过,某某地的男人或者女人是不是重要的新闻点,值得提炼到标题里吗?

标题的提炼,其实考的是对内容源的理解,特别是对文章核心意思的理解。一篇新闻报道包含五个 W——时间、地点、人物、事件、原因,其中什么最重要、什么最吸引人,才应该把它放在标题里。

一段时间颇为流行的"刚刚体"标题,强调的是时效;"武汉发生某某事件",强调的是地点——这座城市因为新冠疫情的暴发关注度极高;"金庸逝世",强调的是人物与事件。"新冠病毒和 SARS 到底有什么区别,钟南山院士的解释来了",说的是原因。不重要的信息,则可以从标题中拿下,体现于内文即可。

从杂志到报纸,从报纸到门户,从门户再到移动端,标题的趋势是字数渐多,而且长标题、提要式标题的点击率一般会高于短标题。**但简洁和长度没有直接关系,正如同深度报道与文章的长短没有必然联系一样。**同样是 30 个字的长标题,如果我们删除"男子、女子"这样的不重要信息，腾挪出来的空间完全可以把另外一层重要意思表述出来，以吸引更多的读者，提升点击率。

三、精彩：不靠标题党，也有 10 万＋

不搞标题党，并不代表着标题要平淡无奇。相反，使用各种手段让标题过目难忘，是编辑的基本功。下面的案例就是告诉大家怎样把标题做得更精彩。

1. 避免晦涩，尽量口语化

例：农业部：集体土地经营权流转须三分之二村民代表同意

改："土地不是你想卖，想卖就能卖" 看看农业部新规定咋说？

例：深交所问询华润、宝能：是否互为一致行动人

改：深交所出手：万科这事，华润、宝能你俩到底啥关系？

点评：土地经营权流转、一致行动人，这些专业名词不接地气，但口语化的表达能拉近与用户的距离。

2. 疑问式标题

例：7 600 亿不如一阵风，治霾经费花哪了？

点评：因为标题带有悬念，所以比陈述式标题的点击率更高。

3. 挖掘亮点

例：市民从 ATM 机取出"奇怪"百元钞票

改：百元纸币变百万：只因"毛爷爷"多了一条眉毛

点评：这个新闻最有意思的点是"错币哪错了"以及暴增的收藏价值，要学会把亮点提炼出来。但亮点一定是全文核心，而不能以偏概全。

4. 直接引语

例：《在人间》第 88 期：光棍村的期盼

改："56 岁了，我还是童子身！"

点评：直接引语不仅客观，而且能充分表达情绪。同样的案例还包括新冠疫情中的"我和3 700多人被隔离在船上"。

5. 善用谐音

例：阿里优酷土豆签署合并协议以全现金交易方式收购

改：优酷土豆终于喊了一声阿里"爸爸"

例：陈一新任中央指导组副组长 王贺胜任省委常委

改：焕然"一新"，预"贺胜"利！中央调整湖北高层

点评：用谐音来表达隐含的意思，能够起到画龙点睛的效果。

6. 利用对仗

例：故宫：雪景美呆了，游人如织！

改：雪连天故宫素裹 人如织细数飞花

点评：古老的故宫和诗结合，应情应景。虽然不是严格的对偶，但平仄工整，读起来朗朗上口。

7. 借用经典

例：河南焦作万人同打太极拳遭遇"霾伏"

改：中华有"神功"万人同打太极拳遭"霾伏"

例：北京现小道士炒股 网友齐呼"被萌翻"

改："道士下山"学炒股 网友齐呼"萌翻了"

分析："道士下山""中华有神功"，属热映电影名或经典歌曲中的歌词，辨识度高。巧妙化用诗词名句也是拟制标题的常见方式，如"满园春色'捂'不住，十万游人赏樱来"（武汉大学樱花节）。

8. 借用网络流行语

例：阅兵来了 哪套制服是你的菜？

改：舔屏！阅兵演绎巅峰制服诱惑

点评：原标题中"你的菜"其实也算出身网络，但是"舔屏"属于新晋的热词。使用网络热门用语要注意跟进潮流，但不要滥用。

9. 图片的力量

例：安倍跑步进场见普京 普京掸灰避谈领土问题

改：爆笑 Gif！安倍一路小跑见普京 普京低头掸灰

点评：Gif 的标识让整个标题"动"了起来，再将跑步改为一路小跑更有画面感，给用户遐想和期待。同样，视频、直播等提示语也可用在正题之前。

10. 巧用数字

武汉疫情亲历：42 个小时 2 300 公里 12 吨 84 消毒液的接收之路

点评：数据能够更直观地反映问题。

11. 形象化

例：霾霾霾霾霾北霾霾霾霾霾方霾霾霾霾霾

点评：无须点评，一看便知。

12. 真情流露

例："95 后"抗疫日记：出发前，我向父亲交代了遗言

例：武汉医护人员：给我们一个 N95 用 24 小时都行

例："此刻，绝不会是逃兵！"在电话里崩溃咆哮的医生经历了什么？

点评：面对这样一场席卷全国、改变了每个人命运的疫情，把真相和真情放到标题里，是最高境界。

最后，再为大家贡献一些好标题，它们均出自搜狐或者一点资讯的同事之手：

例：一名柬埔寨新娘的归宿：找个好男人 挣钱寄回家 余生留中国（排比）

例：身份证不是你想查，想查就能查！（借用流行歌曲）

例：陈水扁能出狱，马英九为何不能出访？（对比）

例：欢迎收看大型年度连载国产剧：《高考》（调侃增加趣味性）

例：100 块和 1 000 块的鞋子区别到底在哪里？（巧用数字）

例：张召忠：南海已无公海，航行自由可以，横行自由没门儿！（口语化）

例：图解 | 什么是重点大学？什么是名牌大学？（"图解"两个字很直接）

例：月薪两万性生活指南（锁定目标人群）

例：脱欧是谁的胜利？英国人笑了，人民币哭了（设问自答，重点突出）

例：人间已无"女先生" 天堂再会"我们仨"（对偶及引用经典著作名）

账号说：大号背后的名与利

提要

在新媒体语境下，源的生产者称为"号"。一号背后即一人，亦可是一个团队、一个组织。号的高下，在于垂直度（定位）、原创度（不抄袭）、活跃度（常发文），以及其生产内容的品质。号的气质即作者之人设。《人间词话》曰：东坡之词旷，稼轩之词豪。无二人之胸襟而学其词，尤东施之效捧心也。

——摘自《内容生产与分发的 44 条法则》之十二

就在我告别传统媒体的 2012 年，内容传播的秩序彻底被颠覆了。8 月中旬，"微信公众号"功能上线，只需一张身份证，就可以在后台注册一个媒体，成为一个内容源。所谓"再小的个体，也（能）有自己的品牌"。

"蝴蝶扇动翅膀搅起的一场风暴"从此开始，公众号功能引起了诸多平台的效仿。2013 年，在结束了一场棘手的版权官司之后，今日头条决心建立属于自己的内容平台，引入优质作者，其创始人张一鸣的志向是"做最大的中文创作平台"；2015 年，一点资讯、百度、网易也先后向公众开放了后台，鼓励创作。

和公众号相同，人们习惯称之为"XX 号"。

一、号是什么

《现代汉语词典》对"号"有如下解释：其一是名称；其二是号令。这两个解释叠加起来，可以部分解释"某某号"的概念。

从表面上看，号是内容单元（如一篇文章或一条视频）的集合体，是一个内容源，以发出声音、传递信息为目标。

号的背后则是一位作者。可以是自然人，可以是一个小团队，甚至可以是一个庞大的组织机构——比如新华社。自然人注册的号，我们称之为"自媒体"；类似新华社这样的媒体组织注册的号，我们称之为"机构媒体"。政府、企业等注册的号则以政务号、企业号命名。

在传统媒体时代，"栏目"是一个与号相似的东西，比如中央电视台的《焦点访谈》、《中国青年报》的《冰点》。今天，大多数栏目在微信等平台上注册了自己的号，名字大都和栏目一致。

如果说一篇文章看重的是阅读量，那么一个号看重的就是粉丝量。所谓粉丝，是指关注了这个号的人，可以视之为"私域流量"。

也正因为号的出现，让每个人都有机会成为一个内容源，原本几乎被机构媒体垄断的内容小池塘迅速变成汪洋大海。面对如此海量的内容，仅靠编辑推荐捉襟见肘，于是，号的诞生推进了社交平台（比如微信）、算法平台（比如今日头条）的成长。源与流这样相生相伴，如同鸡与蛋的关系。

二、号的优劣

我们经常可以听到这样的说法——头部大号，这也是很多作者追求的目标。那么，何为头部？何为大号？

如果单纯从数据维度上说，一是粉丝量，二是号所刊发的文章的平均阅读量，这两个指标都高的，就叫大号。

（一）公众号粉丝量的决定因素

粉丝量与以下几个维度有关。

一是号所专注的领域。 比如，娱乐号的粉丝量肯定多于哲学号的粉丝量，就像关注明星的人肯定多于关注科学家的一样，这就是人性。所以，娱乐就是"头部领域"。而在某一个细分领域里也分头部和长尾，比如足球就是体育领域里的头部内容，而马术属于长尾。

二是注册时间。 公众号生于 2012 年，飞速成长于 2013—2017 年。2018 年之后开始衰退，其原因主要有几个：移动互联网增速放缓、政策开始严管，以及文字创作慢慢枯竭，红利逐步减少。但快手等小视频号在 2017 年后迅速崛起，很多公众号的作者开始转型，寻求新的增长。

王国维在《人间词话》中说："四言敝而有《楚辞》，《楚辞》敝而有五言，五言敝而有七言，古诗敝而有律绝，律绝敝而有词。盖文体通行既久，染指遂多，自成习套。豪杰之士，亦难于其中自出新意，故遁而作他体，以自解脱。"这个规律，同样适用于今天的传播。

三是运营手段， 特别是作者和粉丝互动的频率、方式。我的公众号"一点晨光"运营手段不多，但几乎每一条留言都会回复并上墙，这样粉丝的忠诚度就会更高。[①]

（二）文章平均阅读量的决定因素

文章的平均阅读量则来源于两个方面：

一是内容质量。 包括选题、采访、写作、包装等因素。这在前文已经说得很清楚，不再赘述。

二是粉丝数。 在社交平台上，文章的直接点开数一般在粉丝量的 5% ~ 10%。如果是算法推荐的平台，则取决于算法的逻辑，这在后面会详细解释。

（三）公众号运营者需关注的重要指标

仅仅看数据，还不足以说明号是否优质。很多"做号党"做出的自媒体，其阅读数据也相当高。所以，还有其他的一些重要指标需要运营者关注。

一是垂直度。 一般而言，专注于某个领域的号会更精深，更受用户欢迎。特别是在靠算法分发的平台上，号的定位越精准，所创作的文章得到的推荐也就越精准，点击率就越

---

① 有关"号"的运营，请参见吴晨光主编《自媒体之道》（中国人民大学出版社 2018 年版）一书的下编。

高。所以，要把号做成精品店，不要做杂货铺。特别是自媒体要注意这一点，这归根结底还是个定位问题。

二是原创度。"天下文章一大抄，一把剪子一把刀。"有了电脑和互联网，抄袭的成本又变低了很多。也正因为抄袭情况严重，所以号要培养独到的气质。也就是说，对方可以抄袭文字、搬运视频，但抄不走定位、抄不走个性。

举个例子。"六神磊磊读金庸"这个号，无论是从定位、名字、文字、调性都已经形成了自己的风格，哪怕一两篇被抄走，但其气质是无法被克隆的，这就会让其粉丝有着一种期待，也就形成了一种"场"。

同时我们必须要清楚怎么去定义和鉴别一个公号是否原创。在网上搜索资料作为背景补充在文章里，或者对已知内容进行分析后提炼出自己的观点，这不能算抄袭。"疏影横斜水清浅，暗香浮动月黄昏"来自"竹影横斜水清浅，桂香浮动月黄昏"，诗人只改了两字，但境界完全不同，这就不是抄袭，而是突破。

三是活跃度。也就是发文的频次、数量，多少是一方面，但一定要让阅读者形成期待。就像某一个电视栏目会在某个固定时间播出一样，切忌三天打鱼两天晒网。

三、名与利

2015年6月，我注册了自己的公众号"一点晨光"——这是一个定位于新媒体运营及分析移动互联网新趋势的自媒体。与此同时，我开始主导搭建了一点资讯App的自媒体平台——一点号。四年多的时间，我在"一点晨光"上发表了大约40篇文章（其中部分入选本书），而一点资讯的平台上，先后有超过500万个"一点号"入驻。

这让我有机会从两个维度看待号：一是从号出发，一是从平台出发。**号与其产生的内容本是源，但到了平台上，就变成信息流的一部分。如同长江之水，在唐古拉山是源，"大江东去"后便是流。**

号——或者说它背后的作者，最关心什么？

很简单，天下熙熙攘攘，皆为名利。

在传播中，名指阅读量。可拆解为文章的展示数、点击数、评论数、分享数、收藏数、用户停留时长，以及账号的粉丝数等指标；利是收益，就是能挣到多少钱，一般是按照月度结算，相当于我们的工资。名与利是相辅相成的，点击量越大，获得的报酬越多。

所以，一个平台要想让更多的号入驻、发出更多的内容，就必须在流量和收益上做文章。

而平台这样做的动力，同样是名和利。优秀的号和优质文章可以给平台带来更多用户——也就是阅读者，这表现为平台 DAU（每日活跃用户）的上升，以及用户平均停留时间的拉长。更多用户、更长时间则会让更多广告主在平台上进行更多投放，平台就会获得更多现金流。

号与平台，相辅相成；作者和读者，相互依存。

当逐步领悟这一点之后，在 2019 年 3 月，我决定把一点资讯自媒体的"分类分级管理系统"升级为"成长体系"（见下页图"账号成长体系"）。

从"管理"到"成长"两个字的变化，背后其实是理念的颠覆。在一点资讯执行的"管理系统"中，号是按照级别进行调控的。刚入驻是"新手号"，一个月之内如果没有违规（包括违反法律、违背道德、不遵守业务规范）且发文数量达到一个标准（比如 10 篇），则进入普通号序列。之后，平台会根据其原创度、活跃度、所发文章的质量等数据，判断是否可以逐步升级为优质号、精品号，直到最高级别的"清朗号"（参见本章附录《自媒体"清朗计划"演讲实录》）。对于有管理能力的大号，一点资讯还推出了"以号养号"计划，扶植大号成长为 MCN（多频道网络），可理解为网红孵化机构。

但管理是站在"一点资讯"的角度考虑问题，而成长则是站在"一点晨光"的角度考虑问题。自媒体到底需要什么？平台干预的边际究竟在哪里？人为划分账号级别，是否有利于更多作者获得名与利？或者把级别取消，改为"无级变速"更好？微信没有分级管理，却能成为最大的中文创作平台，我们能从中借鉴什么？

我原本计划构建一个模型，去观察、记录每一个号从进入一点资讯到成长再到死亡的

明确标准，从源（生产）、流（分发）两个角度

号给平台： 发文数量 → 内容质量、流量 → 管理能力

平台给号：
- 新手号 → 转正号：更好的口碑、流量加权
- 转正号 → 优质号：更多的流量、收益增加
- 优质号 → MCN负责人：更多的广告主、资源倾斜（如插入广告等）、有流量及收益的分配权

注意：
（1）平台给号的流量、收益的增加或者倾斜，应号给C端用户（读者）带来的价值相匹配。
（2）平台应记录号从入驻到死亡的全过程，形成报告，并以报告中的数据为依据，调整相关标准或政策。

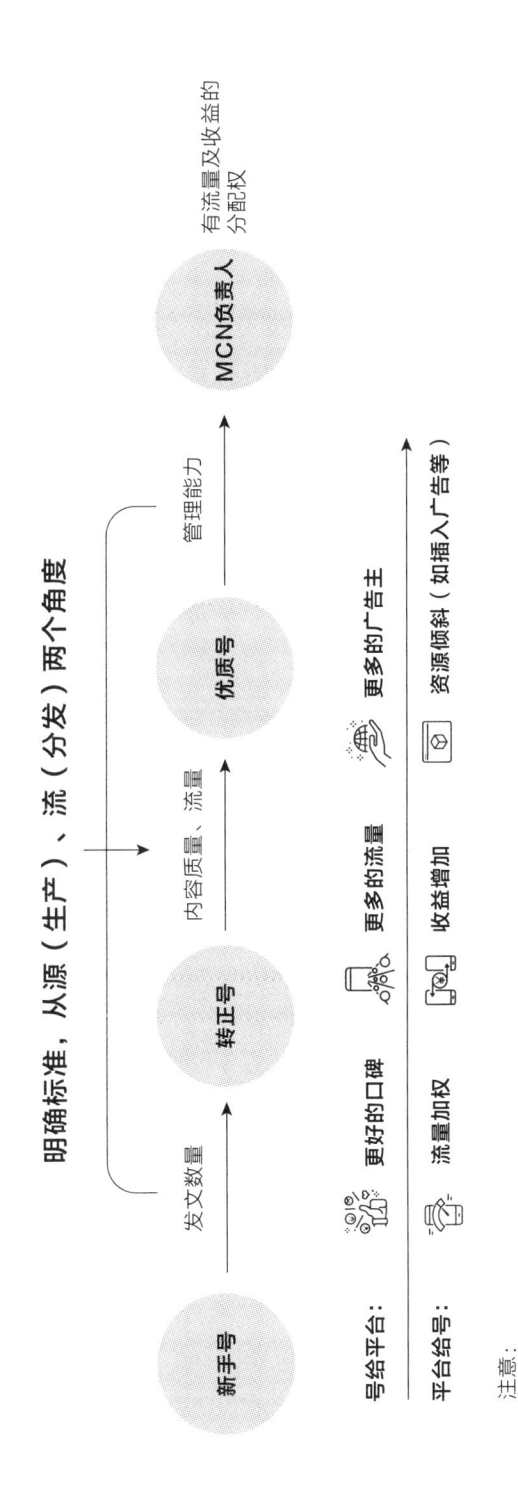

账号成长体系

轨迹，而在这个过程中，平台方使用了哪些手段——比如技术后台、推荐逻辑、收益分配方式影响了它的成长？号又给平台带来了什么？是否带动了平台的成长？而平台给予号的扶持与号给平台带来的数据是否成正比？

可惜的是，由于资本变化和个人原因，2019 年 4 月，我辞去了一点资讯总编辑的职务，改任高级顾问，尝试也因此而搁浅。

当新的一年被翻开后，我收到了来自快手同人的一本书《快手看得见》。其创始人宿华在序言中写道：我们作为社区的维护者，最大的特点是尽量不去定义它。我们常做的事是把规则设计好之后，用户凭借他们自己的聪明才智、自己的想法，以及他们之间的化学反应，去完成社区秩序的转变。实际上，快手在历史上的每一次演变，都是用户驱动的，我们负责在旁边观察，看他们哪儿高兴哪儿不高兴，哪儿对哪儿不对，哪些地方破坏了价值，哪些地方又适应了时代需求。

而这，或许就是对"成长"的最好解释吧！

四、号的底线

我对快手创始人观点产生的另一个共鸣，就是平台方必须随时观察用户在"哪些地方破坏了价值"。"人人都是内容源"提升了公众的知情权，但同时导致了一个严重问题：谁都能注册、什么内容都敢发、出了一般性问题也不用承担责任。有害政治信息、涉黄信息、谣言、标题党，以及充满大量语法错误的文章一度满天飞，个人、企业、组织深受其害，甚至严重到了危害国家的地步。

2018 年 11 月，央视《焦点访谈》曝光了自媒体的六大乱象。但在我看来，乱象还不止于此。一场对自媒体的严厉整治也在此间拉开了序幕，包括"咪蒙""HUGO"等拥有上百万粉丝的自媒体在这次整治中被封禁。

针对自媒体账号乱象，我曾提出如下建议。

（一）提高"号"的注册门槛

以前，媒体的准入条件是非常高的（办报纸、杂志需要刊号），远胜于开一个饭馆；但在今天，自媒体的准入条件太低，只需一张身份证，随时就能注册、发文。所以，建议在自媒体注册时提高门槛，对申请人资质要有严格的审核制度——首先是一人一证，另外，相关领域的资质（如健康领域中的医师执业资格证）应作为是否能够审核通过的重要条件。而在宏观经济、军事、近现代史等敏感领域，要进行更为严格的资质审核。

（二）"先审后发"的制度要落实

任何平台都必须建立自己的审核团队，对文章内容进行把关。所有内容，都应先审后发。可利用人工智能识别问题，提升工作效率。平台要履行好"主体责任"。如有违规行为，须追究其主体责任，不能"店大欺客"，因为用户过亿而成为脱缰的野马。

（三）投诉反馈要加快

以某平台为例，发布一篇文章的通过时间只需要几分钟，而投诉删除一篇有害文章，往往要几个小时甚至几天。即使文章删除，负面影响也已造成。在此建议各平台在严格审核内容的同时，加速对用户投诉内容的处理效率。此外，主管部门——特别是属地网信系统应该设立更为有效的投诉渠道，特别是针对个人和企业的投诉，应有专门的处理机制。

（四）建立自媒体信用体系

目前状况大体上是自媒体谁都可以做、什么内容都可以发，违规后受到的处罚，最多是删除文章、封禁账号。今后应根据用户投诉的次数及情节轻重，建立自媒体信用体系。对屡次遭到用户投诉或者主管部门处罚的自媒体，应永久性封禁；对其注册人，可永久性禁止注册自媒体号。主管部门可组织不同的平台联动，一旦某自媒体在一家平台上被封，可进行全网封杀。严重违规者，要追究法律责任。

（五）扶植优质号，建立"白名单"制度

一手封禁、一手开源，两手都要抓、两手都要硬。对能表达事实、能把握内容底线的自媒体，要纳入白名单，从政策、资金等方面给予支持，并通过注册平台颁发"内容生产

许可证"。

（六）加强培训

自媒体账号的野蛮生长，与缺少系统性培训有很大关系。我们发现：没有底线的自媒体人往往没有经过平面媒体的历练；相反，相当一部分优秀的自媒体人来自转型的传统媒体人。建议有关部门开展对自媒体大号的培训，并可要求自媒体发文平台对其管理的主要自媒体进行培训；要引导大V有序发布内容，包括让他们认知在某一个时段内的报道底线在哪里，未雨绸缪的效果远远好于亡羊补牢。

最重要的一点是，要让全社会认识到垃圾号所带来的危害。在这次新冠疫情的传播中，某些号——包括自媒体也包括机构媒体，除了传谣，甚至利用公众情绪，津津有味地吃起了人血馒头。有人评论一个名叫"青年大院系列"的自媒体：在它的眼里，读者还是人么？可能已经不是了，他们是鱼群、是狍子、是山里新长的珍菇、是田里冒芽的韭菜，要做的只有一个事情：全方位地捕获他们，收割他们的情绪。

但值得庆幸的是，这些行为遭到了有责任感的大号以及公众的严厉斥责。我们相信"人民群众的眼睛是雪亮的"，**既然已经进入一个人人都是内容源的时代，就让每个人都成为内容源的监督者，清流也会因此而形成。**

附：自媒体"清朗计划"演讲实录

提要

由一点资讯主办的自媒体"清朗计划"发布会于 2018 年 12 月 19 日召开。在清理了数十万僵尸号、垃圾号、马甲号之后，191 家优质自媒体和 20 家 MCN 被纳入"白名单"。时任总编辑的吴晨光在作主题演讲时表示：这是一点资讯的一小步，却是行业的一大步。

下文即为演讲实录。

各位尊敬的自媒体人：

大家上午好！欢迎来到自媒体"清朗计划"发布会现场。我是一点资讯总编辑吴晨光——"一点号"平台的负责人。当然，还有另外一个与大家相同的身份：自媒体人。2015 年 6 月，我创立了自己的自媒体账号"一点晨光"。关注我的同学请举手！

在正式演讲之前，我先说三点：

第一，一点资讯最宝贵的财富是 6 500 万每日活跃用户（DAU）和领先的人工智能技术，但我同时认为，在座的诸位"清朗计划"入选者，以及所有优质内容的创作者，更是我们的骄傲！没有你们，一点资讯以及所有平台都会变成一条干枯的河流。

第二，我们清理垃圾账号，是为把更多空间留给优质内容。优质内容的生产，就是满足"人民日益增长的美好生活的需要"。我相信，无论过去、现在还是未来，无论五环内还是五环外，浏览精品、抛弃垃圾，是阅读者的终极需求！

第三，**"清朗计划"是一点资讯的一小步，却是自媒体和传播领域的一大步！**我们希望能树立行业标准，让互联网空间变得更加清朗！

好，现在正式开始我的演讲。

一、平台初级目标：入驻快、发文易、影响大、挣钱多

其实今天我要和大家分享的，是一个故事，讲的是我对自媒体的认知过程。四年前，我担任搜狐总编辑的时候，从我的老板——搜狐董事局主席、CEO 张朝阳那里第一次听到了"自媒体"的概念。我还能清楚地记得他一边用手比画着一边兴奋地对我说："我们要建立一个平台，让自媒体人和用户直接对话。就像这样，把管子压瘪！"而当时我是一脸懵，心里想："有《南方周末》，有《中国新闻周刊》，有那么多稿源，弄自媒体干啥？"

从未知到"知"是一个质变，所以，老张应该是我第一个感谢的人。

第二个要感谢的人，也姓张。他叫张一鸣，是字节跳动的创始人。这家公司孵化出了包括今日头条、抖音等在内的若干明星产品，已经可以和包括腾讯、百度这样的老牌巨头分庭抗礼，是我辈之榜样。因版权问题遭遇《新京报》的攻击之后，这位聪明的竞争对手在 2014 年就开始全力运营自媒体，比我们快了一年多。他的口号是："做全球最大的中文创作平台，没有之一。"感谢这样的对手，因为只有如此，我才能变得更强大！

第三个要感谢的人，是我的同事高瑞。他是"一点号"平台的技术负责人，公认的劳模，天天加班。2015 年 5 月，当我刚刚到公司报到时，他就提醒我要抓紧自媒体平台的搭建。弹指一挥三年半，我一直和他合作到今天。当我站在万人中央、光芒四射地演讲时，我们的技术同事依然坐在电脑前，默默地开发着程序——为各位自媒体人服务的平台。在这里，让我们为这些幕后英雄鼓掌！

2015 年 10 月的一天，一个秋雨绵绵的日子。在一点资讯的战略规划会上，我第一次提出了自媒体平台的 12 字目标：**入驻快、发文易、影响大、挣钱多**。直到今天，这 12 个字——特别是后面 6 个字，依然指导着我们的工作。我相信，这也是在座各位自媒体人的核心需求。

在这个理念的指导下，一点资讯内容平台——"一点号"逐步完善。入驻这个平台的

自媒体数量，从 2015 年 5 月的 5 000 多个，增长到今年 11 月初的 68 万个。自媒体内容的展示、点击、评论、转发、分享等主要数据占据全平台的数据的比例，从当年的 20% 增长到了今天的 70%。在座的各位，就是其中的佼佼者。所以，我要再次对大家致以真诚的谢意！**号和平台之间的关系，正如江河和大海。海纳百川，但没有江河的输入，再辽阔的大海也会枯竭！**

而在这个过程中，我也逐渐理解了为什么需要自媒体生产内容。自是自我、是个性、是自立，是千人千面的生产模式。自媒体的丰富内容和自由表达，是传统媒体无法替代的。当然，如果没有算法和社交的千人千面的分发模式，也不会形成百花齐放的自媒体生态。我记得在一次国安队比赛之后，我们做了一个统计，自媒体文章的平均点击率高于机构媒体 3%。但同时，我也逐渐认识到，一个人独处时管理自己的难度要比加入一个群体难得多，这是自媒体面临的最大问题。正是因为缺乏审核、缺乏管理、缺乏敬畏之心，相当一部分自媒体生产着垃圾内容。正如假冒伪劣产品一样，他们在毒害着用户。

我是一个对文字有着极其严重洁癖的人。这源于我在权威媒体 14 年的历练。从央视到《南方周末》，又到《中国新闻周刊》，作为一名调查记者，我发表了近 150 万字的作品，编辑了近 500 万字的作品，曾经获得过亚洲杰出出版人金奖。当年，为了一个细节的准确，我们要采访三个互不相干的消息源，而在今天，闭门家中坐，就能编出各种离奇的故事，再冠以标题党，加上水军炒作，然后 10 万 + 刷屏。这真的为人不齿！

所以，我们逐步修正了思路，不仅追求量，更要追求质。在 2017 年的一次媒体人峰会上，我做了《自媒体人名与利》的演讲。名是流量，包括展示、点击、分享、评论以及搜索、订阅等数据，利是包括签约作者薪酬、运营鼓励金、CPM（千人广告）奖金、打赏奖金等收益。但重要的前提是，**这些名与利应该给予优质内容的创作者。垂直度、原创度、活跃度、粉丝黏性以及内容质量都是我们衡量优质内容的重要指标。**内容导向和内容安全更是重中之重。而这，正是此次自媒体"清朗计划"提出的初衷。

二、什么是"清朗计划"

清朗计划主要由三个环节组成。

清理垃圾：一点资讯清理了30万个违规自媒体，主要是僵尸号、垃圾号、马甲号，我们的自媒体不再以量取胜。

认证优质：191个个人号+20个MCN，形成行业范本。

搭建体系：B-A-S，形成自媒体信用等级体系，可升可降，让作者有敬畏之心、有长远目标。

前面我已经说过，正因为自媒体的先发后审，导致了乱象丛生。在《焦点访谈》曝光的问题之外，我总结自媒体的九大乱象，分别是：

（1）有害政治信息；

（2）谣言，特别是重大事件中的谣言；

（3）涉黄、涉低俗；

（4）歪曲历史；

（5）黑公关；

（6）侵犯公民隐私权、名誉权、肖像权；

（7）抄袭；

（8）标题党；

（9）编校质量堪忧，错误率很高。

正如同治理污染要堵住源头一样，网络空间的清朗首先是把劣质自媒体清理出去。从2017年年末开始，我们就设立了黑榜——这是自媒体界的"3·15"，累计封禁并曝光了几十万个违规账号。我们同时向其他自媒体平台发起倡议，联合封杀劣质内容，特别是在这次专项整治过程中重点打击的涉军违规自媒体，以及黑公关等。我相信，在主管部门的指导下，在各个平台主体责任的进一步落实的前提下，违规账号、违规内容的生存空间将越来越小。

清理垃圾之后，我们要做的是树立行业标准。今天来到现场的清朗计划 191 个自媒体和 20 个 MCN 的入选者，就是标杆，就是榜样。我们经过了严格的遴选——包括各位入驻一点资讯的时间、发文的数量、质量、领域等，各位的从业经历，我们也做了深入的排查。最后，几乎是千里挑一地选出这 211 位代表，我们将颁发出"清朗计划信用认证证书"。

清朗计划信用认证证书示意图

这张证书当然不是一张薄薄的纸片，它的背后是丰厚的礼物。包括但不限于：

（1）加入"清朗计划作者群"，可获得总编辑、主编在内容导向和报道底线上的指导意见；

（2）绿色通道，优先审核；

（3）拥有一点资讯 App 首页重要位置曝光资格；

（4）App 端首页账号推荐位，增强曝光量；

（5）两倍收益加权（只限 CPM 广告收益）；

（6）"一点号"榜单奖励金额翻倍；

（7）拥有获得一点资讯及其他机构投资孵化优先资质（针对 MCN 机构）；

（8）协助组建垂直类 MCN，邀请参与"重启计划"，拟逐步开放频道运营权限；

（9）列入清朗计划的自媒体名单，向中央及属地网信办报备，得到更高层面的支持。

三、作者和平台是什么关系

关于流量和收益的加权，在这里不多说了。我要重点强调的是第一点，关于作者和平台运营者关系的问题。平心而论，一点资讯并非流量最大、收益最多的平台，如果纯从"名"和"利"的角度看，别说和微信，就是和头条比较也没有优势，但我们凭什么能吸引各位来这里发表优秀作品？我觉得凭借两点——我们在报道上的专业以及分发上的效率。

一点资讯的编辑团队是我一手组建的。2015 年 5 月，当我刚刚来到这个公司报到时，内容运营部只有 26 个员工。42 个月之后的今天，我们的团队已经接近 200 人，分为两个部分——编辑和运营。

编辑按频道进行分工，比如财经、科技、娱乐、文化等。频道的主编是行业内的资深人士，他们对行业和领域的理解要超过总编辑的水平。所以，在频道的定位、报道的方向、与各位自媒体人的沟通上，由他们负责。

另一批人是运营团队，比如自媒体的点金负责人、榜单负责人，也包括我们的精细化运营组、推送（Push）组，都属于运营者。他们存在的意义，是提升分发效率，激发各位自媒体人的积极性。今天的清朗计划发布会，是典型的运营范围。

编辑是舵手，运营是划桨的人；编辑是练内功的，运营是练拳的。这种分工和配合，也是一点资讯独到的管理模式。而我们最关心的算法分发效率，也是通过运营与工程师的沟通逐步提升起来的。

那么，一点编辑和运营者对自媒体人的指导和帮助具体体现在哪里？主要包括：

（1）底线与价值观的把握；

（2）重大突发事件和重要话题的引导；

（3）内容生产技巧，包括选题的角度、采访、写作、标题拟制的基本规范；

（4）给出优质内容的案例（比如好的标题、好的视频封面），并形成规范；

（5）解答疑难问题，完善产品功能。

我衷心希望，在作者和平台的沟通、磨合乃至争论中，双方的业务能力有所进步，能获得更多的名与利。也正如主持人所说，把我们"修身、齐家、治国、平天下"的理想和情怀落到实处！

在这里，还要特别强调一点，就是一点资讯垂直化的发展思路。我观察到的一个趋势是：用户会把越来越多的时间投入对自己真正有价值的信息上。但很明显，类似抖音这样以"有趣"为产品目标的 App，并不能满足公众的这个需求。这对于从出生开始就强调"价值阅读"的一点资讯，是一个非常不错的机会——经过五年的发展，在用户画像的刻画上，我们已经能够直击他们真正的兴趣；在内容源方面，又有了在座各位的重磅加持。我们打算把平台里更多的资源开放出来，比如以各位为负责人，组建垂直类 MCN，并将部分频道的运营权限交给大家，甚至利用一点资讯的流量，扶植"小而美"的 App。这些细节，今天的分组闭门会议，我们将与大家详细讨论。

四、分类分级体系

清朗计划的第三部分，也是最重要的部分，是建立体系。正如我在搜狐建立的重大突发事件处理体系一样，一点资讯对自媒体也采用了分级和分类管理的方式。

分类管理详见下表：

一点资讯对自媒体的分级分类管理一览表

等级	标识	定义	功能权益	展示
0	封禁号	因违反平台规定被封禁账号。	不能使用平台任何功能，历史内容保留。	不展示
1	封禁号	轻度违规但未达到封禁严重程度的账号。 三个月沉默不发文的账号。	不能使用平台任何功能，历史内容保留。	不展示
2	新手号	新入驻平台的账号。	（1）海量免费图库。 （2）海量免费Gif图库。	可以被用户搜索到，一级大类频道推荐，部分内容首页推荐。
3	转正号	通过新手期升级标准后转正的账号。 入驻达30天、发布内容达10条，仍存活于平台。	除拥有更低等级所有权益外，还可拥有以下权益： （1）可使用"外图封面"功能。 （2）可申请"原创"功能。 （3）可申请"双标题"功能。 （4）可申请"收益"。	可以在一级大类频道推荐，部分内容首页推荐。
4	优质号	具备一定原创度（50%），内容经过编辑评估的优质账号。	除拥有更低等级所有权益外，还可拥有以下权益： （1）直接开通"原创"功能。 （2）直接开通"双标题"功能。 （3）直接开通"圈子"邀约功能。 （4）拥有一定收益加权。 （5）运营鼓励金。	可以在首页推荐，算法有一定加权。
5	精品号	原创度较高（70%）、影响力大、内容有深度或有特色、已形成品牌的优质账号。	除拥有更低等级所有权益外，还可拥有以下权益： （1）有机会加入核心作者群。 （2）直接开通"收益"。 （3）拥有较高收益加权。	可以首页推荐，算法有较高加权。
6	清朗号	清朗计划账号	清朗计划S级权益	首页重要位置推荐

每个级别对应着不同的权限，而纳入清朗计划名单的各位拥有最高权限。级别可升可降，这就如同会根据业绩考核自己的团队一样。

我们同时把自媒体按照报道领域分为四类，采取不同的审核、推荐策略。

特别敏感： 主要指狭义的国内时政、军事报道。对于这些领域，平台方会严格按照有关部门的政策执行。

敏感： 包括社会突发事件、宏观经济、国际局势、近现代史等。对于这些领域，我们依据政策，进行严格把关审核，并会与各位自媒体作者进行深入沟通。

部分敏感： 包括娱乐、搞笑类内容。对于这类内容，主要控制比例，严防炒作和低俗内容扎堆。但我们相信，娱乐内容也可以有深度；搞笑内容也能引人深思。

不敏感： 体育、教育、旅游、健康等垂直领域。这些内容，是人民日益增长的对美好生活的需要，正如前面所言，我们会大力扶持。

那么，在若干自媒体平台中，为什么是一点资讯最先提出"清朗计划"呢？除了责任之外，也是因为一点资讯自媒体平台——一点号，是唯一获得中央网信办相关资质的平台。在我们的努力下，2017年10月，一点资讯拿下了史上含金量最高的《互联网新闻信息服务许可证》，这是近10年来商业网站获得的第一张牌照，也是中共十九大之后颁发的第一张牌照。从此，一点资讯走上了合规发展的道路，所以，清朗的平台空间也是合规发展的要求。

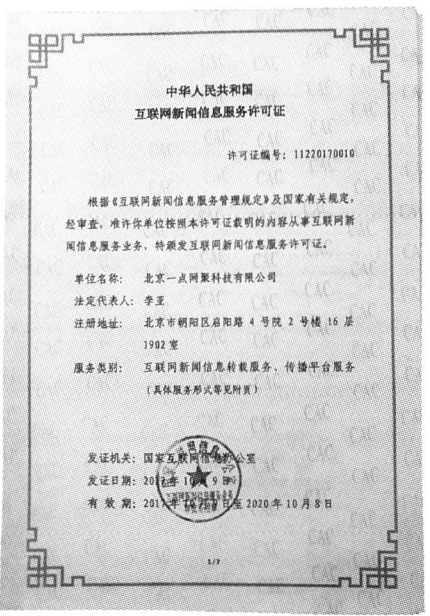

互联网新闻信息服务许可证

水源生态平衡图

大家再来看一下"水源生态平衡图",这就是清朗计划的终极目标。

第一,正如这张图的颜色,如果把内容比做水,我们需要一片碧波荡漾的大海。

第二,在保证底线的前提下,按照用户的阅读需求指导自媒体人的生产方向;同时把自媒体人生产的优质内容主动推送给用户,培养他们的阅读习惯。

第三,在内容分发和内容生产之间形成生态,也就是在阅读者和自媒体人之间形成供需平衡,所以"有多少水,养多少鱼"。

这张水源生态平衡图,来自我的书《自媒体之道》。这是在《超越门户》出版后,我和十多位优质自媒体作者三年的积累。书的写作过程极其曲折,若干次我都想放弃,但最终坚持将这部 28 万字的著作成功出版。大家有空可以看看书的序言《水源决胜局》,这篇万字长文,描述了这三年我成长的心路历程。抚今追昔,再看三年前我对自媒体的理解、对互联网的理解,真的有天壤之别。

最后特别要和大家分享的,就是这个"道"字。我理解的"道",是事物运行的规律。清朗之道,就是互联网未来发展的方向。它上顺天意,下顺民心。但更重要的是,它其实是我们内心的良知。没有一个人愿意生活在每天充斥着恶意、虚假、戾气、负面的网络空间中,正如同我们不希望看到漫天的雾霾、喝着被污染的水、吃着充满农药残留的蔬菜、接种着可能置人于死地的疫苗一样。"知行合一",这里的"知"不是"知道",不是"知识",而是"良知"。只有遵循良知做事,才能做到**"此心光明,夫复何言"**!

谢谢大家!

补记:因我于 2019 年 4 月辞去一点资讯总编辑职务,改任高级顾问,"清朗计划"也随之中止;2020 年,有关部门在编写《自媒体白皮书》时,将"清朗计划"写入其中,作为重要的经验在全网推广。

源流说

SOURCE AND COURSE 3

第三章
流：内容分发

ON CONTENT
GENERATION AND
TRANSMISSION

编辑流：首页头条是如何确认的

文 | 李彬

提要

编辑流的排序逻辑是职业经验，包括对内容的时效性、重要性以及所属领域的判断。比如，刚刚发生的排在前面、影响更多人的排在前面、时政排在娱乐前面。在编辑流里，阅读者看的是专业人士的水准和价值观。新闻越重大，编辑流的优势越明显。

——摘自《内容生产与分发的44条法则》之十八

唐玄宗开元十三年（725年），李白登临庐山后写下了《望庐山瀑布二首》。其中"飞流直下三千尺，疑是银河落九天"，成为流传千古的名句。

这位想象力无与伦比的诗人无法想象的是，"飞流直下"成了1 300年后人们获取内容的主要方式——它被称为"信息流"。而信息流之浩瀚，已经远远超过"三千尺"，甚至不输于坠落九天的银河。

一、从"块"到"流"的进化

从李白时代到互联网诞生之前，人们的阅读一直以"块"为基本单位。特别是报纸，块阅读的特征非常明显——其版面是由一篇篇文章组合而成的，每篇文章的形状就像豆腐块。先看完一块再看另一块，这就是块阅读。

PC 的出现初步改变了这一点。今天的门户网站,排版依然保持着"块+流"模式。比如凤凰网 PC 端首页,由若干版块组成,在每个版块里,不再是报纸"标题+内文"的呈现模式,而是不同新闻标题的组合。上下滑动鼠标,就产生了流阅读的雏形。

2020 年 5 月 10 日凤凰网首页截屏。PC 是典型的"流+块"阅读模式

门户的诞生是在 1997 年前后。又过了大约 15 年,移动互联网大潮到来,纸质媒体被摧枯拉朽般地击败,智能手机成为人们的第一阅读器。各大门户开始抢占移动制高点,比如搜狐,迅速打造出自己的产品——新闻客户端,并在大约 2 亿部手机上预装。而微博、微信、今日头条、一点资讯,以及后起之秀快手、抖音等 App,在 8 年内几乎完全占领了中国人的阅读市场。目前,以提供信息为主、每日活跃用户不少于 1 亿的超级 App,已经不下 10 个。

App 上的阅读就是典型的"流阅读"。因为在刷手机的过程中,信息——或者说内容——就像瀑布一样飞流直下。

与块阅读相比,流阅读有以下几个特征。

信息量更大。 一张报纸,即使有 100 个版,文章也不过 1 000 篇;但一个超级 App 能推出的信息几乎是无限的——比如今日头条,每天入库的文章不下 100 万篇,这还不包括视频。而在快手这样的新兴小视频平台上，每天发布的内容不少于 1 500 万条。

阅读效率更高。信息流的浏览，是从标题或者视频封面图开始的。只有对感兴趣的内容，阅读者才会做二次点击，进去看详情。这种"一目十行"的阅读方式，在获取信息的效率上，要明显高于看报纸、杂志。

从另一个维度说，App 的阅读不受空间限制——比如在黑暗中、在拥挤的地铁上，随时随地都能获取信息，这也提升了阅读效率。

内容获取成本更低。在传统媒体时代，收费阅读是常态，报纸、杂志都有自己的定价。而在信息流时代，绝大多数内容都是免费的——下载 App 不要钱，在上面看东西也不要钱。

而在一张巨大网络的笼罩下，一个个 App 小池塘又被串联成波涛汹涌的大江。航道越宽、水流越通畅，航运就越发达，产生的价值也就越大。今日头条现在的 slogan 就是"信息创造价值"，这句话其实只对了一半，应该说"流动的信息创造价值"。

对阅读者而言，信息流价值的大小在于排序。也就是说谁是头条、谁是二条、谁是三条……以及谁为什么是头条，谁为什么是二条，谁为什么是三条。如果把阅读者感兴趣的信息排在第 10 000 条，他根本刷不到，也就没有价值了。在这一点上，流阅读和块阅读没有区别，头版头条的选择也是一张报纸编排时的重中之重。

拥有信息流排序权力的"人"有三个：编辑、社交关系链以及算法，其排序的逻辑截然不同。下面只讨论编辑流的形成和排布逻辑，因为从出现的时间上说，它是信息流的"老大"。

二、编辑推荐，才是头条

顾名思义，编辑流就是由专业人士排列出的信息流。各大门户在移动端攻城略地的初期，内容排序基本延续了 PC 的模式，完全靠编辑。而在今天，一些传统媒体——比如《财新》、澎湃的 App，依然使用的是人工排序。

在判断一条内容是否能上版面、排在什么位置之前，有经验的编辑总会有一些问题：我们的内容给谁看？我们处理的稿件发出的是谁的声音、谁的观点，反映谁的利益？我们要以什么形式把这些声音、观点、立场、利益诉求传达出来？有时候，尽管编辑没有明确意识到这些问题，但在骨子里，这就是专业人士的习惯。

如果把这些问题具体化，包括两个层面：

其一，什么样的内容可以上版？其二，怎么排序？

在"什么样的内容可以上版"这个层面上，又可以拆解为两个问题：

第一，优选什么样的作品？

这个问题，在有关"源"的章节已经给出答案，在此不再赘述。如果用一句话来形容，就是"以人为本"：优先选择能影响更多人、影响更有影响力的人、对人的影响更深远的报道上首页、上头条。

第二，优选什么样的作者？

至于怎么选择作者，如果是同样的内容，肯定要选择更权威、更专业、更核心的——比如优先选择机构媒体而不是自媒体；在机构媒体中，新华社、《财新》杂志肯定是优选，因为前者是国家通讯社，后者是公众较为认可的媒体。编辑流虽源于编辑，但最终要让更多读者接受。

关于排序的逻辑，可以依据以下几个维度：

维度一为时效性。最新的报道放在前面，其余往后排。

维度二为重要性。重大事件上头条。特别是重大政治事件，如全国"两会"；重大社会突发事件，如新冠疫情。但更考验编辑判断力的，是在多个大事件同时发生时，谁上头条、谁上二条的问题。

比如，2013年"两会"期间，知名政要的活动、委内瑞拉总统查韦斯去世和长春婴儿被杀案在同一天发生。面对这三件大事，编辑该如何选择轻重？我所在的搜狐新闻重点关注了长春杀婴案，并提出了"我们关注国是，更尊重生命"的理念。

当时还有网站采用一些技术手段进行编排——依然将全国"两会"新闻置于头条位置，有题图和专题链接，标题用特殊颜色（红色）和字体、字号，但压缩新闻条数。突发事件置于要闻之下，标题采用黑色，既与头条形成鲜明的对比，又凸显话题的沉重。另外，在页面上给予足够空间放置多行，用视觉语言传达价值观。

维度三为领域。一个综合性的资讯类网站或者 App，一般排序逻辑为时政、财经、社会、军事、娱乐、体育……"硬新闻"在前，软性资讯在后。特别要强调的是，要避免出现"新闻联播 + 地摊小报"式的排列组合。所以，上三路的新闻要做细节，下三路的新闻要提炼概念，最终形成卖点和价值兼具、放眼天下而又注重细节的风格。

下面的版面也出自搜狐新闻中心：

法方将向中国送还圆明园流失鼠首和兔首

[目前蛇首、鸡首、狗首、羊首下落不明 龙首在台湾保存完好]

[揭秘兽首身世][背景：法国总统受邀访华 中国订购 60 架飞机]

芦山地震头七哀悼：逝者已矣 生者自强

国殇：[196 名同胞遇难 家园被毁：物是人已非 未语泪先流 (图)]

官方：[四川明日将停止公共娱乐 被免职副乡长有望重新上任]

反思：[民间救援队比国家队快 21 小时 但勿借灾难寻找存在感]

红会否认重查郭美美事件：媒体见风是雨

[评：请抓紧去掉"官味"][专款专用 日本可没有"郭美美"]

中国批美对新疆恐怖事件态度：无同情心

[新华社：美国损人不利己 普京：西方竟称暴徒为"起义者"]

[驻新疆武警 8663 部队开展系列反恐演练 新型装备亮相 (组图)]

广东人大常委会副秘书长涉严重违纪被查

美国五位在世总统罕见齐亮相 小布什飙泪

65 岁阿姨与 80 岁母亲吵架 怒剪 10 万现金

此版面涉及国内、国际、社会各个领域重大新闻。犹如一桌宴席，有主菜、有副菜、有小菜、有甜品，还有烈酒——在版面上配的评论文章，就相当于酒。它的可圈可点之处在于，并非全是"硬菜"式的猛料新闻，且保证了正负面题材的平衡。

维度四为价值观。能够代表这家网站态度、倾向、定位的内容，优先上版，并排在前面。比如，在对新冠疫情报道的处理上，编辑可以选择把湖北省领导的讲话放在头条，也可以选择把武汉平民日记放在头条，不同的选择就代表了不同的价值观。

三、版面排序技巧

根据以上几个基本原则，我总结了一些编辑流的排序技巧。这来源于在搜狐值班岗位上的超过 15 年的经验。虽然在今天，因为社交流和算法流的"夹击"，纯编辑流已退出了门户 App，但这些经典的版面排布技巧依然有着很重要的借鉴意义。

（一）独家呈现

此模式我们称之为"搜狐重磅"，围绕一个独家的题材或事件，将稿件、图片、评论等内容进行整合，做出区别于别人的版面。在同质化日趋严重的时代，独立、独到、独家的组合会让人眼前一亮。下面这个组合是七年前做的，放在 2020 年新冠疫情暴发的背景下看，更显其重磅价值。如：

湖南：鸟在飞、枪在响 钞票漫天降

现状：["关你鸟事"：一张嘴吃天下鸟 候鸟中国路难归 组图]

解读：[专家称破坏基因资源][评论：钱权阶层好野味贪念作祟]

（二）变换角度

以独特的视角，在同一报道中寻找不同于对手的关注点，通过对信息中关键新闻点的深度挖掘、精编、整合，做出"新闻就是这么多，看看我们怎么说"。如：

原理：证监会原主席刘士余投案

改为：首位中央委员投案，有四个特殊之处（为何仍称同志，为何主动投案……）

（三）概念提炼

通过对报道中信息的筛选，挖掘出提纲挈领又充满新意的概念化标题，统领整个版面。比如对"克强 Style"的提炼：

新总理亮相展示"克强 Style"：面带微笑 双手胸前展开

风格：[喊破嗓子不如甩开膀子 解读：其风格与知青经历有关]

感悟：[行大道、民为本、利天下 田头锄地收到高考录取通知]

问答：[首先回应《联合早报》提问 办个事盖几十个章群众很恼火]

调侃：[答美记者：你自己当翻译应拿双份工资 且在有罪推定]

（四）细节动人

通过挖掘各种细节，编排出充满人情味又不失质疑精神的版面。比如以下的案例中使用中国最重量级的报纸《人民日报》的稿件，以"名字一一念出"为主标题，搭配普通逝者的故事，明确表达了编辑的观念：以人为本。最后以气象部门的新闻收尾，明显表达了质疑的态度。

北京暴雨灾害"头七"悼念 郭金龙致哀

死者：[已 77 人遇难 部分遇难者名单 媒体封面：记住你的名字]

官方：[三方面原因导致遇难数字更新慢][部分遗体从河北冲来]

《人民日报》：当那些沉重的名字一一念出

逝者：[哥哥手牵妹妹 至死未松手][盼夫归 她没能走出地下室]

生者：[地下室被淹 租户睡帐篷 "发小"划充气小船寻找伙伴]

房山入殓师：遮住伤痕 送他们最后一程

[孤岛村副食店主免费供吃喝][医生：救人的好人 我们不收钱]

气象部门卖天气信息年入数亿 公益变味

[专家称天气信息本属于公共资源 气象信息商用违反行政规章]

（五）形式创新

对版面始终怀有创新精神和独立思考能力，探索呈现形式上的无限可能。在以下案例中，编辑挖掘组合多篇稿件，以"望闻问切"四字作为标签编辑版面，使整个报道明显上了一个档次。

冰桶之外：渐冻症患者零度人生

望 |640 万的杯水车薪能救几人

闻 | 中国慈善搭上网络狂欢快车

问 | 医保拿什么拯救罕见病患者

切 | 冰桶到底在"挑战"谁的关注

（六）背景阐述

当用户对某类新闻产生厌倦时，交代背景是很好的持续吸引用户的手段。如：

揭秘西沙工委：管理西沙、南沙、中沙群岛 只是县级单位

（七）排序示义

把两条或多条有关联度的新闻有意组合在一起，为读者提供新解读。如以下案例把"明代团城"与"今日首都"两条新闻组合在一起，以古论今。

61 年来最强暴雨袭京

[明代团城无一例积水报告][专家称发大水走长安街安全]

（八）价值观凸显

遴选能表达价值观的报道，使新闻面貌焕然一新。比如在有关孙小果的消息横飞的时候，编辑反其道而行之：几十个"小官"甚至普通公职人员的相互勾结，就能让一个死刑犯"死里逃生"，背后暴露的问题更值得深思。

生父不再是谜 孙小果案背后问题或更严重

四、重大突发事件处理

与社交流和算法流相比，编辑流的最大优势是对重大突发事件的处理——速度更快、"火力"更集中、版面布局更丰富，以及对信息的甄别更准确等。

因为编辑是专业人士，其新闻素养高于"吃瓜群众"，所以会做出比社交媒体更快的判断；而算法对热点的推出需要通过数据，数据的变化又依赖于围观者的点击，所以也会慢半拍。一般来说，重大突发事件的播报顺序是编辑推送——社交流"刷屏"——算法热度上升、自动推出相关内容。当然，在爆料的环节上，社交媒体——特别是微博可能走在编辑流前面，但这不属于我们说的重大突发事件范围。

2012年秋天，在时任搜狐新闻中心总监吴晨光的指导下，我带领中心的全体成员梳理了2000—2012年中所有的重大突发事件，编写了"搜狐重大突发事件处理规范"，这在此前出版的《超越门户》一书中有专门的章节介绍。在新冠疫情已开始在全球流行的今天，再看这个方案，其前瞻性和重要性更是不言而喻。

所谓重大突发事件，指在未能预料的情况下发生的，对公众的生活或生命产生严重影响，或对国家和地方的政治生态产生严重影响的新闻事件。搜狐对重大突发事件的处理涉及两个要素。

（一）分类

重大突发事件包括自然灾害、安全生产事故、疫情、食品药品安全、环境污染等。而在自然灾害中，还可以细分为地震、洪水、泥石流、火山爆发等。分类是为了让处置更专业，因为对每一类灾难的报道，都需要深厚的专业背景，这样才能说到点子上。

（二）分级

重大突发事件由轻到重，分为三级、二级、一级、特级。分级的基本标准是对人的影响，在灾难中，死亡人数是核心指标。同时也会参考另一些因素，比如对地震，其发生的地点、官方公布的震级都很重要。

我们再以疫情为案例,看"搜狐重大突发事件处理规范"中关于它的几个指标:

(1)国家对传染病的分级:如鼠疫和霍乱属于甲类(最高级),而"非典"及"新冠"是乙类按照甲类处置;这里还包括全国各省级行政区域重大突发公共卫生事件的响应级别。

(2)疫情波及范围:根据世界卫生组织官网于2020年3月27日公布的数据,全球已有200个国家和地区出现新冠病例。

(3)易感人群:也就是哪一种人更容易染病。对新冠肺炎,人群普遍易感。

(4)传播值R0:R0在流行病学领域也被称为基本传染数(basic reproduction number),R0能预测当一个病例进入没有免疫力的人群时,可以感染的二代病例个数。R0越高,疾病的传染性就越强。新冠的可怕之处就是R0很高,大于SARS,也大于MERS(中东呼吸综合征冠状病毒)。

(5)死亡率:新冠感染者在中国国内的死亡率在2%左右;SARS在10%左右;而MERS在30%左右。

(6)我们对这种病毒的认知程度:这意味着我们对它的控制情况,特别是疫苗和特效药的研制情况。

(7)最重要的是死亡人数和感染人数。根据国家卫健委和约翰斯·霍普金斯大学公布的数据,截至2020年6月28日18:00时,全球新冠确诊病例已经破千万,死亡人数超过49万,而且这两个数据还在持续增加。

如果按照这几个指标,新冠疫情是当之无愧的特级突发事件,其影响已经远远超过2003年发生的SARS疫情,是新中国成立以来最严重的传染病,也是全球自第二次世界大战以来面临的最严重危机。

这里还需强调,不同级别对应不同的处置方式。特级及一级报道由总编辑指挥,二级由副总编辑指挥,依次类推。这意味着,不同级别的报道能调配的资源不同,避免不足,也避免浪费。

一场战争的胜利不在于现场发挥,而在于提前准备。《孙子兵法》里所说的"计"不是计策，而是计算，根据"道、天、地、将、法"等因素，推算出谁胜谁败。**重大突发事件的分类、分级处理模式，也是为了提前准备，把"遭遇战"打成"阵地战"。**一方面，就突发事件的背景进行分析，以便进行更专业更深入的报道；另一方面，对其发生发展规律进行深入研究，可做出预判断，甚至可提前准备好相关的 Push 语、要闻版面及策划。也正因为编辑是专业人士、是正规军，所以能把准备工作做足。

落实在版面的排布上，对重大突发事件，应该持续给予最多条数；对新闻的发布，应该以最快速度。包括可以使用特别的手法，让版面做出超常规的变化，以吸引读者。但需要注意的是，不能忙中出错。在重大报道——特别是重大时政报道中犯错误，会付出巨大代价。

五、责任与真相

2012 年，就在搜狐新闻客户端诞生后不久，一个名为今日头条的 App 上线，从此开启了内容传播的算法时代。与编辑流由专业人士主导相反，算法流是根据阅读者的兴趣爱好推荐内容，今日头条最初的 slogan 的解释非常生动——"你关心的，才是头条"。

这里的"关心"，指阅读者的点击、评论、转发、搜索等行为，它们会被服务器记录下来，逐步形成用户画像。

移动互联网的普及同时带动了社交流的发展。24 小时随时在线，让人们之间的沟通、交流变得更为密切。微信推出的"朋友圈"功能就是典型的基于用户社交关系链条形成的信息流，微博也在这个过程中二次崛起。

在算法和社交的夹击下，编辑流一度被逼进了死胡同。包括搜狐、凤凰等媒体专业气质强悍的门户网站，都不得不在其 App 中大量融入算法元素。一时间，以点击率、用户停留时长为代表的分发效率，成为各平台追逐的目标。甚至有大平台的 CEO 公然表示：我就是内容搬运工，没有价值观。

但在 2017 年年中，这种只求效率、不讲公平、忽略价值观的现象被踩了急刹车。一是主管部门的严厉整肃，二是用户的激烈反弹。当越来越多的标题党、谣言、低俗内容，甚至有害政治信息充斥网络时，每个人都已意识到：长此以往受毒害的还是自己。

在双重压力下，今日头条把它的 slogan 更改为"信息创造价值"。2017 年 6 月 1 日《互联网新闻信息服务管理规定》正式施行，确认了"总编辑对内容负总责"。这是一个标志性事件，也意味着专业的回归。

2020 年，新冠疫情暴发之后，记者和编辑的重要性更加凸显出来。包括《财新》《财经》《中国新闻周刊》等在内的传统媒体记者冒着生命危险进入疫区采访，以一篇篇证据扎实的文章揭开了真相。《财新》杂志前主编胡舒立的名字再一次响彻大江南北，甚至之前逐渐少人问津的纸质杂志，也被抢购一空。这个时候，再也没有人去提及人工智能写作；那些风头一度盖过专业媒体人的自媒体作者，绝大多数也无法提供来自疫区的一手重磅新闻。

在信息流的处理上，编辑在疫情报道上显示出的专业能力也远超算法。关键数字的变化，重大新闻的发布、解读，最先都是人工推送。伴随着层出不穷的新闻，谣言也层出不穷，而编辑对内容真实性的核实、判断，也是社交和算法无法完成的任务。

沧海横流，方显英雄本色。

在这样的大背景下，责任编辑要做的事情有两件：一是让自己变得更加专业——速度更快、格局更高、判断更准、观点输入更明确。二是需要深度了解社交和算法传播特点，为我所用。特别是算法——也就是人工智能，人在其中最大的作用是制定规则，然后让机器人去完成。机器再聪明，也是人的助手。

作者李彬： 2004 年入职搜狐，先后任新闻中心编辑、主编、总监，现为搜狐网副总编辑、编委会执行主任。

社交流：人传人是怎么造成的

文 | 陈丽娜

提要

社交流的排序逻辑是用户的关注行为。你关注了谁，他的语言、动态、思想，就会出现在你的信息流里。与编辑流的专业与强价值导向、算法流的冰冷与高效不同，它是一条以网络社交关系为基础，并写着人性的信息流。对任何一个社交平台，最终的目标都是把其关系网编织得更大，并让任意两个节点之间的关系更加牢固。

——摘自《内容生产与分发的44条法则》之十九

2009年8月14日，是改变中国传播格局的一天——新浪微博的内部测试版上线了。

在不到两年时间里，这个神奇的应用程序火遍了大江南北。尽管限定了140个字的发言长度，但它赋予每一个人表达的机会。**从此，话语权不再完全被机构媒体和官方掌握；它也让传播模式从单向变成了互动，而这更符合人性——交流本来就应该是有问有答，而不仅仅是你说我听。**

这一切的实现非常简单：只需一张身份证，在微博后台进行注册，就可以拥有一个属于自己的账号，使用发布、转发或"@"等功能完成信息的输出与互动。

微博的火爆带动了这一类型产品的发展。2011年，腾讯微信上线，而后是陌陌、知乎、钉钉等。微信的交流模式如同咖啡馆里朋友之间的促膝谈心；在打着"你好，陌生人"slogan的陌陌上沟通，更像是酒吧中的偶遇；微博则类似于古罗马的广场——既可以听到大V们的演讲，也可以与身边的人随时交流，并随着信息的流动把自己融入无限的网络社区中。微博、微信、陌陌的存在，减少了人们内心的孤独感。其实在每个人心中，都有着渴望沟通、倾诉的需求。

这些产品我们称之为线上社交平台。而在社交平台上看到的内容，就是社交流。

一、定义社交流

一条社交流的形成并不复杂。和现实生活中一样，它取决于用户所在的网络关系链条——你关注了谁，就能看到谁的动态、谁的观点；谁关注了你，也能看到你的动态和观点。

按照出现的时间顺序，社交流排在编辑流之后、算法流之前。编辑流的特点是专业，代表着一家媒体的水准和价值观；而算法流的特点是冰冷，以获得更高的分发效率作为第一指标，不在乎传播什么内容、什么价值观。

编辑流和算法流所连接的是人和信息，但社交流连接的更多是人与人。所以，它的人格属性非常明显。有个很有意思的细节可以说明这一点：在门户或者今日头条上，经常可以看到骂"小编"的评论；而在微博等社交平台上，被骂得更多的是博主。编辑代表着机构，而博主代表着人。

社交流有几个特点。

其一，内容更多元。除了能看到转发的文章之外，还可以看到你关注的人的动态。比如，微博、微信都具备的"九宫格"功能，就可以发布私人照片。微博创立11年以来，一直在不停开发类似功能，目的就是让表述变得更加人格化、个性化。

其二，观点更突出。在转发文章的过程中，可以进行评论，嬉怒笑骂，将个人的见解、情绪表达出来。在微博里，相当多的用户是来看评论的。

其三，能进行两人甚至多人的互动。如果你希望在网上认识一个人，那么首先要关注他，慢慢了解他的喜好、特点，然后通过表情、语言等方式开启交流。在交流过程中，如何避免尴尬和禁忌，寻找深度话题，都是一个循序渐进的过程。这与线下交朋友的过程是一样的。

上线 11 年，微博在努力把社区建设得更加舒适，让更多志同道合的人走到一起，形成社交圈；在微信上，群的交流功能更为明显。

在这里，还要特别解释一下"@"——它是实现互动最直接的功能。

1971 年，美国电脑工程师雷·汤姆林森带来了这场划时代的变革。他奉命寻找电子邮箱地址的表现格式，于是编写了一个小程序，成功发出了全球第一封电子邮件。@ 被首次使用，意为"某用户在某服务器"。当被它传入中国后，除了电邮，也被应用于社交 App，想去提醒谁，直接 @ 对方即可。

二、公域、私域、兴趣、推荐

围绕着内容的流向，我们以最早的社交平台——微博为例，剖析这类传播的若干维度。在其他平台，也基本逃不出这几种方式。

（一）公域维度：社交流的入口

公域维度，指内容第一次主动或被动投放到平台后获得的曝光。

如果把微博看作一个市场，那么用户创作的内容就是陈列在这个市场上，可能被所有人认识、了解、消费的商品。把商品展示出来，也是微博平台最早为内容提供的价值。

公域维度的流量分配由平台决定。微博的热搜榜、热门话题、搜索、视频推荐等功能，其实都是公域维度的外放形式。在这个维度里，所有的内容都能够得到普适待遇，都有被发现和关注的机会。平台将自己的流量给到某个用户，所以称之为"公域"。

对于内容创作者而言，公域维度无疑是获取新粉丝的入口，也可以说是社交流的入口。最直接有效提升内容曝光的方式，就是提高源的质量，聚焦热点话题、热门事件，让更多人认可作者提供的事实、观点与态度。同时，要强化公域维度的互动交流——比如与留言者互动，让阅读者更有代入感、参与感，进而让他们转化为粉丝，这样，社交关系链就逐步建立起来了。

（二）私域维度：让连接更加牢固

私域维度与公域维度相反，是指内容流向以"熟人关系"为基础的相对封闭的社交圈。其内容分配也相对自主，多按照时间顺序、兴趣线进行。

如果说公域维度可以帮助内容走"大众化"路线，那么私域维度就是帮助内容向"小众化""精品化"发展。用户具备一定粉丝基础，在某一行业领域精耕细作，那么他就可以将自己内容创作的重点放到自有品牌的建立上，吸引更多的忠实粉丝，形成一定规模后可以更好变现。

近年来，微博一直在强化社交资产，特别是注重私域维度的牢固性。因为这才是社交流最本质的东西。在其创立早期，微博往往会一次性给新用户推荐很多大V，引导他们进行关注。但从实际效果看并不是很理想。真正的私域流量，应该是自愿的、逐步转化而成的铁粉，而不是"拉郎配"。

我们可以把粉丝分为几类，并通过运营手段逐步加深与其的关系。这就是私域维度运营的核心。

（1）休眠粉：可能曾经是你的"铁杆"，但因某些原因暂时休眠。对这部分粉丝采取的策略是激活。比如Push（推送），就是激活用户很好的手段。

（2）普通粉：正如普通人一样，他们在粉丝中所占比例比较大。需要通过内容运营，将普通粉丝转化为活跃粉丝。

（3）活跃粉：他们是大V或者KOL（意见领袖）变现的主要来源，又是铁杆粉阵营的"预备役"。

（4）铁杆粉：铁杆粉是KOL粉丝群体中的核心部分，是一呼百应的忠实拥护者。

（5）粉头：明星、KOL最重要的粉丝。他们能够引导甚至操控其他粉丝的行为，商业价值极高。

目前，微博平台上头部作者大约80万个，大V的个人主页已经成为粉丝消费内容的重要入口——这就是私域的外放形式。微博还推出了"超话社区""粉丝群"和"铁粉"

等多个粉丝运营工具，让大 V 和粉丝沟通变得更加社群化，从而加固粉丝关系。

私域流量是社交平台的独到之处，正在被算法平台效仿——比如今日头条一直在努力建立账号与用户之间的关注关系，关注之后的"发文后粉丝必见"等功能，也属于私域流量的范畴。

（三）兴趣维度：投用户所好

兴趣维度是指以用户个人兴趣为导向，而使内容流向某一专业领域，具有用户主动参与的特征。

例如，某人喜好美食，经常发布和分享一些做饭技巧。在他发布内容时带话题词＃美食＃，那这条内容就会主动流向美食垂直领域，并被"吃货"们看到。

基于用户兴趣，微博目前共有 60 多个垂直领域，涵盖财经、娱乐、体育、科技等。其中单月文章阅读量超百亿的领域超过 30 个，单月视频播放量超 10 亿的近 20 个，这些垂直领域都可以为内容创作者提供更细分、更直观的主动流向，帮助内容更有的放矢地曝光引流。

（四）推荐维度：融合算法流模式

推荐维度，指通过算法，根据用户的点击、分享、评论等行为，判断这个用户喜欢什么，然后将这类内容推给他。这是社交平台借鉴算法平台推荐模式的结果，具有一定的被动性。

例如，某人喜欢美妆，经常在微博上浏览、转发或点赞一些美妆信息，其关注列表中也有许多美妆博主和兴趣爱好者，那么系统会根据用户习惯，优先推荐一些优质的美妆信息给用户，即便其之前并没有对该信息或该作者进行关注。

这里还要解释一下主动和被动的问题。社交流产生于关注，而关注（或者说订阅）是用户的主动行为；而推荐流产生于算法，算法会把用户喜欢的内容推出来，用户不需要再选择，这就是被动行为。就像去餐厅吃饭，一种是服务员拿菜单让你自己点；另一种是根据之前在这家餐厅的消费记录，直接出个套餐。

以社交为主，以算法做补充；以关注为主，以推荐为辅——"混排"已经成为不少社交平台的内容流模式。微博之外，还包括知乎、快手、小红书等 App。但值得注意的是，在社交平台上，内容无论以什么维度推出，都服务于社交关系链条，最终是为了让人与人的关系变得更密切，我们称之为"强关注"。这也是一家社交平台最重要的壁垒。

三、一条内容的社交之旅

社交流的本质在于用户产生内容，又被用户传播。那么，一条 140 字的微博，传播过程又是怎样的？弄懂了这个过程，也就了解了所有社交平台的内容分发过程。

（一）内容生产阶段

首先是创作。仅靠浏览或者转发，不会让你深度融入这个社交体系之中。创作包括两个维度：

一是原发。与其他平台相比，微博独有的"短内容"形态和"@"功能，让其传播速度更快、传播方向更精准，这也是众多新闻媒体选择入驻微博的原因。与微信相比，微博的媒体属性更强，所以在原发内容时，抓住热点、焦点、难点，可以获得更高关注。因为社交流就是人流，所以对用户情绪的把握、引导也非常重要，但切忌罔顾事实、煽动情绪。

二是评论。这种留言的最高境界是"点铁成金"，以自己的事实或者观点，让所转发的内容再上一层楼。

（二）内容传播阶段

严格意义上说，门户网站依然是传统媒体，只是把内容流动的介质从纸张搬到了网络上。微博的出现带来了传播模式的划时代变革——将原本的单向传播变为双向传播，符合互联网"交互性"的本质。而从传播方式上看，内容传播又分为线性传播和非线性传播。

线性传播，主要依靠平台的分发机制进行规律性传播，用户除发布内容外基本不做干预。一条内容最先被发布者的粉丝看到，这属于第一层级的受众；平台再根据这部分粉丝对内容的反馈——比如点击率，向第二层级的受众传播。第二层级的用户不是发布者的粉丝，但属于对这条内容可能感兴趣的人。至于如何判断某些人是否对这条内容感兴趣，则要根据他们之前关注的领域以及浏览的内容。第三层级的传播，主要靠前两个层级的评论、转发的效果进行，背后使用的规则仍然是内容的点击率，以及用户之间的关注关系。

非线性传播，则是指内容发布者在平台传播机制上主动加以干预，使传播并不按照分发机制规律进行。例如，用户发布一条内容后，主动 @ 明星、名人、行业大 V，那么这条内容在第一层级时除了用户粉丝能够看到外，被 @ 的人也会看到。这些大 V 用户具有强传播力，如果参与这条内容的评论转发，将带来"裂变式"的传播效果，关注度和影响力甚至会超过线性传播中三个层级的传播总和。这种非线性传播方式还有很多入口，除了 @ 名人大 V，带热门事件的话题词进行内容创作、使用一定数量的"粉丝头条"帮助信息扩散等，这些方式都可以为内容提升活跃度，增加更多曝光机会。

因此，非线性传播比线性传播更容易被用户发现，也更有机会形成"爆款"。

通过微博的传播规律我们发现，大 V 转发、热搜榜以及热门话题，是让阅读量暴增的三个主路径。这和病毒传播规律基本相同，大 V 相当于"超级携带者"，一个人可以"感染"更多的人；热搜、热门话题（也包括微信群）则相当于"聚集型感染"。所以，无论是想扩大影响还是阻止舆情，这三个环节都非常关键。

（三）互动反馈阶段

对于社交平台而言，互动反馈是它的灵魂，也是区别于编辑流、算法流的本质特征。无论多么优质的内容，如果内容创作者缺乏与阅读者的互动，得不到反馈，就不能称为真正的社交流。

社交流的传播效果就像一面镜子，对别人的转发、评论越多，自己被关注、转发的可能性就越大。所以，首先要做的是去关注别人，转发别人的优质内容并发表自己的看法。

另外，在内容发布之后，要及时查看信息，了解他人观点做出反馈，并完善或更正自己发布的内容，使下一次的内容更有针对性。所谓"高手在民间"，网友评论中展示的智慧、角度，能开阔作者视野，激发新的思考、产生新的观点，还可以就某一话题引发二次传播，出现多级、多层互动的传播效果。

（四）价值收益阶段

在微博上创作、传播的过程中，社交流的价值也会凸显出来——创作者、阅读者和平台都能获得收益。

比如，一位英语教师可以通过这个平台收获很多学生，把自己对英语的理解与应用技巧与他们分享；学生则可以通过关注这位老师的微博学习知识，直至交流、解惑；而平台通过帮助优质信息进行传播，提升了自身的品牌和影响力。对于一些电商项目，平台还可以从中获利。

因此，微博一直在为用户赋能，不断挖掘内容创造潜力。比如，通过教育运营学院，去培养创作者的内容生产、粉丝管理、基础运营、活动运营以及数据分析等能力。平台也因此收获了很多优秀的知识内容输出者，比如@李永乐老师——这位公立学校的数学教师已经是拥有数百万粉丝的大V。他对知识的分享结合了微博热点，内容既活泼又具有深度，其自营话题#科普老师李永乐#阅读量超过了5亿，讨论量接近40万。

四、人传人的力量

对于一个媒体或者平台而言，可以从几个维度来衡量其影响力：一是多少人在生产内容，什么人在生产内容；二是多少人在阅读内容，谁在阅读内容；三是传播模式或者传播路径。

微博虽"微"，却蕴含着非同寻常的传播力和影响力。

在这个社交平台上，累计注册用户超过10亿，每日活跃用户超过2亿。他们既是内容的生产者，也是阅读者、传播者；而在这个庞大的群体中，有着各种身份、各种阶层的主体——既包括有着广泛影响力的名人明星，也包括各种类似新华社、《财新》这样的权威媒体，中央和地方的党、政、军系统，以及各个专业领域的资深人士。

另外，与微信的"群传播"模式不同，微博是目前唯一可以穿透圈层隔阂的社交平台。哪怕你只是一个最普通的人，"关注+@"也能实现与超级明星的对话。

而在类似新冠疫情这样的重大突发事件中，社交流也更能体现出人的价值。

先看一组数据：疫情暴发之后，平均每天2亿网友登录微博查看动态；最初一个月内，阅读总量达7 500亿次，疫情话题总数突破25万个。#微博辟谣#总阅读量接近100亿，讨论近600万。在武汉等疫情暴发区，微博成为被"物理隔离"的地方与外界沟通的最重要平台，ID属于湖北的用户规模较此前增长了34%。#武汉日记#成为最受关注的话题之一，讨论量已突破400万。

流量的暴增则来源于微博对人的关注。为了让感染者得到救治，微博开通了#肺炎患者求助#话题，联动相关部门设置专门通道对求助者进行对接、核实，直至帮助他们入院。在2月初——这场战争最艰难的时刻，城市封闭、床位紧缺，微博更成为求助的重要窗口。截至2月17日——疫情"拐点"到来时，#肺炎患者求助#阅读量突破20亿。为避免虚假信息，微博还公布了标准，对医护人员、患者及家属进行认证服务，确保他们发布的信息真实有效。

因为瘟疫的人传人，全球确诊感染新冠肺炎的病例已经破千万；而救助信息的人传人，给很多处于封闭甚至绝望中的人注入了强心剂。

社交平台在这种大事件中所展现的能量，则让更多人加入这个平台，并让人与人之间的关系变得更为紧密。这就像经过新冠一战，支援湖北的各地人民与当地人变得更为亲密一样。在地球已经成为一个村子的当下，没有一个人是孤立的。社交流中人与人之间的互动产生的力量，是编辑流和算法流无法比拟的。

作者陈丽娜：新浪微博执行总编辑，参与新浪微博创办。社区运营及风控专家。

算法流：谁打造了千人千面的后台

提要

算法流的排序逻辑是阅读者（C 端用户）的行为与爱好。自然属性（如性别、年龄、籍贯及学历等）和兴趣（如点击、评论、转发、收藏、搜索、订阅及停留时间等）会被算法记录下来，据此判断这些用户喜欢什么，再推荐相关内容。在算法流里，读者其实是在看自己。今天，由于协同过滤、兴趣图谱等算法手段的应用，点击什么推荐什么、搜索什么推荐什么的"信息茧房"时代已经过去，精准而可泛化已是趋势。

——摘自《内容生产与分发的 44 条法则》之二十

1956 年的夏天，在美国达特茅斯学院，一群年轻学者举行了一场注定被载入史册的聚会。在探讨了用机器模拟智能的一系列问题后，以麦卡锡、明斯基、罗切斯特和香农等为首的这群美国科学家，在人类历史上首次提出了"人工智能"的概念。

人工智能（Artificial Intelligence），英文缩写为 AI。在百度百科里，它被定义为研究、开发用于模拟、延伸和扩展人的智能的理论、方法、技术及应用系统的一门新的技术科学。

如果认为这个定义太绕口，记住一句话就行：**人工智能，就是让机器代替人去干活。**

一、轻松学习有关 AI 的几个概念

先讲个小故事，帮大家弄清楚几个概念：人工智能、机器学习，以及算法主导的内容分发。

这个故事，讲的是"我"是如何在老板的眼皮底下看八卦新闻的。

现实环境：我的工位就在老板办公室附近，每次他出门都要经过。可我经常觉得无

聊，非常想在上班时间看看八卦新闻。于是——

第一步：我先安装了一个摄像头，正对着老板办公室大门。保证他一出来，摄像头就能拍下他的脸。

第二步：把摄像头和我的电脑连接起来。

第三步：在电脑里装了一套人脸识别系统。

第四步：疯狂收集老板的照片，输入我的电脑里，让计算机对这些照片进行学习（比如两眼之间的距离就是一个学习重点）。直到系统可以辨别出摄像头拍到的照片和老板本人照片的相似性，也就是能认出这人是不是老板。

第五步：在电脑里装上"人工智能分发逻辑"的屏幕保护，并编程下指令：只要人脸识别系统认定是老板，电脑就会自动启动屏保模式。

从此，老板再没有抓到过我……（本故事纯属虚构，请勿模仿）

这就叫人工智能（AI），因为它让电脑学习做人做的事情（监控老板）。向计算机里输入照片、学习辨别是不是老板的过程，就是机器学习。人工智能有很多应用，比如这个故事里讲的叫"人脸识别"，此外还包括无人驾驶、远程健康诊断，著名的阿尔法狗则是人工智能在围棋领域的应用。在一点资讯、今日头条这样的 App 中的应用，就是分发信息，实现千人千面的算法流。

人工智能由三个基础部分组成。

一是算力：也称计算力。顾名思义，就是设备的计算能力。什么 CPU、带宽、（云）服务器之类的，都能影响算力的大小。它相当于脑容量。恐龙为什么笨？因为它虽然是个大个头，但脑容量太小。

二是数据：表面看是数字，其实是用户行为的记录。它相当于数学题。做的题目越多，种类越全，成绩就越好。它是机器学习的素材，马云称之为"新时代的生产资料"。

三是算法：即如何进行运算。它相当于加、减、乘、除等手段。在下面的内容里，我们就重点介绍算法是如何打造"千人千面"的信息流模式的。

二、用户画像与内容画像

要实现千人千面的分发，算法也有三个要素：**一是用户画像，二是内容画像，三是算法模型。**

所谓用户画像，就是通过解析阅读者的兴趣、爱好、行为，来判断他们是谁，应知、欲知、未知的信息是什么，包括以下几个方面。

自然属性：用户的性别、籍贯、年龄、身份、学历、职业等。其中有些是终生不变的，有些是阶段性变化的。这些信息的搜集，主要通过用户注册以及开屏问卷。根据用户的手机型号也能做出一些基本判断，比如，使用苹果的人和使用红米的人肯定是两个群体。

行为轨迹：用户在什么时间、去了什么地方。它背后是对场景的判断，进一步引申为对人的行为习惯的判断。搜集这些信息，主要通过手机定位。

阅读习惯：用户的点击、评论、转发、搜索、订阅、停留时长、打开频次等，也就是喜欢看什么。

在算法流里，阅读习惯是最重要的数据，其次是行为轨迹，最后是自然属性。

如何给用户一个精准的画像？"路遥知马力，日久见人心。"翻译成算法语言，就是更长久、更全面地获取用户信息，积累更多、更全、更深度的数据。比如关于地理位置，到底是能定位到商圈和小区，还是能实时定位到用户站立的地方。定位越精准，用户画像越准确。

我们也常用"阅人无数"来形容辨别能力。如果一个人和很多人沟通交往过，再想骗他就很难。算法也是如此。用户数量越大，后台记录的规律性东西就越多，也越有助于做出正确的判断。所以，超级平台（DAU 在 1 亿以上）的用户画像的准确程度肯定要高于一般平台。

用户画像中最难的，是对人性的刻画。"知人知面不知心"说的就是这个道理。用户关注的内容与他的出身相关，但又会随着时间和环境的变化而变化。兴趣又分长短，爱好有强有弱。更何况在很多时候，用户内心的真正想法并没有在其阅读行为中表现出来，而是需要去"猜测"。这些都给算法留下了艰巨的挑战。

App内的阅读行为
点击、评论、分享、收藏、搜索、订阅、用户停留时长

用户信息
注册信息，包括性别、年龄、职业，以及兴趣选择等

手机型号
品牌、机型

生活环境
地理位置、时间场景

用户画像

说完了用户画像，再看内容画像，也就是源的画像。它指的是算法对一个内容单元的理解，可以拆解为以下几个维度：

（1）体裁：是文字、图片、视频、音频、直播，还是小于140字的短内容？

（2）作者：是谁生产了相关内容？作者的代名词就是前面讲过的"号"。

（3）领域：比如时政、财经、科技、体育；体育又可以进一步拆解为足球—中超—国安—国安某球员。这种标签打得越细致，越有利于精准分发。

（4）质量：它有两个维度，第一是编辑判断，第二是算法判断。编辑的判断是选题、采访、写作和包装；而算法的判断依据数据，包括点击、分享、收藏、用户停留时长等。

内容画像以"标签"进行定义。比如，我们可以给《战狼2》打这样的标签：电影、动作片、战争片、主演吴京、票房很高、强烈的爱国精神和民族主义。标签可能来自内容的作者、来自平台的审核人员，也可能来自算法的理解。但需要注意的是，内容的标签和用户的标签应该是相匹配的，还拿《战狼2》打比方——内容画像打了"主演吴京"的标签，但在用户画像中无法给出他对吴京的喜爱程度，那就没有意义了。

算法为文章打标签，最初靠关键词。比如有"老虎＋梅花鹿"的文章，会被定义为"动物世界"；而"老虎＋周永康"的文章，会被定义为反腐。当大量文章被算法学习后，算法打标签就越来越准，人工编辑在这个过程会不停对算法进行辅导、纠正，这就是机器学习。

如果是视频，算法打标签的难度就会远远大于文章，因为少有关键词可寻。所以，算法对视频的理解，一是靠更海量的数据——比如快手，每天上千万条内容的上传，在通过人脸识别等系统后，算法会逐步认知视频中出现的人、物、场景；二是很多平台都鼓励作者打标签，这样在算法判断之前，已经有了一个初步分类。

但内容画像的真正难度，在于理解文章所要表达的价值观。比如《战狼2》中的民族主义。这就如同用户画像中最难刻画的是人性一样。很多内容只能意会不能言传。王国维在《人间词话》里提到的境界，金庸在武侠小说里描述的"无招胜有招"，都是算法目前无法理解的。所以，算法再精准，终究比不上人。

三、算法流的排序逻辑

用户画像有了，内容画像也有了，我们开始匹配。因为每个用户的兴趣、爱好不同，所以为他推荐的内容也不同，这就是千人千面的算法流。

先看下图，这是算法流排序的基本流程。

第一步：过滤。不管什么样的内容，都要先经过反垃圾模块的过滤，去除有害政治信息、低俗内容、虚假广告、"标题党"等。那么，反垃圾模块是如何进行过滤的？同样是输入大量关键词和案例，让机器学习，找到特征并举一反三，就像教会小孩子怎么识别坏人一样。

```
                        ┌─────────────────┐
                        │      内容       │
                        │ 如文章、视频等  │
                        └────────┬────────┘
                                 ▼
              ┌──────────────────────────────────────┐
              │               过滤                   │
              │ 剔除有害信息、软文、过短文本、乱码等 │
              └──────────────────┬───────────────────┘
                                 ▼
                        ┌─────────────────┐
                        │      入库       │
                        │   合格内容      │
                        └────────┬────────┘
                                 ▼
                        ┌─────────────────┐
                        │  召回及分类     │
                        │    打标签       │
                        └────────┬────────┘
    ┌──────────┬──────────┬──────┴──────┬──────────────┐
┌───┴────┐ ┌───┴────┐ ┌───┴──────────┐ ┌┴─────────────┐
│  热点  │ │  本地  │ │    频道      │ │   精品池     │
│时效性强│ │贴近性强│ │按照各个领域进│ │编辑认可的优质│
│的内容  │ │的内容  │ │行分类,如时政 │ │内容          │
│        │ │        │ │、娱乐、科技等│ │              │
└────┬───┘ └───┬────┘ └──────┬───────┘ └──────┬───────┘
     └─────────┴─────────┬───┴─────────────────┘
                         ▼
                ┌─────────────────┐
                │      分发       │
                │  模型排序+策略  │
                └─────────────────┘
```

算法流排序的基本流程

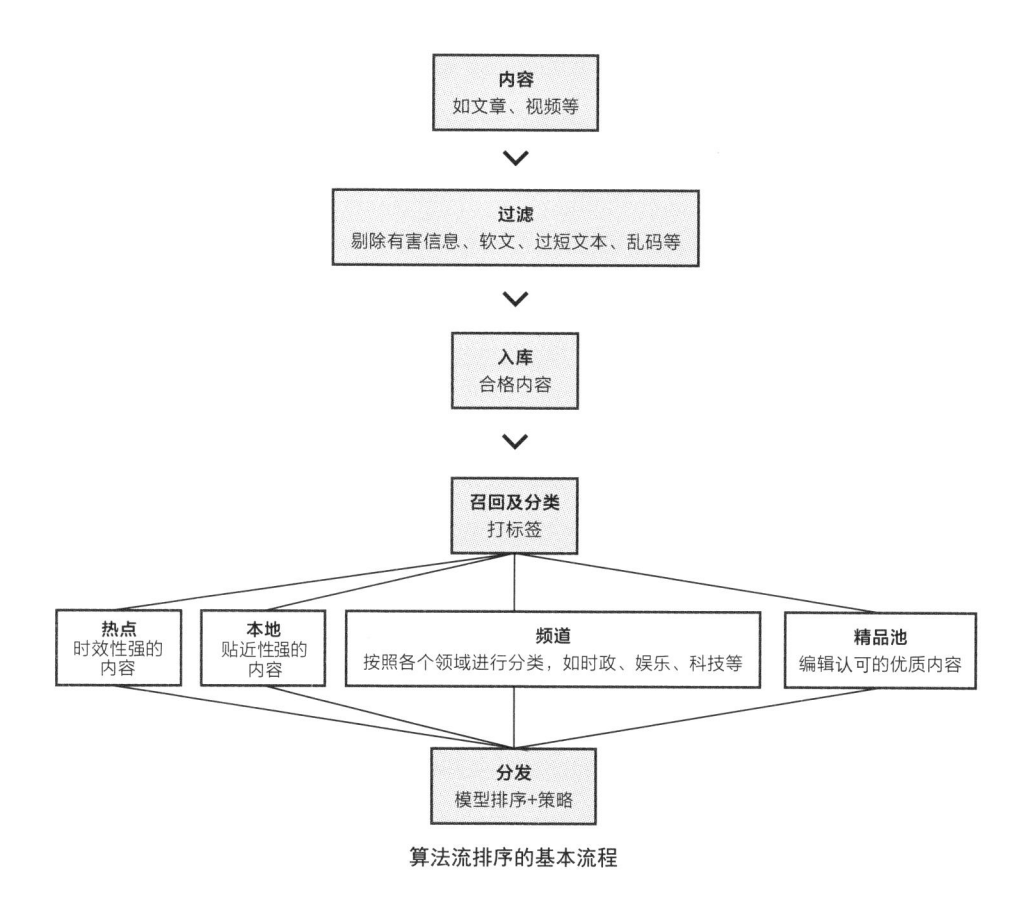

第二步：分类。 对通过审核的文章，算法开始打标签。比如，在新冠疫情蔓延期间，每天新增病例数的报道会被打上"热点"标签，进入热点池；发生在某用户所在小区被隔离的消息，会被打上"本地"标签，进入本地池；而编辑认可的优质内容，则进入精品池。这个过程叫作召回及分类。

第三步：排序。 流的核心问题是排序逻辑。即谁是头条、谁是二条、谁是三条……以及谁为什么是头条？为什么是二条？为什么是三条……今日头条的崛起，是因为其"你关心的，才是头条"的算法排序新理念。**但最难的，是如何定义"关心"。**

比如，有个用户点击了五次"吴晨光"，搜索了一次"吴京"，如果只给他推一条内容，应该先推"吴晨光"还是"吴京"？从数量上来说，一定是"吴晨光"更多，但是搜索属于深度行为,他主动去搜索,又说明对"吴京"很感兴趣。

比如,他点击了五次"吴晨光",点击了两次"吴京"。但关于"吴晨光"的好文章没有了,只有关于"吴京"的好文章。那是应该推一条关于"吴晨光"的差文章,还是推出关于"吴京"的好文章?

再如,他点击了五次"吴晨光"的图文,要不要推一个视频、音频或者问答?或者一个用户很喜欢"吴晨光",今天突然出了"吴京"的重大新闻,是应该把"吴京"的热点推出来,还是依然根据用户的兴趣继续推"吴晨光"?

所以,这就涉及采用哪种算法模式——到底是以点击作为基础,还是以搜索作为基础。当然,这只是最简单的案例,每一种算法都不会只按照点击数或者搜索数进行排序决策。

比上述案例更复杂的,是各个池子里的内容会相互竞争。比如,一个热点新闻与一条本地新闻的竞争,前者的关注度高、后者更贴近用户,到底应该先推出哪条?再如,某个用户的兴趣内容和当日公共热点之间的竞争。在很多时候,算法排序是个模糊概念,后台的运算模型也是"黑匣子"。

所以,算法工程师和总编辑要做的就是找到一个标准,来衡量流的排序是不是最优。这个标准,不应该是部门认可的,而是整个产品认可的。

四、效率与公平

在一点资讯工作的四年多里,我最遗憾的一点就是在流的推荐逻辑上,编辑部和算法工程师并没有完全达成一致。

算法团队的逻辑很简单:效率。从 App 的指标来说,是用户留存率和停留时长;从单篇文章来看,点击率是最重要的衡量指标。

而编辑团队对价值观更敏感,他们要保证的是公平,特别是重大新闻的推荐、精品文章的推荐,以及拥有"正确价值观"内容的推荐,以保证公众的知情权。

有时候,两个团队能达成一致;另一些时候,双方是有冲突的。特别是叫好和叫座,应该选谁？优质源一般不屑于做"标题党"，劣质内容却善于使用"标题党"吸引流量。编辑要求把精品池里的内容加权，分发给更多的用户；但算法工程师说，精品池里的文章不一定有高点击，多推会导致数据下降，降低阅读效率。

在这里，很难说谁对谁错。最关键的，是整个平台的定位与需求。比如在微博，流量中的大部分被赋予了"大V"；而在快手，倡导的是"算法之上的普惠价值观"。

在《快手是什么》一书中，作者阐述了如下观点：

因为不希望头部内容占据太多的曝光度，我们用经济学上的"基尼系数"控制平台上的贫富差距……不管是在城市还是乡村，每个人都拥有平等分享和被关注的权力，快手不会特殊对待，不捧明星红人，不进行流量倾斜。

"这样做肯定是有代价的，因为总体的分发效率会下降。这也是考验技术能力和执行能力的时候，如何在保证公平的情况下让效率不下降，或者降得少一点。"这本书的一位编者表示。

而快手能够坚持这样做的原因，则是创始人的初心。"在乎所有人的感受，特别是那些被忽视的大多数人。"CEO宿华在书中写道，"在今天的中国，还有85%左右的人没有受过高等教育，坐过飞机的人也是少数。总体而言，整个社会关注的人，每年下来就是几千人，所有的媒体都在推送他们的消息。所以我们在做注意力分配时，希望尽量让更多人得到关注，哪怕降低一些观看的效率。"

所谓"不忘初心，方得始终"。开始就想清楚了，以后也不会后悔。

五、三流合一

2016年10月，在贵州举行的第十六届中国网络媒体论坛上，一点资讯董事长刘爽提出了算法的"三个陷阱"：其一，放大"标题党"内容的推荐；其二，放大情绪化文章的推荐；其三，让阅读者陷入兴趣孤岛。而这三个陷阱的背后，则是算法只认数据、效率优先的原则导致的。

刘爽表示，要让总编辑和编辑充分参与到内容流的排序中，把优质文章人工推荐出来。算法＋编辑、智能＋人工、效率＋公平，这是一点资讯后来一直秉承的理念。2017年，一点资讯自媒体平台逐步成熟后，又推出了"关注"功能。如果阅读者关注了某一个号，在他的信息流中，会插入这个账号所发出的内容。与此同时，一点资讯在产品上也做了改变——第一栏（最左边）就是关注频道，用户可以在这里实时查看自己所关注的作者动态。

从此，一点资讯完成了算法＋编辑＋社交"三流合一"的工作。尽管算法依然占据着信息流排序的主导权，但这毕竟是新的尝试。

一贯野心勃勃的今日头条也不会满足只在算法上做文章，从产品形态和理念上，它一直努力迈向社交。

今日头条在构建自媒体体系时很重视作者和粉丝之间的关系。它很早就开通了粉丝订阅以及订阅后"粉丝必见"功能，并在CPM（通俗地说，就是你发的文章被点击了1 000次，能收到多少钱）的定价上，以非常大的幅度向粉丝阅读者倾斜。而头条问答的开通，一方面平移了"头条号"的粉丝，实现了产品之间的资源共享；另一方面，把作者与粉丝之间的关系，以及粉丝和粉丝之间的关系变得更密切。

随后，今日头条又开发了"微头条"产品，几乎照搬了微博的模式。自媒体人和普通用户在这个产品上可以相互关注并转发文章，头条的社交属性进一步增强。

社交是获取用户数据的另一个有效方式。靠算法推荐排序的App，获取数据的唯一方式是靠用户的点击、分享、评论等行为；但当增加了社交功能后，用户画像也增加了一个重要维度——圈子，所谓"人以群分"。算法可以把好友之间的内容相互推送，这样命中兴趣的概率就会大得多。

这几年里，算法自身也在不断进步。这就如同新一代"阿尔法狗"和上一版下围棋，结果是100∶0一样。比如，一种叫作"协同过滤"的算法手段的应用，就在一定程度上解决了"兴趣孤岛"的问题。在百度百科中，协同过滤被定义为"猜你喜欢"，以及"购买了该商品的人也喜欢"等功能。说通俗点，就是A、B两个用户，他们阅读的前9篇文章非常相似，那就可以把 A 阅读的第 10 篇文章直接推给 B。这样不但能提升 B 的点击率，也会让 B 的视野更加开阔，不再陷入一叶障目、不见森林的信息茧房中。

　　这里还须注意的一点是，无论是什么流，都是从源中遴选部分内容进行排序的。丰富和优质，是对源的追求，最终会导致流的效果。所以，当我们在观察推荐、排序逻辑的时候，必须要向上游看起、向泉眼看，"问渠哪得清如许，为有源头活水来"说的就是这个道理。

深度案例之五：吴晨光算法笔记一则

提要

本文是我的工作总结，写作时间大约在 2017 年年初，核心内容为编辑与算法工程师沟通的模式及效果。今天看来，在两个团队的沟通过程中，首先是目标一致、评价标准一致，这样才能不扯皮，将工作有效完成。

一、总体情况

（一）编辑和算法团队现有的沟通机制

（1）每天首页流 bad case（错误案例）讨论。2016 年 11 月起，我们成立了首页流 bad case 小组，成员包括总编辑、值班编辑、精品池主编及算法团队主要负责人。每天早晨 8:00，值班编辑会把前 24 小时内发现的问题汇总后发到群里，算法每周集中解决一次。在三个月的沟通中，共找到有效案例近 1 000 个，包括旧闻、标题党、分类有误、广告插入等。其中部分问题，已经得到解决。

（2）精品池（指编辑认可的优质内容汇总的地方）的每周固定例会。作为 2017 年第一季度的重点项目，每周二或周三，由总编辑牵头，算法负责人和精品池负责人有固定例会制度。

（3）编辑部参与算法产品周会；算法同事参与每周主编例会。

（4）编辑与文章画像、搜索、Push 团队的不定期沟通。

从沟通的深入程度上看，由深到浅依次为精品池、文章画像、Push、搜索、用户画像。这是因为编辑团队更擅长从内容角度提出问题，而算法团队更善于对用户进行观察。

（二）编辑团队能给算法团队提供的协助

（1）从 C 端用户的角度发现问题。

（2）按照算法的要求，提供种子文章供机器学习。比如，在垂直领域 24 大类改为 36 大类的过程中，提供了近 10 万篇文章。

（3）与算法一起进行实验，特别是进行人工分发与机器分发效果的对比。比如在 A 手机的冷启动（指用户第一次打开一点资讯 App 的行为）实验里，编辑与算法各做一组，之后交互进行交互检验。冷启动首页流的三次报告都来自这个实验（详见本书第五章"冷启动"）。

（4）深度参与算法逻辑、数据模型的调整。比如，对文章推荐优先级的判断。

（三）双方达成的共识

（1）在稿源的选取上、优质文章的判断上，编辑主导；算法提速机器学习。

（2）在内容的分发上，由算法主导。除了重大事件外，应该把更多的权力让渡给算法，逐渐减少编辑的工作。

（3）编辑给出的是知识（或者常识），算法给出的是数据。如果把一点资讯比喻成火药的话，编辑应该是雷管，而不是火药本身。

（4）我们之前忽略了数据模型的问题，这个问题可能比画像更重要。因为模型其实是评判标准。但需要算法进一步明确模型，编辑也可以提出参考依据。毕竟，模型除了来源于数据之外，还来源于经验。

（5）感觉算法团队的人手比较紧张，而头条已经到了建立实验室、研究深度学习的地步。如果从人才获取的角度来说，Google 是首选，因为 Google 大脑应该是全球最好的人工智能大牛的聚集地。

二、内容画像

编辑与算法已经开始专项内容的优化（如精品池），"人肉体验"体现了一些正向效果，但是进度可以加速。在首页流的内容分发上，在保持以标签树为大框架不变的前提下，应该更频繁地调整内容的分发逻辑——选择资讯更全面、推荐比例更适当、推荐维度更智能。我们认为至少要按照周的标准，进行内容推荐效果的总结。

主要问题包括以下几点。

（一）对内容分类的判断

（1）文章被算法判断错误分类，常见的问题包括：民生类文章被误判为旅游；社会新闻和本地新闻不分；当一篇文章内有两个名人时，无法识别它应该被定义为有关哪一个人的文章等等。

针对这个问题，编辑做的工作包括：向算法提供负面案例；在审核环节——特别是视频审核环节，平衡审核效率与标签精细度之间的关系。此外，让自媒体人更多参与到自定义标签的工作中，节省编辑和算法的工作。

而算法部门根据编辑提出的问题，近期针对性地迭代优化大类和本地分类器，增加更多的标注数据，分类的问题有所减少。但一个未能解决的问题是视频，我们的算法对视频的辨识程度还停留在一级大类的水准上，更精细的标签不能识别，这需要加速。

（2）文章的频道精度问题。某一篇历史类文章可能被定义为"中国历史"，而这种分法是毫无意义的。在编辑的介入下，算法这边一共收集了约200个问题。经过一轮优化，解决了约85%的问题。

（二）对优质内容的判断

这个工作，主要集中在精品池。

从一季度开始，两个部门集中对精品池进行了整体规划，并保证每周一次的例会、有问题随时沟通的交流机制。因为这一块是算法总负责人牵头，所以比较顺畅。精品池的文章量从去年的每天700篇增加到今年的每天1 300篇。而从分发的数量上来看，精品文章、头部文章的比例应该超过了40%，这个数据还可以进一步提高。

目前挑选精品文章有两个思路：第一是根据各领域精品标准，由编辑挑选文章，每个领域每班次25～40条；第二是挑选各领域最优质的自媒体号，该号发出的文章，直接进入精品池。算法团队向编辑们提出的要求是，更多凸显"精品"的特点，包括覆盖到全局和行业内热点；而算法则根据今日头条的阅读数据，抓取相关内容给编辑进行分析，找到双方精品的差异点进行学习。

（三）对劣质内容的判断

（1）目前在对标题党的判定方面取得了一定成效。编辑提供了类似"惊呆了！""绝对想不到"等数百个句子作为判定标题党的关键词，进行机器学习。这是一个类似"标题词库"的月度沟通机制。此外，在如何定义标题党的算法模型上，编辑建议使用点击率和转发率及用户时长的差值。往往一篇文章的点击量很高，但转发很少、停留时间很短，其标题党的嫌疑会非常严重——在很多类似的模型调整中，编辑对一篇文章质量的判断，因为是基于多年经验，所以会比算法工程师的发现更敏锐。

（2）在旧闻模块上，算法的工作目前主要是挖掘旧闻自媒体账号。算法的下一步计划是检索更大的内容池，每篇文章入库时，与库里文章进行比较。目前的局限性是只检索了最近几天的内容，用于去重。而检索所有的文章对系统有比较大的挑战，算法根据资源和挖掘账号方法的效果评估是否可以开始启动。

（3）从 2016 年开始，我一直力主建立垃圾池。这个池子的内容来源于编辑日常的挑选，也来自我们用户的主动表达——目前，一点资讯的用户可以在三个地方表达自己不喜欢的内容，包括在流里点"X"。发动用户来做这个事情，要比编辑的效率高很多，微信其实就是发动了 6.5 亿人（当时的每日活跃用户）给它当编辑。但因为算法人手比较紧，这个项目一直没有得到开发。

三、用户画像

与文章画像相反，用户画像的判断应该是以算法为主。编辑更多是要提供一些主观感受给算法团队，并帮助算法进行一些用户实验。在沟通过程中，发现的主要问题如下。

（一）颗粒度

用户画像颗粒度不够细，目前只有大类（一级频道）、频道（二级频道，也包括自定义频道)、兴趣点(某一个热点事件出现,我们会建立一个兴趣点)的划分。这种划分,更多是基于文章画像。

但更关键的是,我们要对用户人群进行划分,并针对不同人群推荐不同的内容,尽管这些内容可能是相同的领域。比如,同样喜欢时尚,我们的一位编辑反馈:算法算出了她对时尚感兴趣,但是给出的稿子是鱼龙混杂的。她对高端时尚感兴趣,但给出的稿子却是比较 low 的文章。

这个问题,双方正在通过一个实验解决。我们挑出了一批典型的底层用户——保姆、保安、司机、厂妹,看他们的浏览记录。如果他们对某一个领域感兴趣——比如时尚,低端人群喜欢的时尚是什么样的,这和高端人群喜欢的时尚有什么区别。之后,用更多用户点击的类似文章反推用户画像。

(二)速度

用户画像的完成速度还是不够快,特别针对搜索这样的主动行为。此前在 OPPO 开会时,对方也反映过相关问题。

正面案例可以看百度浏览器的内容推荐。实验表明,用户刚搜索完,推荐流就出了相关内容。如用百度浏览器搜了"五月天""感冒了吃什么好得快",可以看到搜索时间是 7:21 和 7:22,并做一些点击行为,如下图。

用百度搜索"五月天""感冒了吃什么好得快"得到的结果截图

接着刷新百度浏览器的信息流,将很快看到这两个搜索行为的相关推荐,时间分别为 7:22 和 7:23,反应速度不到一分钟。

百度对前次检索的相关推荐页面截图

对比下一点资讯,在一点资讯中搜索"感冒吃啥",并做点击行为,时间 7:58,如下图。

在一点资讯搜索"感冒吃啥"结果截图

随后去首页刷新,发现刷两刷均无相关内容,如下图。

一点资讯对前次检索的相关推荐页面截图

同样，一点资讯对用户的负反馈也反应滞后。比如对同一稿源，用户需要点击至少三次"不感兴趣"，才能有反应。

四、算法产品

2016年年底，原用户产品部的一位同事调到算法产品部与内容团队对接，提升了双方沟通的效率。目前，每周大约会点对点沟通2～3次。但以下一些问题还需要解决。

（一）编辑的重要需求实现较慢

比如文章不推荐工具问题，设置了不推荐，结果还是在推，一直没有找到原因且无法解决。再比如，大号保量计划一度推进不下去——算法认为这可能影响流量，但从整体数据上看，大号即使加量，也不足以影响超过单日10亿展示量的全局。

（二）编辑和算法产品协作还有待提高

编辑定期反映的体验问题，某些问题能够解决，但另外一些问题解决周期较长。比如，加精（指让文章进入精品池，获得高的分发权重）的新闻中，常出现展示相对较低。

但是更多的问题，是对用户画像的判断不准确导致的。受到知识结构及视野的限制，编辑对关键的执行路径不是很了解，无法进一步深入参与到问题的解决过程中。

（三）数据打通不了

特别是各种接口分离，联动性不强。一部分走的是底层数据，一部分是最新数据，精品池、channel（频道）、频道内容池各走各的。这个问题，不仅仅困扰双方的磨合，也困扰整个公司的数据统计。

（四）兴趣图谱需要加快建设

兴趣图谱其实是非常重要的工作，因为它关系到算法模型的产品表现。此前，我们很看重用户画像和文章画像，两者之间如何结合？需要模型作为桥梁。模型能力直接决定了推荐内容的精准程度。

目前，兴趣图谱是就热点事件和常规话题点（元宵节、情人节等）进行兴趣点的添加，在快速分发上起到很大作用。但是需要加重图谱的建设，不止是热点事件的添加，而是设置成常规的兴趣点也可添加，包括横向多多铺点（哪怕是非大热的电视剧、不够重量级的事件）；纵向增加使用场景、使用人群、使用情感（励志、美感等）等维度，真正将其建设成一张颗粒度更细、覆盖面更全、更有层次的立体网络，超越维基百科。

五、补记

如果不是整理《源流说》的书稿，这篇文章也许会永远沉睡在我的电脑里。

它的写作时间应该是 2017 年年初——当时，我在一点资讯工作了 20 个月，正处于对算法似懂非懂、兴趣浓厚的阶段。在我的主导下，编辑团队与算法团队开始了较为密切的沟通，沟通内容就是这篇业务手记所记录的事项。

时隔三年再看，其中的不少内容仍然颇具价值，可以直接拿来打通一个算法平台的源与流。正是因为与工程师们的密切沟通学习，成就了"源流说"的理论体系，也成就了我"最懂算法的总编辑"之路。

然而，当重新整理素材的时候我发现，在两个团队的沟通过程中，缺少了一个最重要的东西：共同的目标。

对于编辑们而言，他们的目标把"优质内容"更多地推荐给用户。这里的优质内容，就是符合本书"源"部分所列出的相关规则的内容，其选题、采访、写作和标题各有标准；但对于算法工程师而言，他们的目标是提升数据，特别是用户的数量以及停留时长。编辑靠的是经验，是"先验指标"；工程师靠的是数据，是"后验指标"。所谓先验、后验，分别是指在内容创作前和创作后进行的判断。

矛盾就在其中产生了：优质的内容并不一定能产生良好的数据。很多数据——特别是点击率，是靠标题党、口水化内容、情绪宣泄、娱乐八卦换来的，而不是客观的表述和冷峻的事实。

这两个团队目标不一致的情况到今天依然存在，而且可能更加严重。因为编辑与工程师术业各有专攻，看问题的角度和思维模式也是大不相同。比如，很多编辑读不懂数据；很多工程师也无法理解"价值观"的含义。人无法脱离自己的成长路径和专业背景进行思考，这是规律。

同样，直至今天，我们也没有一个十全十美的方式来解决它。这有点类似同新冠肺炎的斗争：对病毒的封锁、对人类健康的保障与对经济的封锁、对人类生活品质的保障是矛盾的，我们只能根据现实情况在两者之间寻求最佳平衡。除非病毒被消灭、有了疫苗或特效药，或者人们已经因为封锁无法继续生存，天平才会绝对倒向另一边。

平衡度的把握需要更高的格局、更宏观的视角以及更强悍的专业能力，以及在不同环境下打不同牌的战略眼光。如果非要下个结论，那就是在保证内容安全和真实的前提下，以用户数据为导向。毕竟，我们是生活在市场经济的环境下，而"中国特色的"是其定语。

源流——说

SOURCE AND COURSE 4

第四章
审核与内容风险控制

ON CONTENT
GENERATION AND
TRANSMISSION

封禁启示录：内容风控是一个体系

提要

内容平台的安全，不是仅靠审核就能保证的。这就像只靠污水处理厂，不能保证河流清澈见底一样。安全是系统工程，包括对宏观政策的理解，业务标准和规章制度的制订、执行，技术的支持，组织的有效，以及同管理部门的充分沟通。但大多数内容平台无法理解这一点，它们认为有审核、有政府事务部就能搞定一切，却忽略了源流之间的因果关系，以及内容生态中各元素之间的复杂逻辑。对于主管部门而言，要保证全网的安全稳定，也需要充分考虑移动互联网时代的传播规律——特别是每个人都是源和流，且源和流随时可以转换的当下，这样才能保证全网大平台的稳定运行。

——摘自《内容生产与分发的44条法则》之二十七

《南方周末》曾经历过若干次生死劫难，最危险的一次发生在1993—1994年，几乎导致了这张名报的停刊。酿成这场重大事故的导火索是一则虚假新闻。

这篇大约8 500字的"报道"名为《袭警案》，讲的是B市某位警察一家被灭门的案件。该"报道"一经刊出，公安部极为震惊，迅速派人对此事进行调查，调查的结论是"假新闻"——通篇文章都是道听途说，杜撰出来的！

其实，隐患从内容源上就埋下了：此文并非出自《南方周末》记者之手，而是来自社会征稿。这种隐去真实姓名、地点，只说事件的"大特写"，是那个年代流行的题材。在稿件处理的过程中，编辑又没有对内容的真实性进行核实。

最终，《袭警案》被评为1993年中国十大假新闻之一，《南方周末》为此在头版头条刊登了诚恳的检讨。幸运的是，在时任中央政治局委员、广东省委书记谢非等人的保全下，原本已经迈入鬼门关的《南方周末》捡回了一条命，并痛定思痛，从此开启了调查报道的一个时代（关于《袭警案》内幕详见本章深度案例之六）。

一、"咪蒙"被封与背后的内容源治理

正如 2003 年的 SARS 悲剧在 2020 年被重演一样，《南方周末》的问题也在被不断重复，比如，自媒体大号"咪蒙"的被封号事件。

2019 年 1 月底，"咪蒙"旗下的公众号"才华有限青年"推出文章《一个出身寒门的状元之死》，讲述了一位穷人子弟"逆袭"成为四川某地高考状元，最终又被厄运击倒的故事。寒门、状元、死亡，这三个关键词的组合点燃了公众情绪，让此文几乎瞬间就获得 10 万+。

但漏洞很快被一一扒出。比如，文中称主人公以 693 分的总分拿下了 2013 年四川省理科高考状元，但 2013 年四川省的理科高考最高分为 707 分，同时也根本不存在 693 分的考生。再如，文中配图指向主人公就读的"某重点中学"，但经网友比对，该中学其实是一所普通中学。更重要的是，此文中所有人物均为化名，地点也被隐匿，根本无法核实真假——这也是"咪蒙"及旗下公号最擅长的写作手法，与《袭警案》几乎相同。

但今天的自媒体作者掌握了"更高级"的手段：他们写的不是类似"袭警案"这样惊悚的社会新闻，而是利用社会情绪——比如拿"状元之死"做文章，一下子就抓住了中国社会贫富差距所导致的矛盾。**在社交平台上，情绪往往比真相更受欢迎。**

有人给"咪蒙"和"才华有限青年"做了统计，在不到一年的时间里，这两个公众号一共发表了 23 篇有关死亡的文章。比如《25 岁，名校毕业，年薪 30 万，猝死》《"我妈今天出殡，老铁刷个火箭吗？"》《10 个人，只能活一个》等。

序号	"才华有限青年"标题
1	一个人打胎、失业、没钱交房租……很多人都想过去死，但我们活下来了
2	我可能会死在前女友手上
3	我在贫穷中出生，在月入 10 万中死去
4	我差点不动声色地死去
5	李文星，985 高材生，死于找工作
6	爷爷死了，我不愿意给他磕头
7	10 个人，只能活 1 个
8	逼死 1 个年轻人，逼死 2 个年轻人，逼死 3 个年轻人
9	"我妈今天出殡，老铁刷个火箭吗？"

序号	"咪蒙"标题
1	我曾经想过让父母去死
2	成年人：每个周一，轻微想死
3	我可能会死在前女友手上
4	我每天加班到死，存款还是 0！！！
5	25 岁，名校毕业，年薪 30 万，猝死
6	我可以为你死，但不能只为你活
7	今晚，我杀死了妈妈唯一的孩子！
8	我以为我会死在日本
9	我，38 岁，不想活，不敢死
10	因为胖，我想捅死自己！
11	恋爱图鉴：想杀男友的第 1977 天！
12	孩子出生的第 18 天，我想自杀
13	那个孝顺的学霸，从 22 楼跳下去了！

《光明日报》发表评论称，对某些自媒体作者来说，他们只需要迎合自己的受众。受众喜欢什么立场，他们便摆出什么姿势；受众喜欢听什么，他们便说什么——没有应不应该的问题，只有需不需要的问题。换句话说，这样的自媒体作者是没有信仰和敬畏的一群人。如果有什么信仰的话，估计也就只是流量和金钱了。

结果，"咪蒙"与"才华有限青年"也难逃死亡的命运，2019 年 2 月均被注销。两个月之后，被称为"咪蒙第二"的自媒体"HUGO"也被封号。在封禁之前的 5 个月里，HOGO 被删除了 30 多篇文章，其中涉及避孕、冻卵、死亡的内容占三分之二以上。

"咪蒙"们暴露的问题也只是冰山一角。在松散的"注册制"大背景下，每个人都能成为一个自媒体，而内容平台又没有匹配的审核能力，所以只能在过滤违规关键词的基础上先发后审。这导致了大量的有害内容出现，特别是在微信——这个全球最大的中文创作平台上，巅峰时期的自媒体超过 4 000 万个，不良信息的数量可想而知。

2018 年 10 月起，由中央网信办牵头，多部委联手对自媒体进行了一次整治行动。治理的重点包括有害政治信息、歪曲国史党史、涉黄涉低俗，以及黑公关等乱象（详见本书第二章"深度案例"部分），这些乱象又可分为三个层次：

违背业务规范，比如随处可见的标题党。

违背道德伦理，比如自媒体"二更食堂"在空姐遇害案后发出的低俗文章。

违反法律法规，比如《中华人民共和国英雄烈士保护法》2018 年 5 月 1 日施行后，抖音的搜索引擎广告中仍推广了"邱少云，被火烧的笑话"。

如果从"源流说"的角度看，对自媒体的治理是控源。所谓"问渠哪得清如许，为有源头活水来"。 源把住了，内容安全就基本能够得到保证。微信及今日头条、一点资讯等平台也更改了注册规则——比如一人一证一号制，就是整治的结果。此前，一张身份证，至少能注册五个账号。

二、小红书下架与内容导向

与"咪蒙"被封同样被高度关注的，是小红书的下架。从 2019 年 7 月 29 日到 10 月 15 日，这个内容电商 App 经历了 77 天的梦魇——因为在各个应用商店货架上"失踪"，导致新用户无法下载。对此类社交平台而言，这不仅意味着内容源的减少、阅读数据的下降，还会严重削弱关系链条。

在小红书下架之前，包括今日头条、一点资讯、新浪、搜狐等所有平台几乎都曾被下架，只是时间长短的问题，部分平台还遭遇过首页停止更新等更加严厉的处罚。但小红书事件的反应空前，一方面缘于它是中国第一种草平台，影响力大；另一方面也是一种警示：对内容安全的把控，不仅仅限于新闻资讯类 App。

小红书的问题主要集中在流上。比如媒体一直诟病的"虚假种草"现象，比如大量出现的烟草软文、售卖违禁药物，以及涉黄信息——有评论认为小红书已经变成了"小黄书"。小红书上存在的不良信息，如果单独拿出一条，都不像有害政治信息这样致命，但放在一起调性堪忧，这就是导向问题。

有关部门一直要求各平台"保证内容导向和内容安全"，"导向"又在"安全"之前，可见其重要性。什么是导向？就是方向，不要把用户带到沟里。比如，国家提倡"幸福是奋斗出来的"，你却通篇讲"锦鲤"、宣扬运气，这就是导向问题。还有把多条批评性报道集纳在一起放出来，也属于导向问题。

导向和安全是内容生态的重要组成部分。在"源流说"的理论体系里，生态包括源、流，以及源和流之间的关系（详见本书第一章第二节"'源流说'与其背后的内容生态"），如果想拥有清朗的网络空间，必须从这两个方面综合做文章——既把内容源管好，又要对信息流进行调控。也就是说，无论是写稿子的，还是发稿子的，都要负责任。随着《网络信息内容生态治理规定》（详见本章附录）在 2020 年 3 月 1 日正式生效，对于内容生产者和平台而言，新的挑战又已来临。

三、审核三要素：安全、效率、标准

要保证内容平台的安全，审核是第一个也是最为基础的环节。

审核位于源和流之间，可以看作内容源运营的一部分。在传统媒体里，审核的角色一直是由编辑和总编辑担任的，文章、视频、图集要经过编辑、分管副总编辑以及总编辑的"三审"，才能与读者见面。但在今天，这个流程已经被颠覆——且不说在社交媒体上的"先发后审"，就是在拥有 50 多万个自媒体、每天发文接近 20 万篇的一点资讯，即使累死总编辑和责任编辑，也无法将如此海量的内容全部审核一遍。

于是，建立一支素质过硬的审核团队、打造一套完善的审核体系，就成为一点资讯内容运营的基础工作。

可能有人会说：审核，不就是按照要求删删帖子吗？这种工作，谁都能干。

事实并非如此。在自媒体提供海量内容，社交、算法与人工分发三足鼎立的新互联网时代，对于内容审核也提出了全新要求。

一是安全。这是底线问题。对于底线的判断，来自对政策的理解以及丰富的经验——用"政治家办网"来形容一点不过分。涉及意识形态、党和国家领导人、国家主权及领土完整、民族和宗教等问题，无一不是生死线。何况，有些敏感内容往往隐藏于最容易忽略之处，比如说一排玩具坦克乃至一排大黄鸭的背后寓意，都需要细致地甄别与判断。

二是效率。因为要直面海量内容，效率也成为重中之重。在保证内容导向和安全的前提下，一篇自媒体文章、一条视频、一则跟帖在作者发布后多长时间能够放出来，这对内容生产者是非常重要的用户体验。

要保证效率，必须弄清楚三点。

审什么不审什么。比如类似《人民日报》这样的"白名单"，要有免审机制。

先审什么后审什么。时效性强的、高级别账号发布的、敏感领域的内容，优先审核。

审到什么程度。在审核过程中，很可能要进行标注——也就是打标签；或者给审核内容打个分，以增减它在分发中的权重。这些工作，需要细腻的手法，但也要保证效率。

另外两件要做好的事与机器有关。一是给审核员提供好用的工具；二是建立及不停优化涉政、涉暴恐、涉黄等算法识别过滤模型，并根据不断出新的"负样本"升级模型，让机器先帮人把好这道关。在一点资讯，我们把"海卫星"审核平台升级为"文明"平台后，审核效率有较大幅度的提升。"文明"优化了进入审核平台的内容的排序，可以让更敏感的内容、时效性更强的内容、更高级别的账号发布的内容优先被审核。

三是标准。在组建一点资讯济南审核团队的时候，我在相关计划中写道：作为《互联网新闻信息服务许可证》的持牌企业，也是有资产特殊管理股的中国第一家试点单位，一点资讯有责任也有义务树立内容审核的标杆。

2018年1月，一点资讯App出台了《互联网新闻信息审核规范》（简称《规范》）。这是中国互联网行业第一本审核标准，共14章、近1000个案例、约30万字，对文字、图片、视频、跟帖等不同形态的内容把控均有详细描述。2019年1月，《规范》新版出台，根据2018年全年出现的新情况比如对自媒体的严监管，又做了超过5万字的修订。在这样严格的规范下，我执掌一点资讯内容部四年，在底层审核环节没有出现过大的问题。

要将"安全、效率、标准"这些要求执行到位，一支素质过硬的团队是必需的。但从传统门户的审核团队来看，学历低、地位低、薪酬低导致了人员流动如流水，就在这种流动中，埋下了很多安全隐患。所以，我们应该以"海底捞文化"而不是"富士康文化"塑造审核团队，不能把审核员看成在流水线上作业的蓝领工人，反而要让员工在这样枯燥的"计件制工作"中学到东西，比如对内容源的理解、对算法分发的理解，并给他们提供上升通道。

四、内容风险控制是一个系统

如果认为建立了一支审核团队，就能在内容上高枕无忧，那就大错特错了。从我掌控大平台多年的经验看，风险控制的根本在于一个体系的设计和搭建。这个体系具体包含以下几个层次：

长期：对法律法规、政策的应用性解读，企业相关规章制度的建设，以及有关组织的搭建。

中期：安全及其他业务规范的制定、执行。需要注意的是，好的规章一定是判例法而不是法条法，也就是说要实用。

近期：风险点分析及基础内容的审核、回查等工作。

应急：当企业出现安全隐患、安全事故后，按照预定方案进行处置，止损。

具体业务环节包括以下几个方面：

理解政策：比如对《中华人民共和国网络安全法》（2017年6月1日颁布实施）的理解，对《互联网新闻信息服务管理规定》（2017年6月1日，中央网信办颁布实施）的理解，以及对即时通信工具、微博客、社区等平台的具体管理规定的理解。**特别是对中共十九大精神的理解。**

建立制度：以"判例法"的方式，制定企业在内容导向和内容安全领域应该遵守的准则，并指导其实施。比如在一点资讯《安全管理规章制度汇编》中，包括了四个部分、十多个规章及实施细则，类似《页面生态规范》《值班制度》《内容安全事故问责制度》等。

敏感点分析：以周或月为单位，提供近期舆情热点分析（如"中美贸易摩擦"），避免内容生产者在敏感问题上"踩雷"而导致被处罚。遇到类似新冠疫情这样的重大突发事件，要随时分析、随时处置。

内容审核：包括但不限于对文字、图片、视频、跟帖、问答，以及头像、昵称等所有内容的审核、回查合格率，构建基本的内容安全屏障。

建立组织：组建类似"内容安全委员会"这样的机构。安委会应该由企业CEO或其授权人负总责，要对安全领域的决策有绝对话语权，特别是在处罚违反相关规定的人员上。

政务关系：和内容管理部门建立良好的沟通渠道。但不能把处理好政务关系理解为吃饭喝酒，而是应该与主管部门一起多分析、解决问题，其实在很多问题上，他们需要企业的意见和建议。比如，在有关部门主导建立"自媒体分类分级管理系统"的工作中，一点资讯就做了大量工作，我也作为工作小组成员充分参与到讨论、建议之中，获得了有关领导的信任。

技术保障：政务关系是对外，而技术保障是对内。这相当于给战士配好武器。

事故处理：按照分类、分级的原则，提前准备好处置方案。当遭遇安全生产事故时，按照预案出牌，要把遭遇战打成阵地战，避免忙中出错、一错再错。

资质申请：积极申请互联网新闻信息服务许可证、信息网络传播视听节目许可证等，不要搞"无照驾驶"。

我在一点资讯最大的突破就是拿下了互联网新闻信息服务许可证。2017 年 10 月 31 日，当我从中央网信办一位副主任手中接过这张牌照时，泪水模糊了我的双眼。在当天的朋友圈里，我写下了如下文字：

> 史上含金量最高的互联网新闻信息服务许可证，今天花落我家。这是中国商业 App 获得的第一张牌照，是 2017 年互联网新规定实施后发出的第一张牌照，也是党的十九大胜利闭幕后发出的第一张牌照。如果从一个总编辑的角度看，牌照的获得为我 20 年的职业生涯写下最靓丽的一笔。"平生塞北江南，归来华发苍颜"，我们为此付出的心血，难以言说。在此，衷心感谢中央网信办、北京网信办的各位领导和网信战线的同志们，那些在我们最艰难时刻施以援手的朋友们，你们的帮助，我们此生难忘！
>
> 一点资讯一定不负众望，不忘初心，砥砺前行！

回溯牌照获取的过程，从 2015 年 10 月开始，我们整整花费了两年时间。在这段时间里，我们对于内容导向和内容安全的工作绝非只做底层审核，而是努力构建一个系统——长期、中期、短期以及应急手段环环相扣，互为因果。这不仅仅是保障安全的策略，更是一种工作习惯、一种人生习惯——系统耕耘、深谋远虑，最终才能有所成就。而"源流说"的超越之处，也是因为它已经成为一个完整的理论体系。

深度案例之六：《南方周末》头版致歉内幕

提要

这个深度案例中选择的三篇文章，发表在 1993 年 10—11 月《南方周末》的头版。它们是一组致歉信，前两篇来自该报编辑部，后一篇来自假新闻《袭警案》作者刘玉顺。

1993 年 7 月 30 日，发行量已经超过 100 万份的《南方周末》刊出了《袭警案》。这篇长达 8 000 字的文章，描述了 B 市某位警察一家被灭门的过程。文章惊心动魄、曲折离奇，如果放在今天的网上，妥妥的一篇"10 万+"。

但事实证明，这是一篇不折不扣的假新闻。作者虚构了这个故事，作为新闻纸的《南方周末》却在未核实真相的情况下将其发表，最终险些导致这张大报被关停。

痛定思痛、痛何如哉！作为一张有责任感、有担当的报纸，《南方周末》并未躲藏、推脱，而是在头版连续刊出了三封致歉信，其中前两篇来自该报编辑部，后一篇来自假新闻《袭警案》作者刘玉顺。

沉痛的教训

——对《袭警案》一文严重失实的反省

真实是新闻的生命，是每个新闻工作者必须严格遵守的基本原则。本报今年（《南方周末》，1993 年——编者注）7 月 30 日在《人与法》专版上发表的《袭警案》一文违背了这个基本原则，是一篇由作者凭空虚构出来的作品。这篇文章的发表，败坏了党的新闻工作的声誉，造成了恶劣的社会影响。我们所犯的错误是严重的，教训是沉痛的。

联系本报近年来刊登过的一些失实报道屡次发生的错误并非偶然，它与我们的办报思想出现偏差有着密切的关系。本报作为省委机关报的周末报，在创刊时，《南方日报》编委会就为我们制定了正确的办报方针，要求我们坚持新闻工作的党性原则，严格执行党的宣传方针，遵守宣传纪律。可是，近年来，随着新闻事业的发展繁荣，报刊的竞争日趋激烈，在竞争中我们的头脑逐渐发热起来，报纸的党性原则、新闻的真实性原则的观念淡薄了，报纸应以正面宣传为主、以社会效益为主的思想淡薄了，在办报过程中片面追求可读性，热衷于追求所谓"热点新闻"、"猎奇性新闻"、有轰动效应的"社会新闻"，从而使一些有错误的报道出笼。

办报思想出现偏差，片面追求报纸的可读性，在稿件的审查上就容易忘记自己的责任，出现严重的松弛现象。《袭警案》这篇稿子是南昌铁路分局一位同志寄来的，我们在审阅时也曾因情节的离奇和没有写明具体地点而对稿件的真实性产生过怀疑，并多次打电话和作者联系，查询新闻的来源和案件发生的准确地点、时间及人物，但因作者在外地出差一直没有联系上而放弃了严格审查把关的职责。本来，在这种情况下，我们应严格遵循新闻真实性的原则，将稿件压下来，弄清情况后再发。但由于我们在思想上认为这篇稿件的可读性强，担心迟发被别的报刊抢先发了，加上考虑到作者又是本报熟悉的老作者，过去在本报发表的稿件未出过事，于是轻率地决定发稿，以致铸成大错。对此稿的编发，我们首先考虑的不是新闻的真实性、新闻的社会效果，而是如何去迎合读者的猎奇心理，这里面既有新闻的指导思想问题，也存在着新闻工作的作风问题。思想上偏离原则和作风的粗糙草率，造成了这次严重的错误和恶劣的影响。

对我们在办报过程中曾出现过的各种大大小小的错误，上级部门和《南方日报》的领导以及部分热心的读者都曾多次提醒、批评过，但我们被不断上升的发行量和一些读者的赞扬冲昏了头脑，滋长了骄傲自满情绪，对领导和读者的提醒和批评总是淡然处之，没有从主观上认真总结经验教训，以致一错再错，错误越犯越大。

我们之所以会产生一系列错误，最重要的原因是没有认真学习政治理论和党的各项方针政策，忽视了采编队伍政治素质的培养和提高；总认为自己办的是周末报，把对政治理论和党的方针政策的学习看成无关宏旨的事情。现在惨痛的事实告诉我们，在我国，报纸可以有不同的报种，但都必须坚持党的基本路线，坚持新闻的真实性原则，执行党的宣传方针，遵守党的宣传纪律，否则，就会犯大的错误。

沉痛的教训是不应忘记的。我们一定要从《袭警案》的错误中惊醒过来，首先要从办报思想上做深刻的检查，并且举一反三，对长期以来出现的问题做一次全面的清理总结，以期端正办报思想，重新回到正确的办报方针上来。我们还要组织编辑部全体成员，认真学习邓小平同志建设有中国特色社会主义理论，学习中央领导同志关于新闻工作的指示，学习中宣部、新闻出版署的有关规定，并在此基础上研究制定杜绝今后再出现《袭警案》这一类严重失实报道问题的具体措施。开门办报是党的优良传统，我们欢迎广大读者对我们的错误提出严肃的批评，帮助我们搞好整顿工作。

由于我们的错误，在社会上已产生恶劣的影响，我们诚挚地向有关部门和广大读者致歉。同时，本报再次重申：希望广大作者和我们一道，共同遵循新闻真实性的原则，来稿必须绝对真实，不能杜撰、不能夸大、不能歪曲，以期今后将报纸办得更好，绝不辜负党和读者对我们的殷切期望。

《南方周末》编辑部

1993 年 10 月 29 日

致作者
——就新闻真实性问题

《袭警案》一文的错误犹如警钟，惊醒了我们编辑部的全体成员。我们也希望这钟声能够传到每一位作者那里去，让大家和我们一道从这沉痛的教训中认真学习和领会新闻真实性的原则。

《南方周末》是张面向全国的报纸，作者也是来自全国各地。我们的报纸能有今天的局面，靠的是广大作者们的鼎力支持，要避免今后再犯失实的错误，同样也离不开作者们的爱护与合作。大家都知道，新闻工作是由采写和编辑两个部分组成的，我们党的新闻工作传统一向把编辑视为把关者，赋予他们神圣的职责，失实，编辑部自然有着不可推诿的责任，这次我们也做了反省。但真正了解事实真相的，还是担负采写任务的作者，所以要捍卫好新闻真实性的原则，只有通过编辑部和作者的共同努力才能实现。

应该说，作者寄来我们编辑部的大量稿件，绝大多数是恪守新闻真实性原则的，但确也收到一些内容失实的，《袭警案》就是最突出的一例。出现这种现象，原因是多方面的：有的作者对我们报纸的性质存在误解，以为周末报具有娱乐性的特点，就把虚构的作品作为新闻体裁之一寄给我们；有的作者是从事其他职业的，对新闻工作的性质缺乏基本认识，甚至分不清新闻与虚构作品的界限，采用虚构手法写作新闻报道；当然亦有个别作者作风不正，为了提高个人的知名度和获取稿酬，不惜用"炒"材料或杜撰的方法去编造"新闻"。为此，本报再次重申，凡寄给本报的新闻稿件，都要遵循新闻的真实性原则，所写的事件要绝对真实，不得杜撰，不得夸大，不得歪曲。涉及案件的作品，如条件许可，最好附寄与稿件内容有关的判决书等资料，以便审编稿件时核查。

大家知道，真实是新闻的生命，是每个从事新闻写作的人都要遵守的一项根本原则和铁的纪律，非正式新闻工作人员也不能例外。事实证明，新闻若不讲真实性，就会失去群众的信任，造成恶劣的社会影响，有损党的新闻工作的崇高声誉。为了杜绝《袭警案》这类严重失实错误的再次发生，本报在坚持出报的同时，围绕新闻真实性问题，进行严肃的整顿，从办报思想、编辑作风的高度对我们的工作来一次认真的清理，并在此基础上制定一套严格的审稿制度。

作者是我们办报的一股重要力量，对作者们长期的辛勤劳动，我们一直是心存感激的。我们殷切地期望广大作者能一如既往地给我们以支持和帮助。人民需要一张内容丰富可读性强的报纸，需要一张反映社会有思想深度的报纸，需要一张执行党的方针政策恪守新闻真实性的报纸，这也是党对我们的期望和要求。我们坚信，通过这次整顿，一定能端正办报思想，提高办报能力，将《南方周末》办得更好。

《南方周末》编辑部
1993 年 11 月 5 日

我的检查

《南方周末》编辑部：

我撰写的《袭警案》一稿，纯属一篇综合社会传闻虚构出来的作品，7 月 30 日在贵报刊出后，产生了极坏的社会影响。在此，我首先由衷地向有关部门、广大读者和贵报编辑表示沉痛的忏悔、歉疚与深刻反省，并决心从中吸取沉痛教训。

认真深刻地反省《袭警案》失实之事，我极沉痛地感到这事发生在自己身上是极不应该的。几个月来，我一直处在深深的悔恨与自责中。回顾以往，自己是一个有十几年写作经验的作者，在不算短暂的写作生涯中，我受到党组织的培养、教育和扶持，多次参加过国家及省市宣传部门举办的各种写作理论学习班、研讨班等。应该说，党组织和各级宣传部门对我的教育、培养是多方面、深层次、无微不至的。事实上，我这些年在写作上尤其是在法制题材的纪实文章上获得的一点进步与成绩，完全是各级组织培养教育扶持的结果。因此，自己本应时刻记住一个作者的重大社会责任，努力反映热情讴歌改革开放新时代、新形势下的新人新事和各条战线的英雄人物、英雄事迹。然而，我却恰恰背离了这个方向与应有的严肃的写作态度，在以往的一点微不足道的成绩面前，放松了对自身思想的把关，忘却了一个作家肩负的重大社会责任，在贵报《人与法》版曾发表过我写的《出家少女》、《一命仅值四千》等纪实文章，这一次却将虚构的作品寄给了贵报，从而造成重大失误，给贵报编辑部带来极大困难与被动。正如贵报在《沉痛的教训》中所言，"这篇文章的发表，败坏了党的新闻工作的声誉，造成了恶劣的社会影响"，这个教训是极其惨痛、刻骨铭心的。

认真深刻地反省《袭警案》严重失实之事，我深刻认识到自己在从事涉及有关部门社会影响的写作上，采用片面追求"效应"的方式是万万不可取的。在撰写《袭警案》时，我突发奇想，认为自己过去一直从正面宣传和歌颂有关部门的英雄人物和英雄业绩，但效应似乎不算很大；这次能否从负面反映一下个别腐化堕落人员的不正之风和丑行，即用负面的材料来体现正面的主题，这样也许会有更大的"效应"？正是在这种盲目追求"效应"而不注意社会效果的错误思想支配下，我未能严肃仔细考虑稿件刊登后可能产生的严重的副作用。换句话说，我没有记住一个作家应有的社会责任，居然在"突发奇想"的状态下进行本应极其严肃的写作，并将这样的稿件投给了在社会上具有很大影响的《南方周末》，从而酿成了严重失实的惨痛教训，这种教训实在令我痛悔与内疚，它将使我永生难忘！

痛定思痛，本人除了严肃、深刻、认真地反省和吸取惨痛教训，真诚地接受有

> 关部门、广大读者的批评、帮助、教育，保证不再发生此类现象外，并决心在今后的写作中进一步认真学习和领会邓小平同志关于建设有中国特色社会主义的理论，特别要时时牢记一个作家肩负的重大社会责任，把自己的写作方向和写作态度端正到社会主义轨道上来，努力运用多种形式从多角度、多侧面、多层次去正面宣传和颂扬各条战线的英雄人物、英雄业绩，为党的新闻事业竭尽全力。
>
> 再次向有关部门、广大读者和贵报表示沉痛的反省与深深的歉疚，并诚恳地希望继续得到有关部门和广大读者的严肃批评与帮助。
>
> 《袭警案》作者刘玉顺
1993 年 11 月 26 日

弹指一挥，27 年过去。移动互联网大潮下，报纸变成了 App 平台，通讯员变成了自媒体。而《袭警案》所折射出来的问题——如何保证内容的真实性，以及平台与作者的关系问题、责任问题，不但依然存在，而且随着内容小溪流变成大江大河，被放大了几千几万倍。

但是，今天的平台还会像当年的《南方周末》一样负责吗？今天的自媒体人还会像《袭警案》作者刘玉顺一样坦诚吗？面对时时刷屏的谣言、谎话、道听途说、东拼西凑，我们又该如何处理？

深度案例之七：系统拯救小红书

文 | 半佛仙人

提要

敏感词过滤、使用决策引擎模式、加盾、App 加固，以及用户内容举报机制，构成了一个基础的风险控制体系。在操作中，还面临着诸多实务性的难题以及场景契合的问题。其中很多问题都不是单纯靠风控就能解决的，需要整个公司的战略和定位一起跟上。

小红书因内容安全不过关而被下架，可以说是意料之外、情理之中。

意料之外在于，这个 2014 年 3 月上线、最初以"发现全世界的好东西"为 slogan 的 App，严格来说是个电商分享社区，并非传统意义上的媒体；情理之中在于，它是 C2C 模式，任何人用任何方法都可以在小红书上发布任何内容——正常人可以，微商可以，特殊工作者可以，黑色产业（黑产）也可以。小红书内容源的复杂性，甚至超过了真正的媒体。

对于一切 C2C 的工具类平台产品，只要能发布内容，内容失控的风险都是存在的。之前的即刻、Soul，乃至网易云音乐，都曾经被下架甚至封禁。其风险点包括但不限于话题广场、论坛、评论区、用户昵称，甚至私人对话，只要是可以录入文字、图片、视频和语音的地方，风险都可能存在。

毕竟，产品是简单的，人性是复杂的。一旦失控，就是致命危机。

一、"神奇"的服务哪里来

作为 C2C 的工具类平台，小红书的用户可以自己上传笔记、视频和图片。

同时，小红书又是 Top 级别的种草平台，用户逛小红书就是买东西的。

自由的规则配合精准的潜在消费者，二者结合，就成了一块超级美妙的流量蛋糕，肥得流油。于是各种违禁黑产、色情交易、非法医美，就都来了。

在下架前，通过一些关键词索引，在小红书可以获得各种"神奇"的服务，比如"粉毒"和非法医美；比基尼和特殊服务；增高减肥和黑五类保健品；银行卡电话卡和"黑产资料"。当然，现在已经大规模屏蔽了。

这些笔记的特点都是打着攻略分享的名义，往卖家的私人微信号上导流，然后用话术诱导成交。

这种自发性的 C2C 传播，也是小红书本身的最大特点——很多不法商家在利用小红书大发横财。

小红书作为平台方，有责任和义务进行监控和管理，按照主管部门的话说是"负有主体责任"。当它不能履行这个责任时，从 2019 年的 7 月底开始，在各 App 商店被下架了 77 天。

二、建词库是个技术活儿

那么，从技术角度，用什么方法可以有效治理掉这些垃圾源？

既然小红书的核心问题，是用户上传的内容具有很大的不可控性，那么就需要有效识别这些问题用户，然后针对性地屏蔽和封号，在保证正常用户体验的前提下，降低内容风险。

当然，不管是降低内容风险还是保证用户体验，其核心目的都是要保证企业的商业利益最大化。这是大前提，风险控制要为业务服务。

所以，一切手段最终都要平衡误杀率和 ROI（投入产出比）。

关于违规内容屏蔽，目前业内主要使用的是外采词库以及内部维护一套动态词库。

所谓外采词库，就是有专门的供应商会搜集涉及敏感领域的词，以支持 API（应用程序接口）的形式直接调用。这些关键词可以嵌入用户昵称录入、文本上传、用户私信等模块，只要上传文本，都会进行一次词库比对、过滤，然后把一些违禁的词给抓出来。

它的优点是快速上线，缺点是词库是暗箱状态（属于供应商），并且业务关键数据容易泄露（被供应商拿走商用）。

更重要的是，通用词库是没法依据实际业务场景来做精准打击的，所以建议小红书自建词库。如果没有现成可配置的词库框架，可以使用脚本的方式来让研发维护一套词库。当然最好还是做成可配置的，毕竟用脚本的话，词多了系统很容易崩溃，不是长久之计。

有了这一套东西后，需要一套应用策略——包含敏感词的搜集策略、敏感词的应用策略、敏感词的处置策略。

（一）所谓敏感词搜集策略，要解决的是如何获取有效的敏感词

很多人工智能公司吹捧所谓自然语义识别，认为可以让机器做，在这里是不好用的。我要提醒一下小红书，不要迷信机器学习。

因为汉语博大精深，使用谐音字、变体字、火星文，以及中间夹杂各种特殊符号和空格的模式，很容易就能绕过机器。

比如"微信"这个词，可以变种成 V 信、VX、威、你懂得、威 X 信等，机器学习做不到这么精准的打击，但人的识别配合 SQL（数据库语言，常用于做数据库检索）以及 Python（编程语言，常用于做模型）代码，可以实现。

在这里，建议使用实时数据库，配专门的数据分析师来做词语搜集。

数据分析师可以通过一些基础的违规信息，来进一步人工延伸出索引规则，例如微信 12345，就可以提取出某些关键字（用微这个字来做索引）、某些特殊符号，甚至某些符号 + 数字的特征来抓。

一个熟练的风控数据分析师，一天抓出上万个有效敏感词不是问题。

（二）所谓敏感词应用策略，要解决的是这些敏感词用于哪些领域

当你有了一个敏感词词库时，你需要对每一个词进行打标签，例如"杀人"这个词是 A 类标签，"吃奶"这个词是 B 类标签，不同的业务场景以及电商品类，要使用完全不同的标签。

例如，"吃奶"这个词有些下三路，但如果在牛奶类笔记里去重点防控"吃奶"这个词，就会误伤很大。

这里需要做的是，给每一个场景的业务都打上标签，然后依据标签来使用敏感词词库中的词类目。例如口红类笔记要用 ABC 标签的词，旗袍类的笔记要用 CDF 标签的词等。

至于如何拆解品类打标和敏感词，这里就不展开了，展开必是长篇大论。

（三）所谓敏感词处置策略，要解决的是内容命中敏感词后，如何处置这些内容

这里也牵涉对敏感词的打标签问题，主要是设置敏感词处置权重。

例如，涉及恐暴类的敏感词，标签对应的处置手段应该是直接屏蔽 + 封号或者直接禁止发布；又如，疑似推广微信号的标签，对应的处置手段应该是屏蔽 + 禁言，或者禁止发布；再如，命中了一些权重较弱的敏感词或者敏感字，对应的处置手段应该是转人工审核后再发布。

当然这里只是举几个简单的例子，敏感词的应用方法还有很多，不过这个方向是目前比较成熟的模式。

除却敏感词之外，小红书的笔记中还含有大量的图片类内容，这些图片类内容目前主要的问题有两个。

第一个是图片反映的内容本身有问题，比如涉黄。

第二个是图片内容本身没问题，但是图片形式上有问题。如某些图片有"12345"字迹或者水印。

对于前者，建议直接购买现成的图片识别服务，阿里、腾讯都有成熟的服务；对于后

者，可以使用 OCR（文字识别软件）把图片转成文字，然后使用敏感词策略来进行处理。

以上是对于内容本身的风控思路，需要注意的是，这需要投入大量资源，尤其是人工审核资源，今日头条就有上万人专门做内容审核。对于内容电商来说，这个成本也不能省，而且内容攻防应该是动态的，不存在一劳永逸的事情，需要做好持久战的准备——汉语就是这么博大精深。

三、管"人"更是真功夫

内容风险控制很重要，但其实只是表层，而且永远难以做到穷举。真的一刀切下去，会误伤大量的正常用户，这对于用户体验和公司的商业价值都是损失。

比内容风控更重要的，是对发文者的健康——从用户注册到发生第一次行为（例如发布笔记或者给某个笔记点赞或者评论或者分享）——做更深入的风险管理。

除了要管别人发布了什么内容，同样还要管是哪些"人"发布了这些内容。这就是"源流说"体系里强调的，内容源的背后是作者、是人。

通过敏感词体系，可以对大量的内容笔记来进行标签，分类出正常笔记、可疑笔记、捣乱笔记、沙雕笔记等，这些统称为 y。

风控策略的基础逻辑是 $f(x)=y$，x 是指特征，f 是指算法或策略，y 是指效果。

当你有了 y 之后，就等于知道了答案。然后去找这些异常的笔记，都是谁发布的，这些发布的账号有什么特征（x）。

一般常见的账号特征有数百个维度，例如注册时间、年龄、性别、发布时间、常用标签、IP 地址、设备号（imac, imei, device id）、手机号、归属地、App 来源（华为市场，小米市场，App Store）、登录模式（App，小程序，H5）、手机型号、GPS 地址、LBS[①] 区域、用户注册来源（"自来水"，A 活动推广，市场投放转化，CPA[②]）、历史行为

---

① LBS: Location Based Services，基于位置的服务，即利用定位技术来获取定位设备当前所在位置，通过移动互联网向定位设备提供信息资源和基础服务。
② CPA: Cost Per Action，每次行动的成本，基本上作用于互联网广告，广告投放获得一个注册激活后，记为一次有效广告。

(点赞数，关注人)，以及浏览行为等。这些信息有的来自 App 埋点，有的则是依据原有特征推算出的衍生特征。

特征工程是风控的核心之一，重要性不亚于策略应用，而好的数据是一切的基础。通过敏感词找到 y，然后利用 y 来反推命中的 x，然后得出应用策略 –f。

案例 1：假如小红书发现某个整容类的异常笔记，大部分发布者和点赞者的 IP 都是相同的或者都是同一个号段的，那么完全可以设置策略屏蔽这种 IP 段发这种类型的笔记。

案例 2：假如小红书发现某些有问题的笔记，都指向同一个微信号，那么就把发布过这个微信号的账号全都封了，连误杀都不会有。

案例 3：假如小红书发现某些有问题的笔记，大部分发布者和点赞者都是 24 小时内注册的，那么完全可以设置注册时间在ＸＸＸ小时，不允许注册时间在ＸＸ小时内的发笔记。

类似的规则，在成熟的平台治理中会有数十万条，我做过设计和维护。

这一切的规则，都要做成动态可配置的，做成决策引擎的模式，只需要拖曳这些标签，然后自己写比对符和阈值，再配置处置手段，就可以生效。

例如，禁止注册时间在 24 小时内的女性用户发布比基尼笔记。拆解起来就是：

注册时间 < 24 小时，且性别标签 = 女，且笔记标签 = 比基尼。则：禁止发布；且，弹出文案【涉嫌异常内容，禁止发布】。

四、关系链条背后的"纵横必杀技"

敏感词策略和决策引擎中间，还应该有一层基于账户维度的用户关系网络以及实时监控和干预机制。

所谓用户关系网络，是指不同账户间的关系，由点和线组成。

例如，A 账户给 B 账户的笔记点赞或评价，就会形成一条关系。体现在网络中就是 A 点和 B 点之间出现了一条关系线（A 点赞/评论 B）。

再如，A 账户和 C 账户同时给 B 账户的笔记点赞或者评价，就会形成多条关系线。

体现在网络中就是 A 点到 B 点（点赞串联），C 点到 B 点（点赞串联），以及 A 点到 C 点（都给 B 点过赞）。

类似的关系网络是批量作弊账户的大杀器。在实际业务中，通过设置点和线的规则，可以有效拦截批量异常行为。

例如，在同一个时间，出现了大量有关联的账户（相同 IP、相同操作频率、相同 GPS 等），与某几个笔记或者账户出现了可疑关联（批量点赞），就可以进行拦截——这很可能就是水军的操作。

再如在近 10 分钟内，整个的流量池出现了波动异常（分均用户点赞数超过了平均值 ＸＸ 倍），则可以触发警报，把溢出流量关联的内容进行屏蔽等。

除了横向之外，涉及账户管控，还要看纵向。

所谓横向，就是上文说的在同一个时间里，账户 A 和账户 BCDEF 是否有相同的行为或者异常的关联，是把所有人放在一起来比不同；所谓纵向，是指同一个账户，在不同的时间里，进行了怎样的操作。

例如，A 账户过去 6 个月都是给一些正常的笔记点赞，浏览和评论都很正常，但是近 3 天，在密集地跟一些异常的笔记产生互动和分享。这就是账户出现了问题，需要对账户发出警告，要么屏蔽功能，要么要求实名。

横向是用其他用户的特征比对一个用户，纵向是用该用户过去的特征比对其当前的行为。

纵横结合，就是对抗"黑产养号"与批量作弊的必杀技。

五、加盾与加固

敏感词策略和决策引擎外，还需要做的是账户准入和 App 加固。

所谓账户准入体系，是指在用户注册阶段就拦截掉大量黑产用户。大量发布垃圾笔记和违禁笔记的账号，往往都是接码平台批量注册了，并不是很多人想象的一堆人拿着几百个手机在操作——微商很赚钱的，不会干这种 low 事。

这意味着这些注册手机号本身就有足够多的问题，因为黑产们拿手机号也有成本，往往会多次利用。

这些手机号在小红书耍流氓之前，可能已经在其他平台被教育过了。

一般在注册阶段，建议对手机号加一层准入规则，常规的手段是禁止小号和虚拟号注册，进一步的手段就是采购阿里云和腾讯天御的注册反欺诈评分，输入一个手机号＋注册 IP，可以返给一个评分，分数高于×××分的时候，拒绝用户注册，或者强制要求实名（人脸或者银行卡）。

阿里有最全的电商黑产库，腾讯有最全的社交黑产库，网易有最全的游戏黑产库，都是 t＋0[①] 实时更新的。土豪一些的公司可以都用，其他自便。

反正只要风控能根据异常笔记抓到注册账户手机号就行，拿这些去测各家的数据准确度与误杀率，并不困难。

这个操作在业内叫作"加盾"。有这一层盾，基本上就可以挡掉市场上 95% 的黑产。大多数黑产是没有能力绕盾的，因为资金不够雄厚，手机卡更新速度上不去。

账户准入体系外，还需要的就是 App 加固。

所谓 App 加固，是指对于 App 本身的代码、接口做封装和动态加密，拦截接口直接写入内容、代码破解、沙盒模拟器作弊、GPS 更改等一系列攻击行为，简单理解为是反外挂也可以。

很多 App 对于用户的录入内容其实都是有限制的，很多 App 甚至不允许用户录入内容，只能选择几个特定的标签。

但是黑产在进行违规内容渗透的时候，往往不是手动填写的，而是直接反编译本地 App 代码，拦截接口的动态信息，然后调用接口录入。

---

① t＋0：t＋0 是一种证券（或期货）交易制度。t 是指交易日，t＋0 表示交易日当天，t＋1 表示第二个交易日。简单来说，t＋0 就是指投资者在当天买入的证券可以在当天卖出。这里用来比喻实时更新的状态。

例如，正常人肯定打不出一些特殊符号，但是通过接口用机器写入，想写什么就写什么。

小红书社区中大量明晃晃的违规内容很有可能是由于接口被攻破，遭遇大量的机器写入，这种情况在黑产攻防中很常见。

六、打一场"人民战争"

敏感词过滤、使用决策引擎模式、加盾、App 加固，这四套都做好（需要做很久很久，这是一项很宏大的工程），是不是就高枕无忧了？

不是的。作为内容社区，只靠小红书自己，累死运营及维护人员也不可能挡掉一切的垃圾内容。小红书还需要更重要的一套机制，就是用户内容举报机制。**也就是说，要让违规内容"陷入人民战争的汪洋大海中去"。**

人民战争的策略在抗日战争时期就被证明非常有效，这是典型的经验之谈。而小红书最大的特点就是用户参与度高，垃圾内容损害的也是社区用户的利益。所以一套完善的用户举报机制是非常高效的平台行为。

这套机制不是加一个所谓的按钮点击这么简单。小红书需要做的是针对整个举报系统设计完整的 SOP（标准作业流程），包括如何判定举报是否有效、不同举报内容的确认标准以及处罚标准、举报应在什么时间内生效、应该给予举报用户怎样的奖励与支持以增加其积极性等，这也是一项浩大的工程。

七、风控非朝夕之功

以上内容只是基础的平台治理体系，具体的落地方案、执行计划、原始变量及阈值切分等，要依据自身的平台调性和 ROI（投资回报率）需求来做拆分。

而且在实际操作中，这些基础体系还面临着诸多实务性的难题以及场景契合的问题，很多都不是简单的风控问题，需要整个公司的战略和定位一起跟上。

例如，在做特征工程的时候，很多数据要求实时性，数仓部门如何满足数据完整性？

例如，做策略的时候，需要大量的标准数据，数据产品怎样依据业务需求设计表结构以及如何进行数据清洗？

例如，评估策略效果的时候，风控产品如何设计分流灰度来做冠军/挑战者（A/B test，AB 测试）试验，实现效益最大化？

这样的问题还有很多，其中很多都是牵一发而动全身，资源是有限的，公司里也不是只有风控，大家要靠着业务和营销吃饭的。

这需要整个公司从上而下认识到此类风险，整体考量业务和风控的平衡，争取公司利益的最大化。

在互联网文明大趋势的浪潮下，内容风控将是很多公司的命门，而诸多先行者早就靠自己的积累吃尽了早期野蛮生长的红利，同时树立了极强的风控壁垒。

这些壁垒需要大量的时间和资源投入，不是一朝一夕就有的，全部都是非卖品。这对于后来者而言是非常难的一件事。但只要渡过了这一劫，就是大道正途。

作者半佛仙人：资深内容风险控制从业者，微信公众号"半佛仙人"主笔。曾在多家互联网公司从事风险管理工作。

附：网络信息内容生态治理规定

第一章　总则

第一条　为了营造良好网络生态，保障公民、法人和其他组织的合法权益，维护国家安全和公共利益，根据《中华人民共和国国家安全法》《中华人民共和国网络安全法》《互联网信息服务管理办法》等法律、行政法规，制定本规定。

第二条　中华人民共和国境内的网络信息内容生态治理活动，适用本规定。

本规定所称网络信息内容生态治理，是指政府、企业、社会、网民等主体，以培育和践行社会主义核心价值观为根本，以网络信息内容为主要治理对象，以建立健全网络综合治理体系、营造清朗的网络空间、建设良好的网络生态为目标，开展的弘扬正能量、处置违法和不良信息等相关活动。

第三条　国家网信部门负责统筹协调全国网络信息内容生态治理和相关监督管理工作，各有关主管部门依据各自职责做好网络信息内容生态治理工作。

地方网信部门负责统筹协调本行政区域内网络信息内容生态治理和相关监督管理工作，地方各有关主管部门依据各自职责做好本行政区域内网络信息内容生态治理工作。

第二章　网络信息内容生产者

第四条　网络信息内容生产者应当遵守法律法规，遵循公序良俗，不得损害国家利益、公共利益和他人合法权益。

第五条　鼓励网络信息内容生产者制作、复制、发布含有下列内容的信息：

（一）宣传习近平新时代中国特色社会主义思想，全面准确生动解读中国特色社会主义道路、理论、制度、文化的；

（二）宣传党的理论路线方针政策和中央重大决策部署的；

（三）展示经济社会发展亮点，反映人民群众伟大奋斗和火热生活的；

（四）弘扬社会主义核心价值观，宣传优秀道德文化和时代精神，充分展现中华民族昂扬向上精神风貌的；

（五）有效回应社会关切，解疑释惑，析事明理，有助于引导群众形成共识的；

（六）有助于提高中华文化国际影响力，向世界展现真实立体全面的中国的；

（七）其他讲品味讲格调讲责任、讴歌真善美、促进团结稳定等的内容。

第六条 网络信息内容生产者不得制作、复制、发布含有下列内容的违法信息：

（一）反对宪法所确定的基本原则的；

（二）危害国家安全，泄露国家秘密，颠覆国家政权，破坏国家统一的；

（三）损害国家荣誉和利益的；

（四）歪曲、丑化、亵渎、否定英雄烈士事迹和精神，以侮辱、诽谤或者其他方式侵害英雄烈士的姓名、肖像、名誉、荣誉的；

（五）宣扬恐怖主义、极端主义或者煽动实施恐怖活动、极端主义活动的；

（六）煽动民族仇恨、民族歧视，破坏民族团结的；

（七）破坏国家宗教政策，宣扬邪教和封建迷信的；

（八）散布谣言，扰乱经济秩序和社会秩序的；

（九）散布淫秽、色情、赌博、暴力、凶杀、恐怖或者教唆犯罪的；

（十）侮辱或者诽谤他人，侵害他人名誉、隐私和其他合法权益的；

（十一）法律、行政法规禁止的其他内容。

第七条 网络信息内容生产者应当采取措施，防范和抵制制作、复制、发布含有下列内容的不良信息：

（一）使用夸张标题，内容与标题严重不符的；

（二）炒作绯闻、丑闻、劣迹等的；

（三）不当评述自然灾害、重大事故等灾难的；

（四）带有性暗示、性挑逗等易使人产生性联想的；

（五）展现血腥、惊悚、残忍等致人身心不适的；

（六）煽动人群歧视、地域歧视等的；

（七）宣扬低俗、庸俗、媚俗内容的；

（八）可能引发未成年人模仿不安全行为和违反社会公德行为、诱导未成年人不良嗜好等的；

（九）其他对网络生态造成不良影响的内容。

第三章　网络信息内容服务平台

第八条　网络信息内容服务平台应当履行信息内容管理主体责任，加强本平台网络信息内容生态治理，培育积极健康、向上向善的网络文化。

第九条　网络信息内容服务平台应当建立网络信息内容生态治理机制，制定本平台网络信息内容生态治理细则，健全用户注册、账号管理、信息发布审核、跟帖评论审核、版面页面生态管理、实时巡查、应急处置和网络谣言、黑色产业链信息处置等制度。网络信息内容服务平台应当设立网络信息内容生态治理负责人，配备与业务范围和服务规模相适应的专业人员，加强培训考核，提升从业人员素质。

第十条　网络信息内容服务平台不得传播本规定第六条规定的信息，应当防范和抵制传播本规定第七条规定的信息。

网络信息内容服务平台应当加强信息内容的管理，发现本规定第六条、第七条规定的信息的，应当依法立即采取处置措施，保存有关记录，并向有关主管部门报告。

第十一条　鼓励网络信息内容服务平台坚持主流价值导向，优化信息推荐机制，加强版面页面生态管理，在下列重点环节（包括服务类型、位置版块等）积极呈现本规定第五条规定的信息：

（一）互联网新闻信息服务首页首屏、弹窗和重要新闻信息内容页面等；

（二）互联网用户公众账号信息服务精选、热搜等；

（三）博客、微博客信息服务热门推荐、榜单类、弹窗及基于地理位置的信息服务版块等；

（四）互联网信息搜索服务热搜词、热搜图及默认搜索等；

（五）互联网论坛社区服务首页首屏、榜单类、弹窗等；

（六）互联网音视频服务首页首屏、发现、精选、榜单类、弹窗等；

（七）互联网网址导航服务、浏览器服务、输入法服务首页首屏、榜单类、皮肤、联想词、弹窗等；

（八）数字阅读、网络游戏、网络动漫服务首页首屏、精选、榜单类、弹窗等；

（九）生活服务、知识服务平台首页首屏、热门推荐、弹窗等；

（十）电子商务平台首页首屏、推荐区等；

（十一）移动应用商店、移动智能终端预置应用软件和内置信息内容服务首屏、推荐区等；

（十二）专门以未成年人为服务对象的网络信息内容专栏、专区和产品等；

（十三）其他处于产品或者服务醒目位置、易引起网络信息内容服务使用者关注的重点环节。

网络信息内容服务平台不得在以上重点环节呈现本规定第七条规定的信息。

第十二条 网络信息内容服务平台采用个性化算法推荐技术推送信息的，应当设置符合本规定第十条、第十一条规定要求的推荐模型，建立健全人工干预和用户自主选择机制。

第十三条 鼓励网络信息内容服务平台开发适合未成年人使用的模式，提供适合未成年人使用的网络产品和服务，便利未成年人获取有益身心健康的信息。

第十四条 网络信息内容服务平台应当加强对本平台设置的广告位和在本平台展示的广告内容的审核巡查，对发布违法广告的，应当依法予以处理。

第十五条 网络信息内容服务平台应当制定并公开管理规则和平台公约，完善用户协议，明确用户相关权利义务，并依法依约履行相应管理职责。

网络信息内容服务平台应当建立用户账号信用管理制度，根据用户账号的信用情况提供相应服务。

第十六条 网络信息内容服务平台应当在显著位置设置便捷的投诉举报入口，公布投诉举报方式，及时受理处置公众投诉举报并反馈处理结果。

第十七条 网络信息内容服务平台应当编制网络信息内容生态治理工作年度报告，年度报告应当包括网络信息内容生态治理工作情况、网络信息内容生态治理负责人履职情况、社会评价情况等内容。

第四章　网络信息内容服务使用者

第十八条 网络信息内容服务使用者应当文明健康使用网络，按照法律法规的要求和用户协议约定，切实履行相应义务，在以发帖、回复、留言、弹幕等形式参与网络活动时，文明互动，理性表达，不得发布本规定第六条规定的信息，防范和抵制本规定第七条规定的信息。

第十九条 网络群组、论坛社区版块建立者和管理者应当履行群组、版块管理责任，依据法律法规、用户协议和平台公约等，规范群组、版块内信息发布等行为。

第二十条 鼓励网络信息内容服务使用者积极参与网络信息内容生态治理，通过投诉、举报等方式对网上违法和不良信息进行监督，共同维护良好网络生态。

第二十一条 网络信息内容服务使用者和网络信息内容生产者、网络信息内容服务平台不得利用网络和相关信息技术实施侮辱、诽谤、威胁、散布谣言以及侵犯他人隐私等违法行为，损害他人合法权益。

第二十二条 网络信息内容服务使用者和网络信息内容生产者、网络信息内容服务平台不得通过发布、删除信息以及其他干预信息呈现的手段侵害他人合法权益或者谋取非法利益。

第二十三条 网络信息内容服务使用者和网络信息内容生产者、网络信息内容服务平台不得利用深度学习、虚拟现实等新技术新应用从事法律、行政法规禁止的活动。

第二十四条 网络信息内容服务使用者和网络信息内容生产者、网络信息内容服务平台不得通过人工方式或者技术手段实施流量造假、流量劫持以及虚假注册账号、非法交易账号、操纵用户账号等行为，破坏网络生态秩序。

第二十五条 网络信息内容服务使用者和网络信息内容生产者、网络信息内容服务平台不得利用党旗、党徽、国旗、国徽、国歌等代表党和国家形象的标识及内容，或者借国家重大活动、重大纪念日和国家机关及其工作人员名义等，违法违规开展网络商业营销活动。

第五章 网络行业组织

第二十六条 鼓励行业组织发挥服务指导和桥梁纽带作用，引导会员单位增强社会责任感，唱响主旋律，弘扬正能量，反对违法信息，防范和抵制不良信息。

第二十七条 鼓励行业组织建立完善行业自律机制，制定网络信息内容生态治理行业规范和自律公约，建立内容审核标准细则，指导会员单位建立健全服务规范、依法提供网络信息内容服务、接受社会监督。

第二十八条 鼓励行业组织开展网络信息内容生态治理教育培训和宣传引导工作，提升会员单位、从业人员治理能力，增强全社会共同参与网络信息内容生态治理意识。

第二十九条 鼓励行业组织推动行业信用评价体系建设，依据章程建立行业评议等评价奖惩机制，加大对会员单位的激励和惩戒力度，强化会员单位的守信意识。

第六章 监督管理

第三十条 各级网信部门会同有关主管部门，建立健全信息共享、会商通报、联合执法、案件督办、信息公开等工作机制，协同开展网络信息内容生态治理工作。

第三十一条 各级网信部门对网络信息内容服务平台履行信息内容管理主体责任情况开展监督检查，对存在问题的平台开展专项督查。

网络信息内容服务平台对网信部门和有关主管部门依法实施的监督检查，应当予以配合。

第三十二条 各级网信部门建立网络信息内容服务平台违法违规行为台账管理制度，并依法依规进行相应处理。

第三十三条 各级网信部门建立政府、企业、社会、网民等主体共同参与的监督评价机制，定期对本行政区域内网络信息内容服务平台生态治理情况进行评估。

第七章 法律责任

第三十四条 网络信息内容生产者违反本规定第六条规定的，网络信息内容服务平台应当依法依约采取警示整改、限制功能、暂停更新、关闭账号等处置措施，及时消除违法信息内容，保存记录并向有关主管部门报告。

第三十五条 网络信息内容服务平台违反本规定第十条、第三十一条第二款规定的，由网信等有关主管部门依据职责，按照《中华人民共和国网络安全法》《互联网信息服务管理办法》等法律、行政法规的规定予以处理。

第三十六条 网络信息内容服务平台违反本规定第十一条第二款规定的，由设区的市级以上网信部门依据职责进行约谈，给予警告，责令限期改正；拒不改正或者情节严重的，责令暂停信息更新，按照有关法律、行政法规的规定予以处理。

第三十七条 网络信息内容服务平台违反本规定第九条、第十二条、第十五条、第十六条、第十七条规定的，由设区的市级以上网信部门依据职责进行约谈，给予警告，责令限期改正；拒不改正或者情节严重的，责令暂停信息更新，按照有关法律、行政法规的规定予以处理。

第三十八条 违反本规定第十四条、第十八条、第十九条、第二十一条、第二十二条、第二十三条、第二十四条、第二十五条规定的，由网信等有关主管部门依据职责，按照有关法律、行政法规的规定予以处理。

第三十九条 网信部门根据法律、行政法规和国家有关规定，会同有关主管部门建立健全网络信息内容服务严重失信联合惩戒机制，对严重违反本规定的网络信息内容服务平台、网络信息内容生产者和网络信息内容使用者依法依规实施限制从事网络信息服务、网上行为限制、行业禁入等惩戒措施。

第四十条 违反本规定，给他人造成损害的，依法承担民事责任；构成犯罪的，依法追究刑事责任；尚不构成犯罪的，由有关主管部门依照有关法律、行政法规的规定予以处罚。

第八章　附则

第四十一条　本规定所称网络信息内容生产者，是指制作、复制、发布网络信息内容的组织或者个人。

本规定所称网络信息内容服务平台，是指提供网络信息内容传播服务的网络信息服务提供者。

本规定所称网络信息内容服务使用者，是指使用网络信息内容服务的组织或者个人。

第四十二条　本规定自 2020 年 3 月 1 日起施行。

源流说

SOURCE AND COURSE

5

第五章 App 运营

ON CONTENT GENERATION AND TRANSMISSION

"大河奔流"的秘密：解析用户增长模型

文 | 岳建雄　干雄

提要

源流之间，需要一种介质承上启下，这就是媒体（又称"内容平台"）。藏身于后台、没有展示在页面上的内容是源；一旦在页面上出现，就变为信息流。正如长江之水，在唐古拉山是源，"大江东去"后便是流。媒体始于新闻纸，发展于广电，1993 年第一根网线接入中国大陆后，又从 PC 端走向了移动端。目前，App 是最主要的媒体形态。

——摘自《内容生产与分发的 44 条法则》之二十八

目前，App 是最主要的内容平台。每日活跃用户（DAU）代表了 App 的影响力和收入规模。DAU 的提升，需要"过五关斩六将"；而在流量红利已经消失的当下，在 ROI 要求范围内以获取用户是 App 的核心目标。

一条大河是怎么形成的？

要素一：有源头——可能来自冰川融水、泉水，或者雨水；要素二：有支流不停汇入，逐渐变得波涛汹涌；要素三：有随着水流不断发育、变化的河床。

信息流的形成也是同样的道理。首先要有内容，文字也好、图片也好、视频也好，这是源；而当内容经过审核，从后台涌向前台与阅读者见面的时候，就形成了流。源与流、生产者和阅读者交汇的平台，就是媒体。没有媒体，源与流无法完成转换，传播也无法形成。

20 年前的主流媒体是报纸和电视，10 年前的主流媒体是门户网站，今天的主流媒体是 App。

App，英文全称为 Application，即应用程序。它生于智能手机、iPad 等智能终端，可以满足衣、食、住、行等多种需求，特别是信息的获取。对内容生产者而言，在 App 上开通属于自己的"号"之后，就可以在上面发布内容，比如一条朋友圈动态、一条微博；阅读者在 App 上看到的，就是不同作者生产的内容所排成的信息流。

在由 App 塑造的这条信息长河里有着比传统媒体更丰富的产品模式、运营手段。而这些模式和手段的使用都是为了获得更多用户。这里的用户，既包括内容创作者，也包括阅读者。我们习惯称作者为 B 端用户，读者为 C 端用户。

App 中最为核心的数据就是 DAU（每日活跃用户）——也就是每天有多少人点开了这个 App，它相当于一张日报的发行量，决定着影响力和收入的最终体现。

一、详解"AARRR 漏斗模型"

那么，一个 App 怎么能获得更多的 DAU？

这不仅需要用户数量的增加，还包括产品生命周期内各个阶段重要指标的增长。根据不同阶段的用户行为，可以把 DAU 的增长目标进行拆分，这就是业界公认的 AARRR 漏斗模型。

AARRR 漏斗模型

AARRR 取 Acquisition、Activation、Retention、Revenue、Referral 5 个单词的首字母组成，每个字母分别对应一款 App 用户留存期中 5 个重要环节中的一环。这个模型里的每个环节上都会有一部分用户流失，剩下的用户在继续使用的过程中，会被引导到下一个环节，并在层层深入中实现最终转化——就像一个漏斗一样。

（一）用户获取（Acquisition）

对于一款移动产品而言，获取用户是开启其产品生命周期的第一环。如果没有人使用这个 App，这款产品就没有生命，更谈不上后续的运营。

很多时候，大家会把用户获取和 App 推广等同，但在实际操作中二者还是有差别的，可以简单理解为：推广可以获得用户，但用户获取的途径不局限于推广一种。打个比方，一家新开的餐厅会通过散发传单、游街串巷、免费试吃等推广手段来吸引食客——这属于推广范畴；现在还有一大助力，就是可以通过美团这样的团购平台，通过折扣、优惠券等形式把用户吸引到门店。只要顾客进门了，就有了一个好的开端——这就是推广外的用户获取途径。

获取用户的方式主要有以下几种：

（1）**以内容为卖点，吸引用户**。比如抖音。

（2）**渠道预装**。比如一点资讯让小米和 OPPO 当上了自己的大股东，这两个品牌的手机在出厂前都预装了一点资讯 App，前后几亿部。

（3）**补贴拉新**。比如趣头条，采用"谁下载 App 就给谁钱、师傅收徒弟"等模式。

（4）**向流量大户购买，把它们的用户转化成自己的**——比如搜索流量主要在百度，而电商流量基本掌握在阿里巴巴手上，不用说，社交流量最大的庄家就是腾讯。此外，微博、快手等大流量平台都可以作为合作伙伴。

（5）**地推**。比如一个养生类 App，可以采用和中医馆门诊结合的方式，下载后挂号可以优惠之类的手段。

（二）提高活跃度（Activation）

通过渠道预装（刷机）、流量置换、广告等进来的用户，如何激活并提高他们的活跃度,是一个很值得思考的问题。

在投放渠道中,总会有一些低质、低效的夹杂在里面,导致大量低品质用户涌入。用句时髦的话说,就是"这届用户不行"。其中有启动了一次之后就不再使用App的用户;甚至有僵尸用户——通过技术手段或者"黑"途径刷进来的用户,他们没有任何行为。这就需要通过各种手段有效地刺激用户、提高活跃度,并把没有价值的用户逐步淘汰。

继续举餐厅的例子。这家餐厅散发了几万张传单,提供了足够大的就餐优惠,也让一批顾客进入了餐厅。但进门不等于消费,如何让他们消费,就是饭店需要考虑的"提高顾客活跃度"的问题。在App上,最有效的激活手段是推送(详见本章第三节内容)。

(三)提高留存率(Retention)

在活跃度的问题得到初步解决之后,用户增长还将遇到一个棘手的问题,就是如何提高已有用户的留存率。单从产品属性来看,会出现这样的现象:工具类产品(比如滴滴打车),用户可能用完即走;平台型产品(比如微信)会有大量的用户停留,但用户审美疲劳之后没有得到有效刺激时,也会用脚投票,选择离开。

在通常情况下,保留一个老客户的成本要远远低于获取一个新客户的成本。但很多产品都不太清楚用户是在什么时间、因为什么流失的。用户增长团队一面很辛苦地开拓新用户,另一方面又不得不想办法应对用户大量流失的情况。**要解决这个问题,就需要搭建日留存率、周留存率、月留存率等监控体系,反复推演用户流失情况**,分析原因,进而找到解决办法,激励用户继续使用产品。当然,产品的属性对用户黏性的影响也很大,比如工具类产品和平台型产品对用户的吸引力是不一样的。一般来说,内容型产品的用户留存尚可,而视频类产品的留存率一般高于文图类。

(四)获得收入(Revenue)

互联网公司是做流量生意的,即实现流量变现,追求利润。这是开发一款新产品的出发点。如果这款产品没有收入能力,生命会很快终结。

变现模式大概有四种:**广告、增值服务、游戏和电商**。App虽然是免费应用,但会有潜在的赢利模式。最典型的就是360，它高举"免费大旗"，对外宣布360安全卫士永久免费，因此获得大量用户。但在获得用户后，它开始在游戏、广告等方面发力，迅速成为国内互联网公司的小巨头。

在AARRR漏斗模型中，用户获取、提高活跃度及提高留存率都是获取收入的基础。只有用户基数达到一定规模时，才有获取收入的可能。获取收入后则可反哺前面的各个环节，并对其中的策略和方式进行修正。

（五）传播推荐（Referral）

以前，大多数用户增长模型走到第四层就结束了。但随着社交网络时代的到来，用户增长团队还需要考虑社交渠道的病毒式传播，这已经成为获取用户的一种新途径。比如，把一个某App产生的一个内容链接分享到朋友圈，用户点开、阅读文章后提醒其下载这个App，就是一种方式。

这种方式不仅成本低，而且效果可能非常好。聚焦"五环外用户"的拼多多和趣头条的快速崛起，就是在移动互联网传统渠道流量触顶时发力社交网络获得成功的典型。

基于社交关系的自我传播，会像病毒一样产生裂变，很多用户增长团队把这第五层直接理解为"病毒式传播"。在这个环节，从传播推荐到获取用户，路径短且精准，成了当下用户增长团队重点研究的课题。

二、流量红利结束，ROI成最重要导向

2016年7月，美团点评CEO王兴在一次演讲中首次提出，中国互联网已经进入"下半场"。随后，这个论点迅速在科技互联网圈成为"网红"话术，在各种场合被广泛引用。

所谓下半场，简单说就是流量红利结束、精细化运营开始。王兴之所以提出这样的论断并被大家接受，基于中国互联网发展的客观现实：过去十数年，中国互联网的高速发展在很大程度上靠的是人口红利。从早期的PC互联网萌发到移动互联网成熟，都经历了一个用户数激增的阶段。在这个时期，PC、智能手机迅速普及，互联网公司的发展方式哪

怕再粗糙，也能以较低成本获得大量用户，开拓市场。但很快，用户增长就触到天花板，PC卖不动了，智能手机市场的增速也在回落，网民的总量基本到顶了。

2019年，海内外移动互联网几大代表平台的用户活跃数据大都低于预期或与预期持平，反映的就是这个问题。一时间"流量红利结束"已经成为移动互联网行业对未来趋势的基本研判。

行业已经明显感觉到流量见底，使用传统渠道运用原有的方法论获取流量或用户变得越来越难。很多主要依靠花钱采购流量的公司开始纷纷谋求转型，要么在现有用户基础上深挖，榨取剩余价值；**要么探索新的流量获取模型或方式，在ROI（return on investment，投资回报率，以及投入产出比）要求范围内以最低的成本获取用户。**

ROI的提升又是一个综合行为，它需要渠道、产品、技术、运营、内容等各个业务线全力协同。

渠道：用户增长不只是新增用户的导入，而是通过高效渠道采买、高质量产品内容精装、高精度算法推荐、高口碑社交传播（AARRR模型）相互配合，进而从获客、新增、留存、活跃、付费到推荐打造高质闭环生态。

产品：产品要有足够的黏性来更多地延长用户生命周期。在满足用户核心需求的情况下，通过运营手段让用户留下来，持续地使用产品，这样做用户增长才更有价值，否则来多少用户也很快就会流失。

技术：留住新用户使之变成老用户，老用户再传播拉取新用户，全力提升留存率。

运营：通过对产品的不断优化，让用户对产品形成使用习惯，不断地获取用户，提高用户的活跃度和留存率，然后带动用户数不断增加。

内容：不断寻找更丰富、更优质的内容源，让用户更深地爱上它们，欲罢不能。

在这些部门里，可能每个人对用户增长的理解都有不同角度——这取决于各自岗位对KPI（key performance Indicator，关键绩效指标）的不同分解，但总体方向是非常明确的，比如今日头条创始人张一鸣只看一个指标：**单位用户的获取成本/单位用户的产出效**

益，这个比例越小，则 App 越健康。

三、字节跳动 App 工厂的秘密

用户增长的最好范例是字节跳动公司。成立 8 年，这家公司所有产品的 DAU 总数超过了 6 亿，已经具备与腾讯、百度分庭抗礼的实力。

对普通用户而言，字节跳动可能是个陌生的名字，但提起它旗下的 App——包括今日头条、西瓜视频、火山小视频、抖音短视频、微头条等，就能对号入座了。该公司因在 App 上强大的批量生产能力，形成如流量收割机一般的超级矩阵，而被业界称为"App 工厂"。

在分析字节跳动为何能够后发先至、取得巨大成功的原因时，大多数人会将其归功于这家公司拥有超强的算法能力。实际上，字节跳动公司的核心竞争力不只是算法。我们可以从公开资料里查到这家公司的基本组织架构，真正与业务相关的有三个团队：**以算法为核心的技术团队、强大的商业化变现团队以及战斗力强悍的用户增长团队**（产品运营与用户增长）。正是这三大团队造就了这家公司不断生产、创造新的超级 App 的能力。

在字节跳动的公司架构中，站在 C 位的是商业化与用户增长团队（包括产品、运营和用户增长），技术与其他职能部门则被作为基础支撑列在两边。尽管外界都知道字节跳动公司的技术能力超强，但在其本身看来，技术能力好比一个商场、大楼的基础设施，是水暖电、是管道、是新风系统，这些能力再强也不能直接产生价值。

一个商场若要聚拢人气迅速打响品牌，核心能力是招商——商场的定位是什么，招什么样的商家来开店，店铺能提供什么样的服务。商场里各家店铺的商品与前来的顾客匹配度高，加上服务好，商场的生意就会好起来。而财务、行政等职能部门就好比商场大楼里的物业，虽然平时并不直接面对消费者，但整体管理水平的高低也会影响消费者的体验，进而影响消费。

在这里，店铺就是平台上的内容创作者，消费者就是平台上的用户或流量。而流量的获取主要由一个叫 UG 的部门负责。UG 就是 User Growth 的简称，UG 部门就是做用户增长的部门，具体工作可分为以下几个部分。

第一，做分享回流。互联网公司最有效的拉新手段，除了在预装、投放上进行大量"烧钱"，便是社交分享回流。无论是发放红包还是分享内容，都是为了提升拉新、拉活的效率。随着平台型 App 日益封闭化，对外美其名曰构建平台生态系统，H5 流量的商业价值也就越来越弱，耗费巨大精力和成本做成的 H5 往往都被用来做本公司产品的拉新与拉活。

第二，做活动。比如曾经刷屏的百万红包、集卡分钱等各种拉新与培育用户忠诚度的活动。相比活动运营佼佼者——趣头条，今日头条玩得更好。很多人可能不知道，今日头条在主版之外还有一个极速版，它的用户数已经全面超过趣头条，而它的主要玩法、任务系统与趣头条非常相似，主要用于区分主线人群和渠道。

第三，通过技术来投放各个非手机厂商与应用商店的渠道。比如海外的 Facebook、Google Play，通过技术手段可降低获客成本。今日头条的技术投放策略很典型，早期百度还允许今日头条投放时，今日头条在百度做了拓词的投放。一般我们在百度进行渠道投放时，只知道投放相关的关键字，这种常规操作的结果是量少、多家竞价、转化效果不佳，而且成本非常高。而今日头条创新性地利用每天百度新产生的大量没有人竞价的关键词进行拓词，通过技术手段自动生成聚合这些关键字的落地页，然后在百度进行投放。这样做的好处是量大而且价格便宜，落地页聚合的内容本身比百度的还好，用户转化效果自然就非常理想了，大大降低了渠道投放的成本。

第四，提高"头条系"各个 App 之间的资源共享使用效率，比如今日头条与抖音。这些不同的应用在用户对象与场景上有一定的互补性，它们之间共享数据、用户画像、互推，可以相互导量与拉活。比如内涵段子因出现大量违规内容而被关闭之后，大量用户跑到了抖音。字节跳动公司仅用几个月时间就做出了皮皮虾 App，抖音又把乐于评论段子的用户洗出来，重新引导到皮皮虾上，皮皮虾的用户量迅速增长起来。

在字节跳动公司体系内还有多个独立的产品业务线，它们都拥有独立的技术——主要是偏前端策略的推荐技术。偏数据业务的后端技术，IOS、安卓的基础推荐等则由公司大技术部门负责，属于基础能力。也就是说，公司各产品线共享大的技术架构部门，而产品、运营是分开的。其中，运营往往是各个业务线人数最多的部门，因为运营在用户增长中起着最大的作用，既要在前端链接用户消费的内容，以与算法对接，又要在后端链接内容的创作者，通过制定规则，激励他们创作更好的内容。

在商业变现上，字节跳动公司建立了一个数万人的强大的变现团队，商业变现的方法目前主要是信息流广告。《财经》杂志引述该公司一位内部人士的消息，字节跳动预计2020年收入目标相比2019年涨幅30%～40%，高于1 800亿人民币。

从字节跳动公司的情况看，做用户增长，不单单是算法一个部门的事，也不是渠道一个部门的事，还涉及产品、运营、技术及独立的UG部门，是综合调度。而核心是对用户行为数据的精细挖掘，有针对性地对产品进行优化及快速迭代，说白了，还是对人的行为乃至人性的理解。

最后，让我们再总结一下增长的本质：即满足不同的用户，在各自偏好的场景里，最有效率地找到自己喜爱的内容或服务，并形成持续行为的体验。所以，做好内容与服务是增长最核心的驱动力，是用户增长的"道"。有效率地找到用户喜爱或需要的内容或服务，算法与检新能力的手段，是用户增长的"术"。道是战略，术是战术。而从源流说的角度看，只有两者完美结合，才能将道与术融为一体，构成生态。

作者岳建雄：爱奇艺副总裁、高级编辑。曾任搜狐移动新媒体中心总经理、凤凰网副总裁，业内知名的互联网产品专家、用户增长专家。有关用户获取的更详细内容，可参见岳建雄主编的《我不是产品经理》。

作者干雄：现任职于某头部互联网平台，关注泛科技互联网、移动新媒体。

冷启动：人生若只如初见

提要

冷启动，指用户首次打开 App 与内容 "见面" 的过程。其重要性如谈恋爱时的第一面，可能会决定终身。冷启动运营之要义也与恋爱相似：所推荐的内容优选能投用户所好的——而这就需要事先搜集其信息；次选大家都感兴趣的公共话题。不顾对方感受自说自话，势必谈崩。

——摘自《内容生产与分发的 44 条法则》之三十一

先做一道选择题——

假如你是一位西方文学史博士，正在准备第一次约会。面对未曾了解的女孩，你会选择的开场话题是：

A. 和她讲讲你的专业，比如瓦雷里为什么被公认为后期象征主义的大师。

B. 讨论当下的某个热点新闻，或者八卦一个当红明星。

C. 先通过其他途径了解一下这个女孩喜欢什么，然后投其所好。

稍有头脑的人，都会在 B 和 C 中做选择，而 C 是首选。

把这道选择题搞明白了，探讨冷启动就不再有障碍。所谓 "冷启动"，指用户下载某个 App 后第一次打开它的过程。正如同谈恋爱时的第一次见面，它决定着用户的次日留存率——也就是下一次会不会再来。

而在冷启动中，重中之重是用户打开 App 之后呈现的第一屏（首次首屏）。这一屏，大概能展示 5 条信息，相当于谈恋爱首次见面和对方沟通的第一个话题。测试表明：如果用户点击了其中一条，那么他再打开这个 App 的可能性比没有点击的人高一倍。

为了提升 "恋爱成功率"，我们做了大量测试——包括在冷启动中推荐当天热点新闻；

推荐发生在用户身边的资讯；如果用的是 iOS（苹果操作系统），就给他推荐苹果手机的相关内容……有成功也有失败。最后总结的基本规律是：**在冷启动中，因为用户画像不够清晰，所以应该优先推荐重大事件、公共话题、头部领域（比如足球）资讯，以及与用户相关性强的内容。不能拿些小众内容去赌。**

当用户阅读完冷启动首屏内容之后，可能会产生 5 种情况：

（1）直接走人；（2）无点击下拉；（3）无点击上滑；（4）有点击下拉；（5）有点击上滑。针对不同的行为，又要启动不同策略。特别是要能迅速捕捉到用户点击的内容，并在其下拉或上滑时给出相似的文章。如果用户直接走人了，要争取让他回来——可以使用 Push 进行唤醒，这点将在下文中详细说明。

在阅读者和内容"沟通"的过程中，用户行为会被逐步记录下来，用户日志会逐渐丰满。冷启动就此完成，恋爱走向深入。如果你发现对面的姑娘真的对西方文学感兴趣，就可以利用你的优势，给她讲一堂精彩的课了。

还有一点非常重要：我们要尽最大努力在见面之前拿到更多的用户信息，比如性别、年龄、籍贯等，或者在开机屏上投放问卷，让用户选择自己喜欢什么，然后投其所好。用户的来源、手机型号等也给我们重要的提示，有助于我们了解这是一个什么样的人。

以下几篇文章，就是一点资讯在 2016 年对冷启动运营手段探索的总结。尽管不是最新的，但所总结的经验和教训至今适用。如果你觉得太枯燥，把它当作一份"恋爱宝典"，就能看下去。

第一个报告：一点 VS 头条，冷启动谁做得好（2016 年 11 月）

从 11 月 1 日起，内容运营部与数据、算法部门对一点资讯的冷启动留存情况进行了分析。其中主要是针对 A 品牌国产手机，同时观察了 B 品牌国产手机以及苹果 6 的情况，并对比了今日头条的数据。主要问题和建议如下：

一、A 手机冷启动后留存率只有 22%，核心问题在哪里？

实验结果表明，A 品牌冷启动后次日的平均留存率只有 22%。A 品牌和 B 品牌的用户留存差距最大的部分是一篇文章都没有点的用户，A 的次日留存率只有 12.4%，几乎只相当于 B 的三分之一。主要原因是 B 有 Push 拉活用户，而 A 目前没有开放 Push 功能给我们（Push，指 App 的推送功能。就是把某篇文章的内容提炼出来——一般在 50 字以内，强行推给用户。用户在手机"锁屏"状态下即可阅读提要，如果点开则进入这篇文章的内容页。Push 的运营手段，参见本章第三节）。

手机型号	点击文章数	留存率（%）
A 品牌	0 篇	12.40
	5 篇以下	27.12
	6～15 篇	40.50
	16 篇以上	50.25
B 品牌	0 篇	32.58
	5 篇以下	42.44
	6～15 篇	53.95
	16 篇以上	62.84

表中数据为冷启动实验结果。出于保密原因，其中部分数据做了处理。

经过沟通，A 品牌手机同意我们每天进行一条 Push。而在页面排布上，我们的首要目标是想办法让用户至少点一篇。

为了提升留存率，除了 Push 以外，我们还要做以下一些工作：

开屏问卷： 打开屏幕，用户即可参与问卷调查，填写他们的兴趣和爱好，然后根据答案，在首屏为其推荐相关内容。

兴趣图谱： 利用图谱进行文章数据结构化，设立一些适合推给新用户的点，加大这部分文章的投放，例如重点机型、热门娱乐、新生代明星、热播剧、热度视频等。然后根据不同机型，调整投放比例。

精品池： 加大普通精品池和长期精品池的人工干预量，并且保证算法优先从人工选择的内容中推荐内容给新用户。精选池会根据目前排行靠前的大类重点优化，增加量和提升内容品质。目前存在的问题是算法推荐给新用户的内容，很多并不是编辑加精的内容，文章质量堪忧。

对比测试： 编辑全面参与页面和算法页面进行对比测试，两天内可以开始测试。目前主要是发现算法推荐的文章存在两个问题：质量不优，即使是"俗文"，不是俗里最好看的；分类不准，比如把本地的内容当成旅游类。

人工干预也会结合目前已有的大类排行数据。下表为 A 品牌和 B 品牌手机提供的近期兴趣大类排行及关键词，可以根据数据重点运营排在前 10 位的大类内容，并参考其排位确定版面逻辑。

兴趣大类 top10		关键词 top10	
A	B	A	B
娱乐	美食	林丹	马蓉
社会	健康	出轨	王宝强
汽车	社会	特朗普	南海
旅行	时政	美女	Gif
育儿	育儿	马云	特朗普
时尚	军事	谢杏芳	出轨
家居	娱乐	农村	美女
科技	国际	杨幂	农村
美食	两性	赵丽颖	离婚
健康	汽车	刘恺威	宝宝

二、新用户的地点定位准吗？

整体来说，本地内容量比较少，而且出现了不少内容匹配错误的情况。我们测试机的定位是北京一点资讯办公室，但出现了很多外地内容，特别是 B 品牌手机的新用户，错误率超过 20%。对比今日头条，地理位置的定位在任何机型上都比我们准确得多。跟算法部门沟通发现，确实是预设逻辑没有实现，本地内容按理来说应该一定有召回。

我们要求本周内必须把地理位置改好，内容部同时建议：前十条至少有一条本地内容。这倒不是拍脑门决定的，而是需要有至少一条内容来测试点击效果如何。

三、新用户机型判断准吗？

目前我们没有针对机型进行特定内容匹配，算法正在一款机型上做相关测试，其他机型没有特意照顾，所以会出现一些错误案例。但是能明显感知到头条对 iPhone 用户的特殊照顾，比如《用 iPhone 的你，应该知道 iPhone 的几种模式》等，但对安卓的用户没有特殊策略。

四、在内容投放策略上，有多少是根据这个机型之前用户的行为规律做的？

目前的投放策略，最大的问题还是 B 品牌手机用户的数据带偏了 A 品牌手机的用户。事实上，A、B 两种手机的用户很可能是两个不同的群体。

拿着 B 品牌手机用户的数据去投放，得出来的 A 品牌手机用户的数据并不是很准确，所以需要多做新策略的测试，累计新的数据。从目前 top 文章列表看，两个机型的文章类型还是相似度很高，因为一开始投放就是拿库里现有的数据好的文章去投放。在目前阶段，不建议多拿历史数据去做投放，应该多做投放策略尝试，火速积累新数据。

五、今日头条和一点资讯的冷启动信息有什么区别？

	时效性	场景化	旧闻复用频率	机型投放区别	新用户引导
一点资讯	弱	无	高	无	有（应用号）
今日头条	强	无	低	有	有（视频）

说明：

（1）时效性内容是今日头条新用户和一点资讯最大的差距。今日头条的冷启动大部分内容都具备时效性，而一点资讯仅置顶的内容有时效性，其他内容要么是已经过期的时效性文章，要么是纯非时效性的长尾内容。

（2）一点资讯旧闻复用概率过高，有的内容连续三四天的新用户都能看到，而今日头条就算对新用户，每天推荐的文章库感觉也能实现全更新。

（3）机型投放上一点资讯没有明显差别，今日头条能明显感觉到 iOS 用户的内容时效性略强，内容质量更高端一点。

（4）今日头条的新用户引导点出了精彩视频，我们选择的是"应用号"。新用户唯一的引导工作应该是和核心产品挂钩，且用户要能接受。引导向应用号会不会让用户对我们的产品感到困惑？（今天，短视频已经成为最火爆的内容表现形式，而字节跳动旗下的抖音 App 也成为 DAU 接近 4 亿的明星产品——作者注）。

（5）今日头条打造的新产品在首页体现比较充分，比如明星上头条、头条问答等。一点资讯的内容相对形式单调。

（6）今日头条如果给新用户推可能有所触犯的内容——比如蟒蛇吞食，会明确标识"兴趣探索"，用户比较容易原谅这种冒犯性试探。而一点资讯推荐的内容缺乏这种标识，例如新用户首页出现剖宫产这种明显触犯性的内容，会令其感觉莫名其妙。

（7）我们的视频内容过多性暗示视频，头条视频内容更多元化一点，唱歌跳舞猎奇软色情等都有。

第二个报告：一期的问题解决了多少？（2016 年 12 月）

自 12 月 1 日起，我们开始对同款 A 手机的冷启动做第二次测试、统计、分析，主要集中在几个问题上，包括一期遗留问题的解决，以及与今日头条的对比。

一、一期遗留问题跟进

（一）本地内容缺失问题

上次发现本地内容缺失，其实是线上逻辑没有按预期实现。目前算法组已经修复了

bug（问题），保证本地内容的召回。为了保证召回内容的质量，算法组提供了 A 手机的新增用户主要的分布城市 top30，内容部本地组会每日重点维护这 30 个城市频道置顶内容，算法会从频道内优先召回编辑置顶内容到用户首页。

在所有本地新闻中，关注度最高的是社会新闻（特别是一些本地突发，如车祸），其次为本地民生（如社保、公积金、菜价等）。我们采取的策略是突出服务性、实用性，并能与用户形成互动。今日头条的"寻人"产品就是一个成功的尝试。

但现在的问题是，我们对用户位置的判断还不够精准，无法推送更具有贴近性的内容——比如小区的停电、停水，周边商场的打折等。

（二）机型判断不准问题

目前依然存在的问题是机型拆分还不够细致，比如 A 除了 A1、A2 两个型号，现在有出货量猛增的 A3（目前应该占到了 30%）。

在市场上，A3 的定价约 1 500 元，是 A2 的一半左右。所以，使用这两种机型的人，应该是两类人。

从留存率看，低端机型高于高端机型 10%。我们分析，这是因为使用高端机型的人视野开阔，有更多的新闻资讯获取渠道——比如其他的资讯类 App。这就如同一个北京人和一个某县城居民的比较，北京人会更挑剔一些。

（三）性别判断的问题

针对 A 手机用户特征年轻女性偏多，算法做了一组对比实验，增加年轻用户爱看的文章，如娱乐、时尚、两性等，最后留存率并没有明显提升。

实验结果让我们反思一个问题，虽然购机的女性用户偏多，但是会点开一个叫"新闻资讯"App 的用户中，是不是可能还是男性偏多？换言之，就是买手机的用户和点开"新闻资讯"的用户，很可能是两个群体。

所以，我们现在面临的最大问题就是数据壁垒。我们用 B 品牌手机的数据投放给 A 品牌以及苹果，都可能造成认知上的偏差。所以，渠道部应该尽快和 A 品牌沟通，拿到其底层数据，做有针对性的分析、投放。这个工作，适用于所有机型。

（四）视频类型单一问题

上次发现，我们推荐给新用户的视频内容普遍低俗，这个问题在这两周还没有明显的改进，关于性的内容依然不少。相比之下，今日头条已然不玩这些，新用户生态建设比较健康。

为什么我们对涉及性的内容过度依赖？这恰恰说明我们的算法有问题。只会简单推荐绝大多数用户都关注的内容，而且判断好坏的依据比较单一，就是点击率。

我们同时注意到，今日头条在视频的投放上非常注重热播影视剧内容。把热播影视剧剪辑成片段，具备连续性，形成机构化阅读，让用户欲罢不能。这可以极大提升用户的停留时长，把播放页中"相关视频"的部分拉活。

二、对比今日头条

时间：12月1日-12月10日

测试：每天1～2次，选择文章（含视频、图集）样本共1 000+条。

测试机：A2。主要是冷启动首次推荐（特别是头屏5条）、冷启动首刷（10条）；热启动首次推荐（特别是头屏5条），热启动首刷（10条）的推荐情况及关联度，以及与今日头条的对比。

对比发现的主要问题：

（1）一点资讯的冷启动首屏不会出现本地内容，但是今日头条有时会用固定在第四位的广告位出本地广告，不浪费和用户的这次招呼，这个优化非常动人。

（2）今日头条给新用户的内容大都属于"零负担阅读"，但一点资讯总是会出现一些让用户有阅读负担的内容，似乎有用，但点击率不高（这就像本文开头提到的选择题中，面对第一次见面的对象，直接谈西方文学一样）。这种文章整体投放比例建议降低，一个用户在我们平台的阅读时长如果是40分钟，有多少人愿意拿5～10分钟来看一篇"有价值"的内容？碎片化阅读还是主流，我们怎么攫取用户的这部分时长才是关键。

（3）今日头条的冷启动首屏视频出现概率明显高于一点资讯。而且头条自己的平台，安卓端（19%）出现视频的概率远高于 iOS 端（8%）。今日头条非常细腻地抓住了用户的特点——很明显，用低端手机的人对短视频的依赖远远大于高端苹果用户。因为他们的时间相对宽松，更需要能够轻松且打发时间的内容。

（4）今日头条的大图模式有视频、图集、广告，比较丰富，一点资讯首屏的大图模式是人工投放，可能并不能吸引大部分人群，另外，在之后的机器推荐里，大图模式数量还是明显少于今日头条。

（5）今日头条的最新产品——问答模式在冷启动首屏不会出现，但是在之后的比例逐步提升。一点资讯还缺乏一些独特的内容产品持续输出给用户。

（6）今日头条在 A 品牌手机上的冷启动是去掉了广告的，可以看出他们非常在意新用户的体验。我们认为，这和今日头条蚕食一点资讯 A 品牌手机用户的战略有很大关系！

（由于数据保密原因，以下略去冷、热启动相关数据及分析）

第三个报告：从用户画像看冷启动的问题（2017 年 1 月）

之前的两期分析主要是拿一点资讯和今日头条对比，从整体状态上分析差别，本次我们对新用户进行抽样，选取了近百个用户进行观察（后台随意抽取，并持续跟踪了一周），发现一些内容方面比较明显的问题如下：

一、热点新闻仍然缺失

预装版本用户是冲着"新闻资讯"这个名称进来的，算法不应该上来就把首页人工放置的热点新闻草率地去掉。用户失去了预期，就不知道我们这个 App 是干什么的了。而算法对于一个用户需不需要这些热点内容的判断，不应该只注重短期的点击率，而要通过较长的一个周期积累数据再做结论。

二、机型文章的投放不能太激进

（1）内容可读性不持续：用户手机机型相关文章作为和新用户套近乎的一个简便方法，效果确实不错。但是限于同一款手机文章的过于类似，用户如果回回都看到在给他推机型内容，也会产生厌倦感。能明显感觉到今日头条的机型内容只在新用户层面体现明显，往后是在慢慢淡化。

（2）手机实用内容不适合转换为科技兴趣点：比如某用户可以说是 OPPO 机型内容的深度用户，一开始推的大部分 OPPO 内容都点击，但是慢慢点击得少了。然而后来我们还给他推荐了诺基亚、OPPO 和华为对比的稿子，显然是转换得过于激进了。用户关心自己的手机，但是不代表他就是手机控，更不能简单认为用户对科技领域感兴趣。

三、如何辨别内容属性

在抽样观察中我们发现，算法能够比较准确地判断一篇文章是否为本地文章，但是如果本地文章具备第二属性，那就会在很大程度上影响画像的准确性。

例文 1：唐山发威，全市上下动真格的了！

例文 2：重要通知：1 月份唐山这些地方将陆续停电！

某用户是本地重度兴趣用户，很关心身边事，于是他点击了上面这两条本地内容。但在算法对内容的定义中，这两条还属于偏财经的内容，算法又判断这个用户喜欢财经，于是又给他推了一些比较专业的财经新闻，但用户明显不感兴趣。

例文 3：半个多月后，几百万人撤离东莞！

某用户也是本地兴趣用户，点击的本地内容里有被误判为旅游的文章，所以他的画像旅游的分值也偏高，推荐页还出现了旅游内容，但他一条都没点开过。我们在抽样中发现不止一个用户存在这种情况。

四、场景判断失误

之前的两期分析没发现场景问题，但是这次的抽样中发现了问题案例。

例文 4：早安心语：优秀是一种习惯，放弃是一种智慧

在某用户的推荐页里，深夜和中午都推出了这样的内容。其实特别简单的关键词就能识别。

五、人机结合不充分

目前观察抽样用户的推荐内容，编辑加精内容用得过少。这里涉及两个问题：

（1）推荐内容如果过多的从小的兴趣点出发，那么质量很难保证，因为编辑的人力有限，能够控制的一定是头部内容。

（2）用户点击行为非常微弱，不能据此胡乱判断用户的兴趣点。比如某用户只点击了 1 篇文章被分到了健康类，以至于 6 天后，用户再次使用时，共推出了 20 篇文章，99% 都是健康类新闻。这种情况下，用户行为过少，不建议猛攻一个点，算法一定要用数据积累来说话，当没有数据积累的时候，直接用编辑重点运营的热点内容顶上，才不会让用户觉得莫名其妙。

六、兴趣点拆分过细

从感兴趣的频道来看，由于拆解太细碎，感觉反而会导致不太准确。

例如某用户画像中"大学生"排名很高，其实是用户点击的社会新闻中含有"大学生"关键词，但其实该用户只是对社会突发事件感兴趣，而非大学生。

七、试探性文章选择不恰当

某用户被判断为可能是女性，主要是点击了这两篇文章：《女子 15 年没穿胸罩，15 年

后的"成果"吓呆所有人！》《12岁的她成了双胞胎"妈妈"，看完很心酸》。但事实上，这两篇文章一篇属于大多数人都可能会点击的猎奇类文章，另一篇属于一般类社会新闻，都不是育儿类文章，这样的文章达不到试探性别的目的，起不到区分男女的作用。

  通过这次抽样分析我们发现，用户行为真是天差地别——有的用户一天点击几十条上百条，有的一条不点击，而点击几十条的画像明显准确很多。所以，一条不点击的我们得想办法让他开始产生点击行为。总之，通过各种渠道去搜集用户的行为信息，这是当务之急。

（本文中部分资料由一点资讯原副总编辑白兰提供）

Push：拼的不仅是速度

提要

推送（Push）是提升用户活跃度的最有效运营手段。从覆盖用户的层次上，它分为全量推送、个性化推送、本地化推送。推送三要义：重要、准确、快速。三者次序不可颠倒，尤其是准确一定在快速之前。"中美贸易战止战"的误推，就是只求快速、不求准确的结果。其背后，则是编辑希望"一战成名"的功利心。

——摘自《内容生产与分发的44条法则》之三十二

乌龙推送：错将2018年当作2019年

"5·20"本是一个表白真情的日子，却被一则乌龙新闻刷屏。

早晨6：52，天天快报——腾讯旗下的一款资讯类App——率先推送了这个假消息，十几家商业网站紧随其后。事实上，这个消息是2018年5月20日新华社发布的。据说，天天快报的一名编辑看到稿子后很兴奋，当即推了出去，根本没有核实日期——其实现在是2019年5月20日。

7天后，推送的乌龙再次发生。至少10个App把涉黑的"孙某某"误判为"孙小果"。孙小果20年前因强奸等罪名被判死刑，但在不久前又堂而皇之地出现在昆明的大街上，因此成为中央扫黑除恶的重点对象。但随后检方澄清："孙某某"

另有其人，并非孙小果，两人只是姓氏相同。

在我8年的互联网生涯里，至少见到了30次以上的重大推送错误，也包括我本人亲历的，比如，把"某某领导人**高度评价**"推成了**"高估评价"**，差一点导致我引咎辞职。

推送的错误基本主要在以下几个点上：

时间： 把旧闻当新闻推，中美贸易战的乌龙就是这样的案例。

人物： 张冠李戴，特别是在重名人物上更容易犯错误。

常识： 比如把行政拘留写成了"刑拘"；把违反党纪的"泄露组织秘密"，写成了"泄露组织秘密罪"。

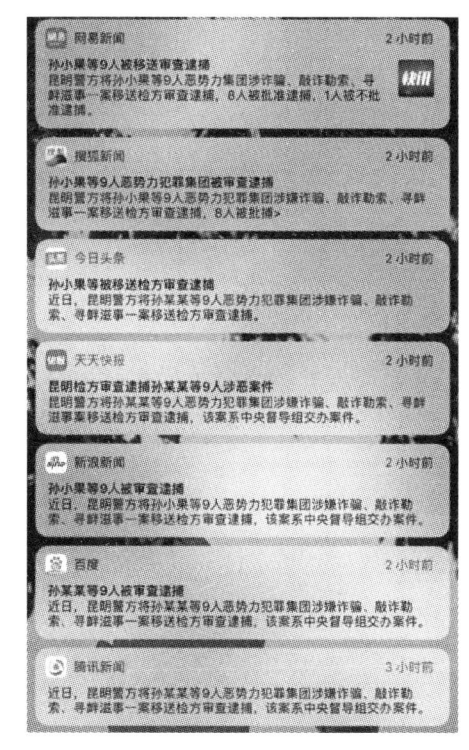

又一个乌龙推送：将"孙某某"误判为"孙小果"

数字： 多加了一个"0"或者忘了小数点。

错字： 因为推送语一般只有50个字，如果出现一两个错字——特别是关键字，危害往往是致命的。

标点： 曾经看到过一个错误案例，就是把一位党和国家领导人再次当选的消息后面加了问号。导致这个错误的原因，据称是编辑多按了回车键。

名人"被死亡"。这是最容易推错的。 新加坡前总理李光耀、著名企业家褚时健，以及作家金庸，都不止一次陷入假死的乌龙。

这些错误，每一次都是刻骨铭心。因为推送有两个特点：其一是影响巨大，一个全量推送，接收到的用户是几千万甚至上亿；其二是覆水难收，无法更正。

一、速度第一？

在搜狐担任新闻中心总监期间，我给推送制定的三原则是"出手如电、惜墨如金、下笔如有神"（即"三如"）。也就是说：速度第一，推送语行文简洁，还要提炼精彩内容。但到了一点资讯，特别是连续出现几次安全生产事故后，**就将其改为"重要、真实、快速"，且三者次序不可颠倒。**

首先是重要。因为推送是强制性阅读，直接 Push 在用户的手机屏幕上，如果推的内容都是鸡毛蒜皮，会引起用户的强烈不满，会关闭推送功能甚至卸载 App。一般而言，一个用户每天在一个 App 上能忍受的推送不超过 11 条。所以，在全量推送上，必须要选择重大新闻或者重要话题。不重大，就算是真实的，也不能推。

判断完重要性之后，就要核实真实性。之所以不把真实放在第一位，是效率的问题——如果不值得推送，也不用再核实了。

最后才是快速，但这也不意味着要放弃速度。在竞争越来越激烈的环境下，独家新闻变得越来越难，如果能早一分钟，那么在这一分钟里就是独家，会获得更多用户的关注。而且速度是一个团队的素养问题，不争分夺秒，怎么做好互联网？

从"三如"原则到"重要、真实、快速"，从表面看是处理方式和关注重点的变化，背后其实是心态之变。推送为何一错再错？用四个字来形容，就是"贪功心切"。这与当下浮躁的社会环境有一定关系。作为一个"老司机"，因为经历过若干危险的场面，车一定是越开越稳。稳也不代表着慢，而是在安全和速度之间寻求最佳平衡点。

所以，在一点资讯的推送流程上，任何推送都必须双审。如涉及敏感问题——比如时政领域的推送必须三审，还需要经过一位专职校对把关。而在推送之前，编辑要问自己几个问题：

（1）事件重大吗？可能影响多少人？影响什么人？影响到什么程度？

（2）消息来源是哪里？是"白名单"（指主管部门规定的可做新闻转载的媒体，大约 400 家，如《人民日报》）？是普通的机构媒体还是自媒体的报道？如果是名人逝世，是否经过其近亲的确认？

（3）目前的舆论环境如何？

（4）最重要的新闻点是什么？如何把它提炼出来？

（5）预估效果，特别是点击率。

推送中还需把握一些技巧。比如，对重大事件的提前预警和准备，这才是速度的第一保证；再如，第二落点的把握——在没有抢到第一个推送的情况下，找到新闻中的另一个看点或者提炼一个概念写入推送语，同样能吸引人。

在类似新冠疫情这样特别重大突发事件的比拼中，因为各个平台的消息源都差不太多，所以对角度的选择更为重要。我的手机里安装了不下 30 个新闻客户端，每天都能收到各种推送。说实话，有些 App 的水准真的不敢恭维。它们每天只关注表层的信息，只要一出新数字就推，但根本不考虑数字背后的意义，更没有把这种意义解读后再推送。

比如在 2020 年 3 月 6 日，中国除湖北外新增 17 例病例，其中 16 例来自境外输入，而国内病例只有 1 人，创造了本土病例新低。但有些 App 却只看数字，说"病例反弹"了。从绝对值看，反弹是没有错，但大家更关心的是反弹是否意味着出门更危险？其实，输入病例和本地病例的传播途径不一样，输入病例往往在机场就被"截获"了，所以其危险性小于本土病例。如果按照这个逻辑，推送的核心应该是"本土病例数史上最低"。

这也是整体社会心态浮躁的反映。就像在某些地方，对疫情的判断只依靠核酸检测一样。事实上，传染病学报告、现场勘察，加上核酸检测等手段，才能形成对疫情的综合性判断。功利与浮躁的最终结果是让事情变得糟糕而不可控。

二、唤醒用户

对于一个 App 而言，推送的重要性毋庸置疑。因为它是拉活用户最重要的手段。下载了一个 App 后，很多用户让其处于沉睡状态。**但一条精彩的推送会让用户再次点开，这就是我们所说的"拉活"。**

所以，运营者会想方设法给用户推送他们感兴趣的内容。除了重大突发事件要做全量推送之外，个性化推送也同时成为激活用户的重要手段。

个性化推送又可以分为几种方式。

兴趣推送。比如，知道某个用户喜欢老虎，就给他推送关于老虎的文章。所以个性化的难度，在于如何精准把握长尾类内容。如果对用户的理解只到了他喜欢体育，平台就无法做精准推送，因为体育会再分类，比如篮球、足球、排球，喜欢篮球的人不一定喜欢足球，喜欢足球的人不一定喜欢排球。上文已经说过，推送属于强制性阅读，有打扰用户之嫌。如果屡屡出错，不但无法完成拉活的任务，还可能导致用户卸载 App。

本地化推送。比如，你家门口有个超市开张了，推送一条消息给你，这就是本地化推送。如果说兴趣推送以有趣为主，本地推送则以有用为主。本地推送的难点在于"围栏"范围的确认。所谓"围栏"，是指一条信息究竟应该推给多大地域范围的人。同为超市，沃尔玛的覆盖范围可能是 10 公里，而好邻居只能覆盖周边 1 公里。特别是在交通、地震和极端天气的推送上，围栏的概念非常重要——不能太大，也不能太小，要正好。一个夏日白天发生的 3 级深源地震，和一个冬日深夜发生的 4 级浅源地震，推送的范围必然不同。

推送的另外一种维度，就是根据用户的活跃程度寻求策略。比如，对刚刚下载 App 的用户，采用什么策略；对正处于活跃期的用户，采用什么策略；对活跃度下降的用户，采用什么策略；对沉睡多日的用户，怎么能迅速激活。

这里要特别注意的一点是：如何让使用推送手段激活的用户长期留在这个平台上，而不是点击完即走。

为了让这些个性化推送能起到更好的拉活作用，我们用了相当多的 A/B Test（把用户分为两组或者多组，运用不同策略做试验，对比最终结果）。比如，相当多的客户端都有早报推送功能，那么到底几点推点击率更高？试验给出的结果是早晨 6:30 最好，这与编辑们之前的判断是相反的，甚至违背了常识。但在这个时候，尊重试验结果是唯一选择。

因为这是用户自己的选择。从编辑思维到运营思维的转化，对用户的理解、从用户角度出发是核心。

三、技术与人，谁更重要？

文章最后，我们讨论一个问题：关于技术的重要性。在"中美停战"的乌龙推送之后，曾经传出一种声音：是机器自动推送出现了错误。

说这话的人，根本不懂人工智能。因为在目前的水平下，机器判断一则新闻是否重大，只能靠这篇文章的阅读量是否在短时间内急剧飙升。急剧飙升的背后，是阅读者发现了这篇文章是个"爆款"，所有人都不约而同地点击、评论、分享。但这是需要时间的。编辑不一样，他一眼就能判断出新闻是否重大，并在一分钟内做出推送。

我们可以得出一个结论：处理重大、深度、时效性强的内容，要靠编辑；涉及长尾内容、海量运算，人工智能（算法）有着人不可替代的优势。所以，以当时事件的截屏看，那个乌龙绝对是人的错误。机器也可以自动推送，但涉及的都是长尾内容。而自动推送的来源，也是需要编辑先建立一个"池子"，把相关内容放在池子里，算法再根据用户的兴趣做选择、推送。与全量推送的点击率相比，个性化推送可能会高几倍甚至几十倍。这就是千人千面分发的魅力所在——它大大提升了阅读效率。

源流说

SOURCE AND COURSE

第六章 「源流说」的应用

6

ON CONTENT GENERATION AND TRANSMISSION

决胜密码：不是源，也不是流，而是场

提要

媒体核心竞争力的塑造，在源也在流。源是打造独家内容、独特形态；流是寻求独特分发模式、独特用户。以深度报道替代消息、以视频替代图文，是源的进步；以算法排序替代编辑分发，是流的进步。在移动增速放缓、流量红利消失的今天，靠几篇独家内容打天下的时代已经过去，唯有合源与流之力形成"场"、形成生态，才能构筑壁垒、不被超越。这是一个战略问题而不是战术问题。

——摘自《内容生产与分发的44条法则》之三十三

2019年7月，深圳的某饭店里，我和OPPO手机的内容运营负责人讨论了一个问题：如何构建内容的壁垒？也就是一家媒体的核心竞争力该怎么塑造？

就在一周前，百度App发布了其每日活跃用户（DAU）超过2亿的新闻。在这位朋友的概念里，头条、腾讯、百度在信息流模式上"三分天下"的格局已经形成。唯一能与它们抗衡的，是OPPO、vivo、华为、小米这四大手机浏览器的总流量，DAU超过2亿。但负责管理OPPO内容运营的他并不满足于现状，为了获取更多用户，希望能打造出与众不同的信息流。

一、"报屁股"改革

关于内容核心竞争力构建问题的思考，可以追溯到1984年。一张在中国媒体发展史上留下浓墨重彩一笔的报纸诞生于此时，它就是总部位于广州市广州大道中289号的《南方周末》。

"舞榭歌台，风流总被雨打风吹去。"尽管今天这张报纸的影响力已经衰落，但几乎每个从那个时代走过来的人，都无法忘记它"一纸风行二十年"的独到气质。

《南方周末》的前身是《南方日报》的周末版。从新中国诞生直到改革开放之初，中国的报纸几乎是党报一统天下，偏都市类的媒体只有《北京晚报》《羊城晚报》等少数。而当改革开放的春风吹来之后，严肃的、高高在上的说教式内容已经不能满足人民群众日益增长的对美好生活向往的需求，处于中国改革开放最前沿阵地的中共广东省委机关报——《南方日报》适时推出了自己的周末版。

因为是"周末版"，所以被创始人左方称为"报屁股造反"。其实，在"中国改革看广东"的大背景下，更应该称之为"报屁股改革"。

人们更希望过一个轻松的周末，所以《南方周末》最初以"副刊"形式出现，定位是宣传岭南文化；而后因为身处中国改革先锋地带，迅速转型为介绍改革开放经验的阵地。1993年刊发虚假报道《袭警案》之后，报社痛定思痛，招募了一批自己的优秀记者，结束了向社会征集"大特写"的做法，开始了以调查报道作为主打产品的时代。2001年年末，当我进入这张报纸的时候，又正逢其开辟城市版（后改为特稿版）、时政版，这都是构筑内容壁垒的重要手段。

但无论怎么改，其"深入成就深度"的定位没有变过。因为《南方周末》的出版是以7天为周期的，这为深度报道的形成提供了必要条件。

今天，以互联网的思维再看《南方周末》的成功，可以得到几个结论：

内容的竞争，不只是几篇独家报道的竞争，而是定位的竞争。在与日报乃至后期的都市报的竞争中，《南方周末》所表现出的优势，就是因为深度报道——包括调查性报道、解释性报道和特稿，这都是日报无法完成的。也就是说，有了内容分发（流）的模式，倒推出内容生产（源）的模式。

对《南方周末》的关注，还包括对它的掌门人及编辑、记者的关注。"当你看见我的时候，我和新闻在纸上；当你看不见我的时候，我和新闻在路上。"因为那些优秀作品，读者认识了它们的作者。以互联网的思维来解读，就是建立了人与人之间的关系链条，形成了"私域流量"。人与信息之间的连接是冰冷的，理性的；而人与人之间的连接是热烈的，有感情色彩的，特别是对能写出"总有一种力量让我们泪流满面""让无力者有力，让悲观者前行"的人。

你可以去克隆《南方周末》的报道（当然在传统媒体时代并没有那么容易），但你克隆不了它的气质。内容是外在的，"总有一种力量让我们泪流满面"的精神才是内涵。这可以称为"气场"。当然，塑造这样的场非常艰难，甚至要顶着巨大的压力。这也是《南方周末》的可敬之处。

最重要的是，这张报纸的诞生，是因为广东当时宽松的政治环境，以及中国改革开放初期的大环境。脱离大环境去设想媒体的核心竞争力是空中楼阁，所谓"橘生淮南则为橘，生于淮北则为枳"，说的就是这个道理。

所以，不管是当时的《北方周末》还是后来有人试图重新创办一张《南方周末》，都失败了。

二、门户之争

就在《南方周末》1998年登上巅峰状态时，门户网站出现了。这是中国最早的内容平台，以集纳、加工各家媒体的报道作为主要信息源。此前的1994年，伴随着邓小平的南方谈话，中国正式接入国际互联网。

在比报纸更激烈的竞争中，每一家门户网站都想脱颖而出。但直到PC端已经衰落的今天，不管是新浪还是搜狐、网易、腾讯，在里面看到的东西大同小异。这种差异化随着时间的推移和监管的收紧，变得越来越小。

道理很简单。内容壁垒的形成来自两个方面：一个是内容源，一个是信息流——在门户网站，是"块+流"的表现形式。但客观条件所限，门户网站在这两个维度上都很难形成差异化。

门户网站的稿源主要来自机构媒体的版权采购，而头部内容的媒体就那么几家，比如《人民日报》、新华社、央视，以及《中国新闻周刊》《南方周末》《新京报》等。不同门户网站的版权预算虽有不同，但也不至于是天壤之别，所以它们产生的内容会出现在每一家门户网站的页面上。

无法从根本上解决问题的时候，网站的编辑只能尝试各种技术性打法，以形成自己的独特气质。我在搜狐担任新闻中心总监期间，总结了几个差异化的操作手法：

拼速度。只要你最先上页面，哪怕比对手快 1 秒，那么这 1 秒也算是你的独家。

拼标题。门户网站的阅读与纸媒不同，第一眼就是标题的阅读。所以，如何做好标题，就成了门户网站编辑的基本功。

拼组合。同样的内容，不同的排列组合所代表的含义完全不同。

拼"原创"。自己"偷偷"搞一些栏目，比如搜狐的"新闻当事人"。

但除了原创内容之外，前三点都很容易被竞争对手抄袭，而且是"秒抄"。对于没有采编资质的门户网站来讲，"原创"擦边球则很快被主管部门叫停了。

网易则在跟帖上做出了尝试。"网易新闻有态度"这个 slogan，一度诠释了这家门户网站的差异化竞争策略。在跟帖社区里，已经形成了独到的内容、独特的形式（盖楼）。最重要的是，门户网站是连接阅读者（人）和信息的平台，而在社区里，已经形成了人与人之间的互动。人与人的连接比人与信息的连接会更紧密。但可惜的是，在门户网站的整体竞争中，跟帖只是一个环节，无法形成有效杀伤力，这就像仅靠几个特种兵无法取得一场势均力敌的战争的胜利一样。

凤凰网则一直树立自己的媒体形象，以区别于其他几家平台型门户网站。"温度、视野、情怀"是这个后起之秀时常挂在嘴边的词，所谓"门户模式，媒体气质"。而这又与其大股东凤凰卫视的加持有关。特别是在重大时政报道中——比如 2012 年中共十八大期间，这家门户网站会大量援引凤凰卫视的独家内容。但随着大环境的变化，尤其是凤凰卫视内容不再允许被引用，凤凰网的独特气质也在逐步衰减。

三、金钱背后的壁垒

对于创作者们而言，2012 年 8 月 17 日是个改变命运的日子。微信公众号平台上线，从此，属于自媒体的时代到来了。从机构媒体到自媒体，这是内容生产的"降维"。此前，内容生产的权力几乎垄断在机构媒体手中。想生产内容并传播给公众，要么得申请报纸或者杂志的刊号，要么得通过电台或者电视台的审批。不管是报社还是电视台，都是一个庞大的组织。

但在微信上注册自媒体，只需一张身份证。生产者可以是一个小组织，也可以是"个体户"。而且，内容先发后审，不需要像传统媒体那样，走"三审两校"的发稿流程。

据官方统计，今天仍然存活于微信上的公众号有 1 600 万个。其中有从传统媒体转型而来者，比如出身《南方周末》、写出了轰动中国的《疫苗之王》的"兽爷"；有医生、律师、旅行家这样的专业人士；还有一群善于蹭热点、编故事、搞"标题党"来骗取眼球的投机分子。这些作者在今天拥有 11 亿 DAU 的微信上获得了流量与收入，其中一部分人甚至暴富起来。

而在公众号崛起的次年，今日头条的自媒体平台"头条号"也上线了。今日头条创始人张一鸣当时的理想是，做最大的中文创作平台。在随后的语境中，他甚至把"中文"去掉了。而腾讯、百度，以及一点资讯也在 2014—2015 年间开放了自己的平台，各种"号"一时层出不穷。

内容源之战在各大平台之间展开。在早期与自媒体人签订的协议里，今日头条明确提出了排斥所有"友商"的条件。为此，今日头条每年拿出了 10 亿元以上的费用，用类似"千人万元计划"这样的手段激励自媒体人发文。财大气粗的百度和腾讯，则号称要拿出更惊人的费用来扶持自媒体。

于是，对内容的竞争变成了给钱的竞争。因为用钱能够解决的问题都不是大事，从内容源的角度而言，壁垒被降得不能再低了。头部内容——比如公众喜闻乐见的娱乐报道和社会新闻，每个大平台上几乎相差无几。那些没钱的平台，则使用了抄袭的方式减少内容差距。比如低价雇用大量马甲号,既能迅速克隆大号的内容又能规避法律责任;或者以"做号党"的方式,移花接木、东拼西凑。所以,想靠几个头部大号构筑内容壁垒,是典型的镜花水月。

2014年,今日头条创始人张一鸣在演讲中谈到了一个现象:某个专门写花卉的自媒体号,在今日头条获得不少流量和收益,这才是算法分发、千人千面平台的独特魅力。**也就是说,在内容同质化日益严重的今天,精准分发长尾内容是构筑壁垒的重要手段。**

但这并不是一件容易的事。因为算法中最为基础、最简单的逻辑,是你点击什么它就推荐什么。当用户没有点击任何内容的时候(这被称为冷启动),就推此前人均点击率最高的内容——这符合高效法则。而点击率最高的那条,往往不是娱乐新闻就是社会新闻。用户真正感兴趣的内容——比如插花,并不容易被推荐。

这样就会形成一个死循环:用户兴趣难以掌握→只能推荐头部内容→优质的长尾内容无法分发→这一类自媒体作者得不到名与利而离开→没有这类内容进入平台→平台无法掌握用户的兴趣→只能推荐头部内容。

头部内容的提供者又只有那么几家。长尾效应没有形成,马太效应反而形成了,穷的越穷,富的越富。所以,在千人千面分发的信息流里,拼的是对用户真正兴趣的把握。

想做到这一点,一是数据量要足够大;二是算法要足够好,比如兴趣泛化和协同过滤的使用,会加速对用户画像的判断;三是辅助社交关系链条的建立——不仅通过算法推荐内容,还通过用户与自媒体人之间的关注推荐内容。

这是一个系统,不是仅仅靠内容部门、算法部门就能完成的,而是整个公司能力的问题——特别是在今天,智能手机数量增速停止、流量红利消失的大背景下。

四、社交链条的价值和"场"

作为最早推出自媒体平台的微信,在公众号开通的7年里,从未公开宣称对创作者进行补贴。但被公认的是,它才是今天最成功的中文创作平台——如果自媒体只能在一个平台发文，90% 的人会选择微信。这再次证明了几个逻辑：

用户量是构建内容壁垒的基础。 所有内容生产者都在追求名与利，比如 10 万 + 的阅读量。而微信拥有 11 亿 DAU，这会让作者们更容易达到目的。

由作者构建并深度参与的社交关系链，是构筑内容壁垒的重要手段。 在微信上，创作者能清晰地认识到谁在阅读自己生产的内容，并可以充分参与到内容的传播中去，比如发朋友圈或者转到某个群里。而在靠算法分发的平台上，创作者能做的最多就是和留言者互动。

社交关系链不是只靠钱就能砸出来的。典型的案例是，今日头条用 10 亿人民币砸出了头条号的领军地位，但同样拿 10 亿人民币投入悟空问答，最终却折戟沉沙。2018 年 7 月初，这个 2016 年上线、试图超越知乎的问答社区被并入了微头条。就在此前一年，悟空问答还曾和知乎公开争夺大 V。据一位和悟空问答签约的大 V 透露，他当时只需要在悟空问答上回答 15 次，每月就能得到 1 万元收入。但最终，这个扶植计划取消了。

我曾和一位知乎的高管讨论过这个问题。他称：用户来社区的目的，是为了找到一种氛围，就像住在老北京四合院的感觉，是高楼大厦无法比拟的。而氛围是需要长期培养的，悟空问答的问题就是过度求快。你可以在短时间内打造一个类似"百度知道"这样的平台，但打造不成知乎。因为前者只是获取知识、解决问题的，后者在解决问题的同时，更是人与人之间进行联系的纽带。

小红书的一位创始人也持相同观点。她说，我们打造的是一座线上城市。产品负责搭建城市的基础框架，而运营负责营造社区氛围。当城市形成一种特定的调性之后，这个产品的壁垒就形成了。

我们可以把这种氛围称为"场"。

2018 年的夏天，我被一位朋友带到了成都新开张的某酒吧里。那种震耳欲聋的声音和混乱的场面让我不堪重负，就在打算逃离的时候，突然听到了一首熟悉的音乐——它是当时抖音 App 上最流行的。那一瞬间，我明白了一个道理：抖音，就是把线下的 Club（俱乐部）搬到了线上。

首先，它们有着相同律动的音乐；有着同样负责站在舞台中间的"领舞者"——在抖音里，编出各种舞蹈并让用户们跟着跳就是运营者的职责；有同样漂亮的小哥哥小姐姐，无论线上线下，你都可以去找他们搭讪；入"场"的每个人，都可以毫不避讳地展示自己的美丽、个性与才华。所以，目前仅在国内就拥有接近 4 亿 DAU 的抖音，是天下第一大秀场。

抖音的竞品——属于小视频社区的快手，塑造了另一种场。2019 年春天，我到天津市蓟州区某村的一家农户吃饭，发现几乎所有本地人都在玩快手。饭店的老板娘说，她每天都会给同村那些发小视频的人点赞，甚至给直播的人打赏。这已经成为村民们交往的一种新方式。

抖音、快手能迅速获取用户的另一个原因是顺势而为。这里的"势"，指媒体发展的趋势。在它们崛起的 2017 年前后，4G 资费大幅度下调，随时随地看视频不再是土豪的行为。此外，越来越快的生活节奏让时间变得越来越碎片化，人们也越来越习惯于更为简单的内容获取方式。从"横屏视频"到"竖屏视频"，这是一个巨大的产品跨越。因为后者更简单，也更符合移动互联网的阅读模式。从本质上说，横屏看视频还属于电视状态。所以，一分钟以内的小视频火了。

如果再拿这个理念去看待媒体，你就会发现：**内容壁垒的塑造，不是靠几篇独家报道或者几个形式上的创新亮点就能成就的。它需要从内容的品质、传播渠道、组织形式等方面综合运作，才能形成独特的生态。这是一个战略问题而不是战术问题。**

诸如浏览器这种已经拥有庞大用户量的产品，保持用户量的稳定并不是一件难事，但如果试图打破现在的信息流格局，还需要在产品定位、形态上再做文章。试图在短时间内获取成功的期望已经不切实际，除非能塑造一种全新的内容形态，超脱于文字、图片、小视频，以及编辑流、社交流、算法流之外。或者开发一个全新的用户市场，比如把国内大约 4 000 万还没有使用手机的用户激活。

五、"用户心智"

阿里巴巴掌门人马云曾在新零售中提出了"用户心智"的概念。事实上，塑造内容壁垒，也是为了抢夺用户心智；能够占有用户心智的内容，就是壁垒。

2019 年 4 月中旬，我做了一次体检。体检报告里两个涉及癌细胞的指标高出了正常值。还好，后来复查时恢复了正常。我永远都忘不了拿到复查结果那一刻的心情，就像捧着圣旨一样。这就是用户心智。也只有体检报告这样的内容，能让人的心情如此跌宕起伏。

随后，我就把这个建议提给一个 App 的创始人。这个 App 最初的定位是记录女性生理期的工具，现在也在向内容型产品转型。但与大部分工具型产品转型的做法相似，它在首页流放出了大量的娱乐八卦内容，试图以此增强用户的停留时长和黏性。我并不认为这样就能占领用户的心智，因为用户来工具型 App 是为了解决问题的。

人总会遇到各种问题，问题会让人产生焦虑。**面对焦虑，有两种方式：第一是暂时忘掉它，第二是彻底解决它。**有一种内容可以让人暂时忘掉焦虑，比如抖音上的多数内容，它们的属性是"有趣"；另一类内容则主打"有用"牌。有趣的内容更容易吸引用户，但黏性不足；有用的内容不太容易让用户关注，但一旦用户有了需要，就很难离开。两者无所谓好坏，但在同一个产品上，需要统一，这种打法又要和产品的本身定位结合。

所以，对于这个 App，我给出的方案是主打私人定制的数据报告。因为它的核心能力是掌握了大量的数据，对这些数据的理解、分析、加工，可以衍生出丰富的内容产品。也有人提出了模仿小红书社区的想法，但我认为这不靠谱。从电商模式逐步转型而来的小红书社区是外在的、张扬的，适合各种炫酷；而一个起家于记录女性生理期的 App 是私密的、内敛的、严谨的，两者本身就是不同的极端。你可以娱乐至死，也可以有用至极，但最终决定于产品出生时埋下的种子。用新时代的话来讲就是"初心"。而当把这颗初心与用户心智打通时，一个强大的壁垒就会被构建起来，就能在激烈的竞争中立于不败之地。

媒体融合：中央厨房生产，不同餐厅分发

提要

媒体融合之要义，在合源、分流，所谓"中央厨房生产，不同餐厅分发"。融合的核心目标，是内容生产数量质量的提升与分发效率的提升——以更低的成本，获取更丰富、优质的内容，并让阅读者更快、更方便地看到。

融合之难，不在技术、不在内容，而在人。合源、分流的背后，是组织构架的调整，亦是利益的重新分配。一分为二，多出机会；合二为一，少了位置。这是对融合操盘手的巨大挑战，唯具备大格局、大智慧并深谙人性者，方能担此重任。

——摘自《内容生产与分发的44条法则》之三十七、三十八

2019年秋天——当银杏叶开始泛黄的时候，应人民网"人民慕课"频道的邀请，我来到著名的北京金台西路2号，主讲了一堂关于媒体融合的课程。

当拿到这个题目时，我有恍如隔世的感觉：2014年秋，同样是在这家党报的大院里，时任《人民日报》新媒体负责人的叶蓁蓁邀请我做了《中央厨房生产 不同餐厅分发》的讲座。那是我第一次在公开场合提出"中央厨房"的概念——它来自我担任搜狐网总编辑时操盘媒体融合变革的经历，也是融合的核心。5年后，人民日报社新媒体大厦已经拔地而起，我的讲座就被安排在这座大楼里。

值得一提的是，2019年1月25日上午，在习近平总书记的带领下，中共中央政治局就全媒体时代和媒体融合发展在新媒体大厦举行了第十二次集体学习，已经调任人民网总裁的叶蓁蓁（后又担任董事长）做了现场汇报。

习近平在主持学习时强调："推动媒体融合发展、建设全媒体成为我们面临的一项紧迫课题。要运用信息革命成果，推动媒体融合向纵深发展，做大做强主流舆论，巩固全党全国人民团结奋斗的共同思想基础，为实现'两个一百年'奋斗目标、实现中华民族伟大复兴的中国梦提供强大精神力量和舆论支持。"

以下万字长文，即为我的讲座实录。

今天，非常荣幸能来到人民日报社新媒体大厦做讲座。我们都知道，今年年初，中央政治局就"全媒体时代和媒体融合发展"在这里进行了集体学习。正如同总书记所说，"要推动媒体融合向纵深发展"，我想不论是像《人民日报》、人民网这样的中央主流媒体，还是像搜狐网、一点资讯这样的商业媒体，这都是重要目标。而今天的讲座，就是结合我的个人经历，谈一些关于商业互联网媒体融合的经验和教训，请大家多多指正！

讲座分四个部分：

第一部分，我最早的新媒体尝试，包括 2007 年在《南方周末》，以及 2008—2010 年在《中国新闻周刊》。大家都知道，它们都是传统媒体。但在当时，我们已经开始尝试突破"纸"这个概念，走向互联网。这两次尝试，为我后来进入真正的新媒体撬开了门缝。

第二部分，"中央厨房生产，不同餐厅分发。"这是媒体融合的核心，主要来自我在搜狐网、一点资讯 App 及凤凰网的经历。在这一部分，我们还要讨论两个问题：（1）媒体融合成功的标志；（2）融合的难点究竟是什么。

第三部分，媒体融合背后的"源流说"。所谓的源流说，是我个人的总结：信息传播的核心问题，就是两个字，一个是"源"——内容从哪里来；一个是"流"——内容向哪里去。媒体融合的核心是融源、分流，源对应中央厨房；流对应不同餐厅。

第四部分，合与分。所谓"天下之事，合久必分，分久必合"，融合式的超级 App 与类似字节跳动这样能够生产大量 App 的公司，到底谁更有优势？

在讲解这几部分之前，还要强调一点：不管媒体融合或者拆分，保证导向和价值观的正确是前提条件。否则无论吸引了多少用户，都是空中楼阁。

一、疯狂的老虎

我的新媒体故事，是从对一只纸老虎的报道开始的。这是 2007 年的年度新闻照片，"拍摄"的地点是陕西省镇坪县——华南虎的国家级自然保护区。华南虎又称"中国虎"，是中国特有的虎亚种，仅在中国分布。20 世纪 50 年代还有几千只，后来野生的被打绝了。

假虎照：这张今天一眼就能看出是 PS 出来的照片，在当年曾引起轩然大波

2007 年 9 月，有一位叫周正龙的农民，突然宣布自己发现了野生华南虎，这张照片就是他在"现场"拍摄的。当然，我们今天再看，一眼就知道是假的。但在 12 年前，智能手机还没诞生、图片制作技术也远远没有今天发达，又加上当地在这个事情背后有比较大的利益，所以还是糊弄了一批人。

遇到这种大事件，像《南方周末》这样的主流媒体肯定是不会缺席的。作为这张"百万大报"调查版的责任编辑，我安排了一位叫潘晓凌的记者到现场采访，深度报道《疯狂的老虎》（发表于 2007 年 10 月 25 日的《南方周末》）就是她的作品。

做深度报道是《南方周末》一贯的风格，因为它是一张周报。但在这个过程中，我们发现了一个问题：记者每天辛辛苦苦采访到的东西，第二天就会被类似《南方都市报》这样的日报全部报出来。然后各大门户网站争相转载，根本不给我们独家披露的空间。这让人非常窝火，我们必须想一个办法，抢先发出拿到的素材。

于是，我们做了一个决定：把每天的采访内容整理成一篇日记，然后在处于试运营状态的南方周末网发表，然后再让门户转载、扩大影响。

晓凌很勤奋，以日记的方式写出多篇消息，力压各家都市报。另一个让人兴奋的细节是：她用相机录下了与周正龙一同上山"寻虎"的视频，大约 10 分钟。这个视频也被挂在了南方周末网站上。今天，当抖音和快手的用户每天把超过 4 000 万条短视频上传到 App 上的时候，谁又能想到，在十几年前发生的重大新闻里，短视频报道还是个新鲜事？后来，这段视频还被中央电视台引用了。

如果以今天媒体融合的视角看，其实，记者和编辑打造了一个小的"中央厨房"，用相同的食材做了三道菜：消息、短视频和深度报道。而南方周末网、《南方周末》报纸以及中央电视台成为不同的餐厅，把这三道菜端给不同的顾客。这三道菜的原料相同，但烹饪方式不同。同一个"厨师"的操盘又保证了原材料的充分运用，没有一点浪费。

这个举动是我的一小步，却是《南方周末》的一大步，也是媒体融合变革的一个重要尝试。

这里还有一个问题需要解释清楚：为什么我们做到了，而其他记者没有？

当年，在"深入成就深度"的指导思想下，《南方周末》大多数记者都陷入了深耕的工作模式中。但深度报道——特别是调查性报道很难写，多数记者一年也就能够完成 30 篇左右。一篇稿子有时候要用一个月甚至几个月去打磨。当这种模式成为习惯的时候，他们就缺少了另一种思维——在一次报道里面努力产出不同长度、不同体裁、不同表现形式的内容；而在相当长的一段时间内，报社更是醉心于自己的擅长，没有给记者、编辑提供互联网土壤。

但我是一个不太满足于现状的人，而且比一般人更勤奋。在广州期间，属于典型的"一人吃饱，全家不饿"，所以每天从上午 10：00 工作到凌晨，思考、推敲、总结、探索，特别是对于新的报道模式。人要学会走出自己的舒适区，最怕的是在一个坑里躺着舒服就不出来。勤奋和创新精神，是走出舒适区的必要条件。

另外要特别感谢一个人：时任《南方周末》网站负责人的吴蔚。他算是这个报社里的新锐派，经常告诉我一些互联网传播的优势，于是潜移默化就有了一些意识。后来，我们一起促成了《疯狂的老虎》的网络试验。

二、狼群的翅膀

2008年3月，我回到了阔别三年的北京，担任《中国新闻周刊》副主编，分管社会新闻。

对于这个国家而言，2008年是个罕见的大事频出的年份：1—2月，南方冰雪灾害；2月，艳照门；3月，法国发生北京奥运火炬被抢事件；4月，国人反击，集体抵制家乐福；5月，先是安徽阜阳的EV71传染病导致十多名儿童丧生，随后是汶川大地震，69 227人遇难、17 923人失踪；7月，贵州瓮安县出现了严重的群体性事件，20多万人集结，烧了县委大院和公安局；8月，北京奥运会开幕；9月，山西尾矿库溃堤致数百人死亡，山西省长孟学农引咎辞职；10—12月，三聚氰胺几乎颠覆了中国奶业，这种化学物质对几十万儿童身体的影响延续至今。

时任国务院总理温家宝写下了"多难兴邦"四个字，来形容那年中国的境遇。

对于《中国新闻周刊》的社会新闻部来说，这就是一场又一场的战斗。年轻的团队在战斗中迅速成长起来，凭着出色的报道，拿下了包括《南方周末》年度传媒致敬"亚洲杰出出版人金奖"等多个奖项。因为擅长集体作战，我们被外界称为"狼群"。

但正如再凶猛的狼也长不出翅膀一样，我们终究会受制于杂志的出版周期。2009年年初，我向时任《中国新闻周刊》杂志总编辑秦朗提出，要办一家自己的网站。这就是今天《中国新闻周刊》新媒体的前身。经过几个月的筹划，2009年夏，网站正式上线。它的定位是"权威、严谨而专业的时政社会小门户"。

在筹划自己网站的同时，我们也开始利用其他新媒体发布报道。除了门户网站之外，当时能利用的平台很少，很幸运，我们找到了一家名叫"饭否"的社交媒体，它的名字来源于"廉颇老矣，尚能饭否"的典故。

饭否的产品形态与今天的微博非常相似。《中国新闻周刊》记者获取的重要信息，可以在上面以短内容（比如 140 字）的模式瞬间发出。消息越短越重要，这是新闻的基本规律。它解决了周刊出版周期的掣肘。

但在 2009 年乌鲁木齐"七五"事件中，饭否因涉嫌传递暴恐信息而被关闭。新浪微博敏锐地抓住了这个空白点，开始了产品测试。这让我们拥有了一个新的阵地。下图即当时《中国新闻周刊》新媒体发稿流程图。在 10 年前，这是很超前的理念了。

理想模式：一条新闻——特别是类似"七五事件"这样的重大突发事件，形成报道链条：

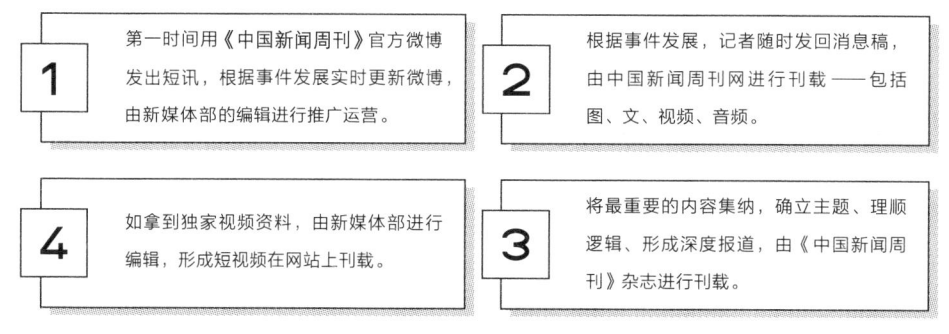

1 第一时间用《中国新闻周刊》官方微博发出短讯，根据事件发展实时更新微博，由新媒体部的编辑进行推广运营。	**2** 根据事件发展，记者随时发回消息稿，由中国新闻周刊网进行刊载——包括图、文、视频、音频。
4 如拿到独家视频资料，由新媒体部进行编辑，形成短视频在网站上刊载。	**3** 将最重要的内容集纳，确立主题、理顺逻辑、形成深度报道，由《中国新闻周刊》杂志进行刊载。

2009 年《中国新闻周刊》新媒体发稿流程图

还要插叙一个小故事：饭否的两位主创者，一位叫王兴，另一位叫张一鸣。1979 年出生的王兴是福建龙岩人，现任美团点评 CEO。他 18 岁被保送清华大学，24 岁放弃美国学业回国创业，用 8 年时间先后创办校内网、饭否网、美团网。张一鸣是王兴的同乡，是字节跳动的创始人，我们熟知的今日头条、抖音都是这位福建龙岩人的作品。或许，我们只看到了这些大佬头上的光环，却没有看到他们背后的挫折和艰辛。凡成大器者，都必须有百折不挠的精神。

《中国新闻周刊》新媒体前行的过程中，我还需要面对两个难题：

其一，平面媒体出身的我既不懂产品，更不懂技术。那个炎热的夏天，我光着膀子和上海那边的一个技术公司沟通磨合，被人家忽悠。但最终，这个看看有点山寨的网站上线了。

其二，说服"狼群"成员从深度报道中跳脱出来，把一个选题写成几种体裁，分别以140字的微博、1 000字左右的消息，以及3 000字以上的深度报道表达出来。如果有条件，还需要拍摄现场视频。一些同事不适应这种打法，认为它们太琐碎、根本没有时间，不如专注一篇深度报道，但我还是很强势地坚持下来了，甚至拿"谁干不了谁走人"威胁团队的成员。我告诉他们：这就是趋势。今天你不去适应它，未来可能就没机会适应了。

事实证明，这个判断是对的。"狼群"中一位叫王婧的同事后来去了财新网，从她入职开始，就是"网稿＋深度报道"的组合模式，而且每个月都有严格的考评。后来她很庆幸在《中国新闻周刊》的锻炼为她的转型打下了基础。

在2015年出版的《超越门户》一书中，我把在《中国新闻周刊》的工作状态以名为《狼群，远去的狼群》的一个章节讲述了出来。今日重读，依然让人热血沸腾。

2019年12月14日，是《中国新闻周刊》成立20周年，也是《中国新闻周刊》新媒体创立10周年。我被邀请回到这场纪念活动上，与秦朗总编辑一同回顾了《中国新闻周刊》新媒体的创业史。今天，秦总已经隐退，而我也过了不惑之年。

《中国新闻周刊》的一位老领导现场朗诵了一首词：

忆昔午桥桥上饮，座中多是豪英。长沟流月去无声。杏花疏影里，吹笛到天明。

二十余年如一梦，此身虽在堪惊。闲登小阁看新晴。古今多少事，渔唱起三更。

三、移动崛起

2010年我离开《中国新闻周刊》之后，又在另一家平面媒体做了一个简短的过渡，随后正式进入了互联网体系。足以影响我一生的那次媒体融合变革，也诞生在这个阶段。在《超越门户》一书下编的第八章里，我详细介绍了入职搜狐网后操刀这次变革的内幕。**其中的核心，就是"中央厨房生产，不同餐厅分发"**[①]。

这个概念来自搜狐公司原联席总裁兼 COO 王昕，是 2012 年 4 月她面试我时讲到的。她希望在我的任上，能够完成这一整合。当时，我懵懵懂懂地答应着，其实心里什么概念都没有。已经在传统媒体工作了 14 年的我，一直专注于内容源——选题、采访、写作、包装，虽然此前涉猎了一些新媒体的东西，但无法理解其中的真谛。

我入职时，在搜狐的产品矩阵中，PC 还处于强势地位。当时，4G 网络和智能手机刚刚开始普及。这里给大家简单解释一个概念：1G 主要处理的是语音，所以只能打电话；2G 可以处理文字，于是诞生了手机短信；3G 可以传输图片，所以有了彩信；到了 4G 才可以流畅地播放视频。有了 4G 网络，移动智能硬件又在苹果的带领下迅速崛起，全中国人民开始换手机，大量的 App 也因此雨后春笋般成长起来。也正因为在移动端布局较早，搜狐新闻客户端成为当时中国装机量最大的 App，预装了大约 2 亿部手机。

搜狐移动媒体的人员布局也借势开始。2012 年 5 月，手机搜狐网编辑小组，以及移动 App 编辑小组，还是 PC 内容中心之下的二级部门。但在 2013 年，公司把所有负责移动端内容（包括手机搜狐网和新闻客户端）的编辑抽调出来，组建了移动媒体部，由时任总编辑刘春领导、副总编辑魏成分管。自此，搜狐的编辑部被拆分为两个板块——PC 端＋移动端。在每个周一的下午，内容部都要召开两次例会：一个是 PC 端的，另一个是移动端的。

当时，我的职务是搜狐新闻中心总监，只负责 PC 端新闻首页更新。移动媒体部与我的距离越来越远，"中央厨房"也被渐渐淡忘。

但正应了那句话，"天下之事，分久必合，合久必分"。2014 年 2 月，重归互联网的搜狐公司董事局主席、CEO 张朝阳发出了改革的号令。这个改革的核心，是要把 PC 编辑部和移动编辑部重新整合到一起。而第一个改革的部门是我一直分管的新闻中心。在几乎毫无准备的情况下，我被推上了最前线，等待着即将到来的白刃战。

[①] 吴晨光. 超越门户：搜狐新媒体操作手册. 北京：中国人民大学出版社，2015：220.

此时，总裁王昕、总编辑刘春均已离职，而在2013年10月，我已经担任搜狐网总编辑。

四、中央厨房生产，不同餐厅分发

正如前文所述，改革前，搜狐内容部分为PC编辑部和移动媒体部。PC编辑部又下设新闻中心、财经中心、体育中心、军事文化中心等；同样，移动媒体部下面有新闻组、财经组、体育组、军事组等。双方各自生产内容，并在自己的终端分发。比如，同样是策划，"数字之道"这个栏目是PC端的；而"神吐槽"栏目是移动端的。

这种各自为政的方式会产生不少问题，主要是资源得不到高效配置。而这次改革的重点，就是把部门重新组合。其实可以把PC门户看成传统媒体，把客户端和手机网看成新媒体。改革要打通两者的平台，建立"中央厨房统一生产，不同餐厅分发"的模式。具体包括：

其一，把PC端和移动端的两个大编辑部合一，这是公司的一级部门。

其二，按照报道领域的不同，大编辑部下设新闻（时政和社会）、财经、体育、军事、文化等若干二级部门。

其三，以最重要的二级部门——新闻中心为例，原PC端新闻和原移动端新闻合为新的新闻中心；而在这个新的中心下面，又分为两个三级部门——生产中心和分发中心。

其四，生产中心包括初选组、精选组、精编组，主要是从每天的数万条新闻中，遴选出数十条最重要的报道，提供给分发中心的编辑。

其五，分发中心又称为"五大哨所"，包括PC端搜狐首页、PC端搜狐新闻首页、PC弹窗首页、App首页和手机搜狐网首页。分发端的编辑从生产端给出的内容中，选择适合自己的放到网页上。他们也可以根据需求，向生产方提出他们需要什么样的稿子。

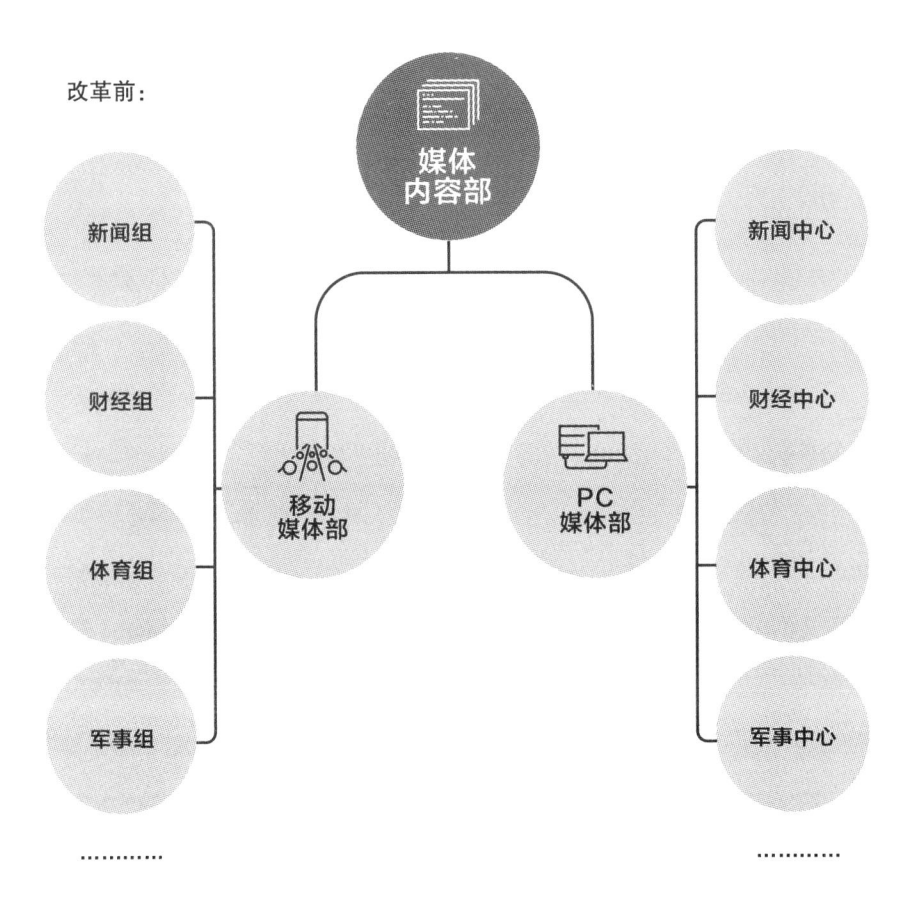

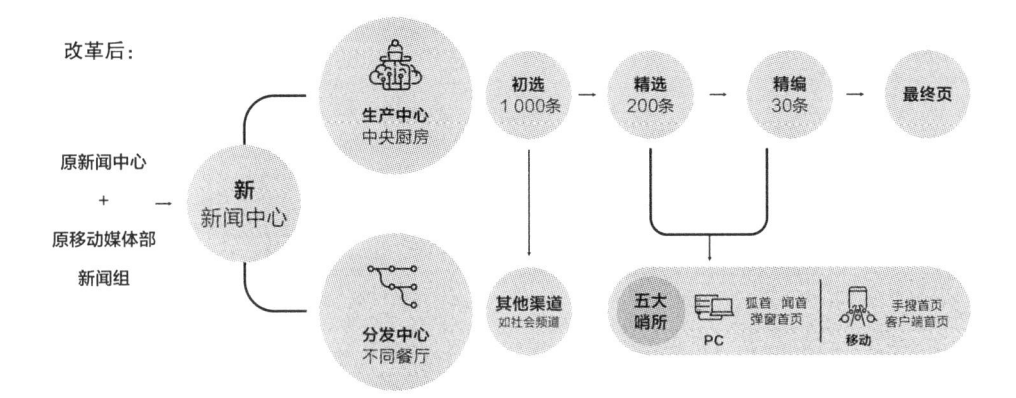

搜狐的媒体融合变革示意图

在这里，生产中心相当于中央厨房，这里的编辑相当于大厨，对原材料统一调配，并按照不同餐厅的要求生产出不同形式的菜品；五大哨所相当于不同的餐厅，这里的编辑相当于餐厅经理，他们负责照顾顾客的口味，并反馈给中央厨房。

如果从"源流说"的体系看，这是很明显的"合源分流"。

在改革最初的 3 个月里，我每天都要在不同的会场上穿梭。因为有太多的问题值得探讨。比如在内容融合的背后，还有涉及技术的后台如何打通——此前，PC 端发稿用 CMS 系统，手机搜狐网发稿用 WCMS，客户端发稿用 MCMS。而三端发稿系统的打通，可以有效提升融合的效率，减少编辑的重复劳动。

这场变革大约持续了半年时间。2014 年 10 月，在江苏苏州举行的第十四届中国网络媒体论坛上，我做了《从六脉神剑到五大哨所》的主题发言，其中重点谈到了媒体融合给搜狐带来的收益：

（1）此前，移动端和 PC 端由于分而治之，在观点上经常打架。现在统一管理，核心价值观相同。

（2）对重大报道的判断相同。我们重新整合了"搜狐新闻重大突发事件处理小组"，一旦出现情况，统一部署。

（3）对独家报道的推广不再各自为政，保证了其能有更广泛的传播。比如，中共十八届四中全会的"依法治国"的重点策划。

（4）节省了大量人力、财力，提升了效率，减少了管理成本。特别是人员缩减了 10% 以上。而这正是媒体融合的核心目标。

那么，既然是五大哨所，又有什么不一样的地方？哨所编辑根据"中央厨房"提供的半成品，以不同的用户口味、不同的端口风格进行二次加工，包括标题的制作、图片的剪裁、稿件更替的频率等。这就像此前在《南方周末》《中国新闻周刊》等媒体时网站稿和见报、见刊的深度报道的关系。

一位媒体老总问我：为什么那么多媒体嚷嚷"媒体融合"，而你们做到了？我说：

其一是老板强力推进，他有决定公司方向的能力；

其二是作为执行者的我没有退路，干不好就得滚蛋；

其三是我一直记着刚来搜狐时的"中央厨房"的理想，人总要为理想做点事。

五、再变革：身披彩凤双飞翼，心有灵犀一点通

2015年4月，这场媒体融合变革完成之后，我离开了搜狐，加入移动App一点资讯任副总裁、总编辑。2018年7月，我出版了《自媒体之道》一书，系统阐述了对自媒体、算法以及内容生态的理解。但在这部近30万字的作品中，却忽略了有关媒体融合的内容。今天，我回溯自己所做的工作后发现：一点资讯和凤凰网自媒体生态的建设，同样是一场商业互联网媒体融合的尝试。

我在一点资讯担任总编辑的四年多时间里，凤凰网一直是它的大股东。而"楼上楼下"的办公方式，又给两者之间的融合提供了便利条件。众所周知，凤凰网是一个专注内容品质的、有较强媒体属性的门户网站，所以它希望利用自己的优质内容来哺育一点资讯。但从2013年之后，信息传播方式发生了根本性的迭代——随着今日头条、一点资讯的崛起，由自媒体生产内容、按照用户兴趣进行千人千面分发的模式开始流行。作为一点资讯这样的"智媒体"，仅仅靠几十上百条内容，不可能满足千万用户每个人的个性化需求。

所以，我们要招募大量的创作者入驻这个平台进行生产，这就是所谓的"自媒体"。"一点号"和"凤凰号"（后更名为"大风号"）就是在这个背景下诞生的。《自媒体之道》一书的核心讲的就是自媒体的入驻、生产和分发的基本逻辑，以及自媒体和人工智能之间的关系。

在凤凰新媒体CEO兼一点资讯董事长刘爽的推动下，一点和凤凰的整合开始了。当

时的他一再和我强调：只有资源整合好，才能共同击败强大的对手。在2017年春天举办的"凤凰&一点自媒体大会"上，我们打出了这样的slogan："身披彩凤双飞翼，心有灵犀一点通。"下面这张图，是我在那次的演讲中使用的。

中央厨房入驻，不同餐厅分发

数据打通：展示、点击、分享、评论、收藏、搜索、订阅，全平台统计100万+不是梦

凤凰号和一点号的整合

当时，已经有大约10万个自媒体入驻凤凰网，另有15万个自媒体入驻一点资讯。所以，我们一下子就拥有了25万个内容源。而把这两个平台的底层打通后，在这个大内容池里，每天大约会进入15万篇文章。这些文章又会分发到6个不同的端口：凤凰的三个端口、一点资讯App，以及小米和OPPO的浏览器。

在这里顺便说一下，小米和OPPO也是一点资讯的股东，两者部分浏览器的内容由一点资讯输出。很多人不太了解浏览器这个产品，事实上，它的用户量巨大。业内人士估计，华为、小米、OPPO、vivo四大手机浏览器上总的每日活跃用户数（DAU）在2亿左右，可以与腾讯、百度、今日头条三大信息流巨头抗衡，是典型的超级入口。

六、一个超级厨房，千万专属餐厅

那么，凤凰和一点资讯是如何打通的？其实很简单，就像让两个水龙头向一个池子放水，然后再接几个管子出去，分别对不同的饮水人。如果从技术层面来操作，主要包括：

协同拉客。比如，看到10个优质财经自媒体，经双方确认后，各负责拓展5个。

协同审核。当这些内容进入"水池"后，按照同样的标准去除违规部分。

协同管理。对自媒体的分类、分级进行统一规划，确定内容好与坏的统一标准。

数据打通。这是基础，也就是把原来的两个池子融合成一个池子。最重要的是打通阅读量的数据，让不同平台的阅读数据叠加在一起。每位作者都愿意看到他的文章有更多阅读；每个读者也愿意在文章下面看到更丰富的评论。在给创作者的结算上，因为涉及不同公司，会根据不同平台的点击数量进行不同的处理。

此时的中央厨房，要比搜狐的中央厨房大很多。在巅峰状态时，一点号和凤凰号的总数超过 100 万个，发文数量也远非搜狐几万条可比。而分发的"餐厅"，也从搜狐的 5 个扩展到了几千万个——在这种按照用户兴趣、千人千面逻辑分发的 App 上，每个人看到的内容是不一样的。也就是说，每个人都拥有自己的专属餐厅。

一个问题又摆在我们面前：如果内容池都一样，而算法推荐逻辑也相同，两个客户端会不会变成一个？当时争论了很久，也没有答案。但如果从今天看，各平台上优质内容的趋同性越来越强，靠几篇独家文章打天下的时代早已经过去。而核心竞争力的塑造，已经升级为"内容—渠道""源—流"的综合竞争力。因为凤凰网和一点资讯的用户并不冲突，且分发为千人千面，所以不会产生一家人打架的问题。

从市场层面看待此事，以前人们注重的是"产品 – 市场匹配"（product-market fit，PMF），意思是"在一个好的市场里，能够用一个产品去满足这个市场"。为此，有三件事可以做：拥有更好的产品体验，抓住细分市场，或者创造出一个全新市场。今天，这个策略被升级为"产品 – 渠道匹配"（product-channel fit，PCF），意思是"在精细化的产品运营过程中，能够用一个产品去满足这个渠道"。产品的定位与渠道的人群属性、场景属性高度匹配，产品与渠道产生合力，最终构成核心竞争力。

七、媒体融合的难点与目标

我讲的故事部分到这里就结束了。现在敲黑板、画重点，主要讨论三个问题。

（一）媒体融合的关键点是什么

1. 它是一个化学反应，而不是物理反应

我不是学中文的，更不是学新闻的，我的专业是钢铁冶金，所以活生生地写出了一部小说，叫《钢铁是怎么没炼成的》。但是这个经历给我打下了一个基础，就是化学。化学是什么？化学是要有反应的，生成新的物质。水和牛奶那种交融，不是化学反应，而是物理反应。

媒体融合也要做化学反应，而不是把两拨人机械地放在一起。混着坐也不行。它要能够产生新的东西，包括：

（1）新的组织架构。比如搜狐的变革，就是颠覆原有 PC 端和移动端分而治之的架构，产生新组织模式的过程。

（2）新的产品形态。因为要融合，所以很可能有新产品（比如新栏目、新的 App 诞生），而此前的重复的产品会被干掉。

2. 需要技术的支持，特别是底层数据的打通

还举搜狐的例子。当时，我们的发稿后台有三个系统：CMS、WCMS 以及 MCMS。把这三个系统打通了，一个编辑发稿，才能在搜狐网 PC 端、手机搜狐网、搜狐 App 同时出现。凤凰和一点的融合也是如此，如果不把底层打通，从一点号进入的内容都没法同步到凤凰那边去。

当然，后台打通远不止说说这么简单，其中有各种各样的细节和指标。在搜狐网和凤凰网，这个事情都折腾了大半年。数据打通是建立在互联网基础上的，正如总书记说的"全球一张网"。传统媒体没有数据和技术底层，更没有用户的概念，所以，尽管传统媒体之间也会有整合，但那不是融合，而是合并或者拆分。

3. 必须是一把手亲自抓

搜狐网和凤凰一点的融合能够进行，都是 CEO 亲自操刀。因为媒体融合涉及组织构架和产品的重新设计，如果不是一把手，无法站在全局上看待这个问题。而且因为利益的重新分配，在执行的过程中会遇到各种问题——特别是部门利益的调整，没有一把手的权

力，根本进行不下去。

（二）媒体融合中最大的难点是什么

是人。正因为是重新排列组合、发生化学反应，其中必定涉及利益的重新分配，甚至改变很多人的命运。而当某些人的利益被触动时，他的反弹往往出乎意料——这就是人性，趋利避害。

所以，从古到今的改革者，不少都难以善终，从秦国的商鞅到清代的谭嗣同都是如此。而这也就要求改革者们有更高远的格局、更高超的政治智慧、更高明的行事技巧，比如"破"和"立"的先后顺序，并拥有一个坚定的信念，如此才能成功。

（三）媒体融合的目标是什么

效率。这又分为两个层次：

首先，源，也就是内容生产，要用更少的成本获取更丰富、更优质的内容。《南方周末》记者对华南虎的采访，如果网站和报社编辑部是两个部门，那就需要派出两名记者；再如凤凰和一点，两边联合"拉客"就比分头拉客的效率要高很多——对10个优质内容创作者，可以你拉5个、我拉5个，然后做个交换就行了。

其次，流，也就是内容分发，要能形成更高效的传播。正因为中央厨房能把优质原料整合在一起，所以在厨房做菜时，厨师就能有更多选择，菜单就会更丰富，可以满足更多顾客的口味。而当更多顾客涌入餐厅时，又能留下更多的意见和建议，反推厨房把原材料的采购再上一个层次。

	网络基础：	没有互联网，不可能有融合
	组织构架：	中央厨房的组建（凤凰与一点：协同"拉客"、协同管理分类分级、协同支付）；不同餐厅的层次感（如果都是报纸，不是融合，是合并）
	技术基础：	底层打通的关键性（在搜狐的三个后台的打通）
	领导能力：	要有能统筹全局的高度、格局和权力（谁来抓很重要）
	特别注意：	媒体融合是化学反应，而不是物理反应

对媒体融合的综合思考

总之，媒体融合后，可以让用户在更短时间内获取更丰富、更优质的内容。如果没有达到这一点，硬件搞得再漂亮，也是花架子、走形式、糊弄领导。下图即笔者对媒体融合的综合思考。

八、首次公开"源流说"

来讲课之前，我查了"融"字的含义。它的本意为固体受热变软或化为流体，另一个意思是调和。**也就是说，没有"流"，无法"融"。**这也验证了为什么媒体融合是在移动互联网和智能手机兴起之后才提出的概念。

传统媒体时代是"块阅读"，因为文章像豆腐块一样排布。PC时代门户网站的页面，也是由信息块拼在一起的。而手机阅读改变了这种模式，上下一刷，信息就像瀑布般涌来，所以称之为"流阅读"。如果再去深究传播的本质，其实就是两个字：源、流。而媒体（也包括一点资讯这样的平台型产品），就是能让源与流交汇的介质。

2016年年底，我在深圳大梅沙论坛上提出了"源流说"的雏形。只不过当时的说法还没有这么精练，是传播需要经过"内容生产—内容审核—内容分发—用户互动"四个环节。在此后的时间里，"源流说"的理论体系逐步成型、深化，特别是我认识到：审核环节属于中间环节，待审内容并未与用户见面，所以可以归于生产之中；用户互动也属于分发环节的一部分。所以，最终把传播归结为内容生产（源）、分发（流）。而在今天的演讲里，"源与流"被第一次升级为"源流说"。

之所以称之为"说"，是因为它是一个理论体系，而不是把零散的东西拼凑在一起（详见《内容生产与分发的44条法则》）。

回顾我个人的成长历程，也是与源、流紧密结合在一起的。在1998年到2012年的14年里，我主要的精力花在了"源"上——专注内容生产，主要是对选题、采访、写作、包装的反复实践，在各种主流媒体上发表了150万字的报道作品和大约500万字的编辑作品；在进入互联网之后，我把重心逐步转向了对内容分发逻辑的理解上，比如如何利用算法或者利用社交关系链条；而在搭建一点资讯自媒体运营体系的过程中，又把内容生产和内容分发逐步结合到一起，直到 2016 年年末，在苍茫的大海边悟道"源流说"。

时至今日，已经是三个"七年之痒"、两个"面壁十年"。

如果从这个角度看媒体融合，其实也是人思想的融合——把源、流融会贯通。也正如本文所说的，这也是一场改变我命运的化学反应，一个专业是化学的人，竟然在传播中拥有了自己的理论体系。

九、超级 App VS App 工厂

最后，让我们超脱于内容，来看看产品层面的融合与分流。

如果说用户是鱼、内容是水，产品则是鱼缸。从目前发展的情况看，特别是用户增长方式来看，**产品（App）主要演进出两个流派：其一是把绝大部分功能集中在一起，逐步形成超级 App；其二是以一个 App 为母体，体系壮大后开始进行功能拆分，形成 App 矩阵。**

前者的典型代表就是微信。

2019 年微信数据报告显示，截至当年第三季度，微信月活跃账户数达到 11.51 亿，其 DAU 峰值也超过 10 亿，彻底成为"一种生活方式"。在中国，见面加微信、过节发红包已经成为像握手一样的礼俗。

在主产品的基础上，微信公众号平台在 2012 年 8 月推出；2014 年春节期间，微信推出的红包功能，堪称对支付宝的一次完美的"珍珠港奇袭"，打通腾讯的支付路径，形成如今支付领域的"两超"格局。而搜一搜、看一看等功能，也随着版本的迭代而相继推出。围绕社交，今天微信已经将媒体、电商、支付/金融、出行、工具、小程序等诸多功能集于一身。

与微信这个超级 App 相比，字节跳动则走了另外一条路。今日头条、抖音短视频、西瓜视频、火山小视频（后更名为"抖音火山版"）、皮皮虾……这些都是字节跳动旗下的

明星产品，单个产品拎出来都是让无数业界同行艳羡的存在。字节跳动掌门人张一鸣用同一套产品方法论复刻出多个产品，打造出一个增长能力强悍的"App 工厂"。

仅仅在 2018 年，这家公司就推出三个全新 App。4 月，内涵段子被永久关停，但三个月后，搞笑类内容产品"皮皮虾"上线。8 月份，电商 App"值点"被推出。10 月初，用户可以下载对标小红书的移动产品"新草"。2018 年快要结束时，字节跳动研发一款社交产品"飞聊"的消息不胫而走。字节跳动一位内部人士透露，这个项目已经秘密存在一年时间。现在，任何一个产品都不足以代表这家公司，"头条系"才是准确的说法。还没有哪个互联网内容公司像字节跳动一样，在两年时间内，App 推新迭代速度如此之快。

字节跳动"App 矩阵"能力的形成，得益于其强悍的产品运营能力和商业变现能力。在其内部，没有按业务线划分的事业部，只有三个核心职能部门：User growth、技术和商业化，分别负责用户增长、留存和商业变现。而这三个部门是任何一个移动产品从无到有、从小到大的核心。三个职能部门会参与每个 App，换言之，任何一个 App 都可以基于此发展。而每一个 App 的管理团队，只把精力花在运营上。

在我看来，User growth、技术和商业化组成了一个"大中台"，而各个 App 的运营则担负了前台的职责。这种组织设置，与百度等公司相比，拥有更高的效率。在百度，很多产品会用到机器学习平台，而类似的平台有三四个，各自为战。

作为一点资讯早期最重要的竞争对手，我一直在观察头条的成长，也切身感受到了它的拆分过程，比如"悟空问答"。它最初的形式是"今日话题"，隐藏在头条的信息流之中；而后变成一个独立频道——头条问答；最后以独立 App"悟空问答"的形式出现（但因运营效果不好后下线），这个过程在两年左右。

那么，超级 App 与 App 工厂到底孰优孰劣？

到目前为止，还没有定论。但可以肯定的两点是：

其一，把很多鸡蛋放在同一个篮子里的风险太大，特别是在强监管的环境下；

其二，社交类 App 更适合做超级 App，因为人群基数、关系链条等防守壁垒比较深，轻易难以倾覆；资讯类 App 护城河太浅，有随时被迭代的风险，所以需要时时更新形态。

但正如前面所说，无论是融是拆，其核心是对效率的提升、对用户心智的把握。互联网出现以来，极大地提升了社会前行的速度，媒体融合也正是因为这样的大背景应运而生。对我们这些从业者来说，与其被别人革命，不如自我革命。持续创造新内容、新产品、新的组织模式，才可能适应"新时代"的潮流，如果能深刻理解这一点，分与合就不那么重要了。

舆情处置：为什么总有人把它弄成火上浇油

提要

新冠疫情初期的失控，不在源而在流。一个月破解新型冠状病毒之结构，已是极速；但因为对人员控流不力，导致 500 万人在封城前流散，是最大失误。舆情处置与疫情处置相同，找到引发舆情的源头整改，并控制好传播链条是有效应对之策。但相较而言，控源的成本比控流小很多。所以，提前布局、发现隐患才是相关团队的核心工作，而非事后救火。

——摘自《内容生产与分发的 44 条法则》之三十九

2020 年冬春之交，一场巨大的灾难突降中国。一夜之间，饭馆关门了，公路被截断，本应熙熙攘攘的春节活动全部被取消，不少城市、社区、乡村被彻底封死。人们的脸被口罩捂得严严实实，1 万、2 万、3 万……每天醒来，公众最关心的，是不断变化的病例数字。

面对这场由新型冠状病毒引发的肺炎疫情，中国以举国之力进行控制。按照流行病学的基本原理，一是寻找病源，二是摸清传播链条，三是保护易感人群。**用更简单的话说，就是溯源、控流。**

与疫情同时到来的还有汹涌的舆情。所长、院士、市长、书记、红十字会、双黄连口服液、口罩……一波未平一波又起。舆情的传播规律与疫情几乎完全相同，特别是在"人传人"这个模式上。所以，在这篇讲解如何处置舆情的文章里，也借鉴了很多处置传染病的手段。

一、舆情从哪里来

在试图解决一个问题之前，我们应该先弄清楚诱发此事的原因。那么，什么样的事情更容易引发舆情？其实，这与新闻的传播规律是相同的，总结起来有如下特征：

一是事件的贴近性强。尽管在汶川地震中死亡的人数远远超过新冠疫情，但从所形成的舆情看，无论从波及面、影响力还是持续时间，汶川地震都远远不如新冠疫情。道理很简单：地震所波及的，只是震中及其周边的人群；而疫情所波及的，是所有可能被感染的人群。这就是事件的贴近性，贴近性越强，舆情就越大。

二是涉名人。一个事件，发生在普通人身上可能引不起关注，但发生在名人身上就是轩然大波。这里的名人，不仅仅指自然人，也包括知名企业或组织机构。

这场疫情引发的舆情中关注度最高的当属湖北省红十字会物资分配出现问题一事。自2011年"郭美美事件"后，红十字会的知名度大幅度提升（注意是知名度，而不是美誉度），所以在国难中被推上风口浪尖也在意料之中。

三是涉冲突。冲突包括人与人的冲突、人与其他生物的冲突（如可能被认定为新冠病毒宿主的蝙蝠）、人与环境的冲突、环境与环境的冲突，反映在语言上、肢体上、性格上、行为方式上、思想理念上。如果冲突发生在强者之间——比如两个大国的贸易摩擦，舆情会更大。

四是涉性。性是人类与生俱来的需求，与每个人相关，自然会有很高的关注度。而被报道出来的此类内容——诸如出轨和嫖娼，又涉及生理需求与道德、伦理、法律的冲突，其实也是动物性与人性之间的冲突。

但以上四个因素还属于表面原因。重大舆情的背后，无一不带有强烈的社会情绪。

2016年春节，一条关于"女孩与男友为何分手"的帖子刷屏了。该事件最早从一个社区传出，讲述了一位出身小康家庭的上海女孩跟随江西男友回农村过年，但最终分手的故事。女孩在文中称：自己谈了个外地男友，快一年了，"人工作能力蛮强，长相是我喜欢的那种，但是因为没有家底，估计两年内没钱买房"。不过，在男友的再三要求下，她还是决定随其到农村老家过年。

"不去不知道，一去吓一跳。"在昏暗的灯光下，四五个颜色灰黑的菜让人难以下咽；"旱厕"更让这位从小使用抽水马桶长大的姑娘无法忍受。当晚，上海女孩便打电话给父亲，让堂哥开车去接她，并表示坚决与男友分手："农村生活比想象的要差一百倍，我接受不了。"

尽管此事被官方最终定义为假新闻，但所反映的却是真问题。这里没有名人、没有性侵、没有暴力，为什么会引发如此汹涌的舆情？因为背后是一种社会情绪的表现——基于户籍制带来的城乡二元结构，农村人和城里人之间的差距以及对立情绪一直存在。正如《人民日报》的评论：春节返乡团圆，是对农村出身与社会关系的再次确认；而那位女孩的连夜出走，也正是对这种社会关系的拒绝。"农村大学生在改变个体命运之后，还需要完成社会身份与社会关系的重建。而后者，是一个更加沉重的任务。"

中国社会正处于人类历史上最复杂的阶段。我们用几十年时间完成了资本主义国家几百年完成的转型，所以各种矛盾在这个阶段聚集，各种社会情绪也集中反映出来——特别是仇官、仇富情绪，地域之间的对立情绪等。在这次新冠病毒引发的舆情中，湖北省、武汉市的部分领导被痛骂、湖北籍居民与其他地方居民的对立情绪，也都证明了这一点。

互联网给了每个人表达的机会，这又让舆情的传播规律变得更为复杂。所以，习近平总书记强调：随着形势发展，党的新闻舆论工作必须创新理念、内容、体裁、形式、方法、手段、业态、体制、机制。他同时强调：过不了互联网这一关，就过不了长期执政这一关。

二、什么样的舆情更有杀伤力

我们可以从两个维度看待这个问题：一是什么引发了舆情；二是传播的情况。这与疫情的规律相同：一是病毒的厉害程度（人感染后的死亡率）；二是病毒的传播方式。简单说，一是源、二是流。

其一，源。如果发生在企业、政府的核心产品、核心服务或核心人物上，势必产生重大舆情。

一位外卖企业的负责人曾经向我咨询：有人曝光了送餐小哥因车速太快撞人的事情

（被撞者只是受了轻伤），是否会酿成大的舆情？我说"不会"。因为这不是发生在核心产品或核心服务上的问题。送餐平台的核心服务有两个：一是保证食品安全，二是能按时送到。在送餐过程中发生意外不包括在两者中（但不能三天两头撞人）。

滴滴顺风车事件则相反：三个月内的两起命案全部发生在其核心服务上——乘客被司机杀害了。

顺风车"要把出行平台做成社交平台"的理念也引发公众强烈的质疑。他们打出了"春风十里 不如睡你"的广告词，"注定就是你""早晚都是你的"等文案充满了性暗示。而"10 分钟换一辈子""焦躁一秒变娇羞"的文案，则更让女性乘客觉得恐怖。

有些舆情虽然没有出在核心服务或核心产品上，但如果出在核心人物身上，也会不好控制。如果这位核心人物平时行事高调，又是企业或者政府的形象代言人，这样就更麻烦。特别是在自己最擅长或者最得意的地方出问题，则会加重舆情。如同《笑傲江湖》中的岳不群以"君子剑"成名，但最后被揭开了伪君子的真面目，只能身败名裂。

政府收了纳税人的钱，所以也要提供产品和服务，比如教育、交通、养老、医疗等，包括对信息的及时披露。新冠疫情发生的初期，湖北和武汉出现了非常多的问题与失误，比如不做预警、宣传"不存在人传人"、搞万人大聚会——这怎么可能不引发铺天盖地的舆情？

其二，流。只要不在"主路径"上传播，舆情就不会太大。

"主路径"的概念是我在搜狐任职时，老板张朝阳告诉我的。它指用户集中的地方。在中央电视台，《焦点访谈》是主路径；在《人民日报》，头版头条是主路径；在搜狐和一点资讯 App，首页首屏是主路径；而在微博上，"热搜榜"、热门话题和大 V 转发是主路径。这就如同疫情传播中的"超级病毒携带者"，一个人可以感染十几个甚至几十个人。

目前，中国有大概一万家报纸和杂志、数千家电台和电视台，超过 400 万个网站，以及大约 1 600 万个包括公众号在内的自媒体。它们的表现形态也是丰富多彩：文字、图集、视频、音频、问答、直播……比如你删除了一篇文字，可能马上会出现一个截屏的长图。

传播的模式如今也变得非常复杂，可能是编辑的推荐，可能是算法的推荐，也可能是在社交媒体上人传人。所以在这种复杂的传播环境下，想完全清除负面信息几乎不可能。最简单也是最现实的处理方式，就是尽量不要让它出现在主路径上，或者尽快从主路径上"降维"，隐藏到后台去。

疏导好舆情可能影响到的重要人群，也是维护主路径的另一层含义。如果它传递到了你的领导、家人或者重要合作伙伴那里，尽管阅读的人很少，但后果可能很严重。

主路径思维，是典型的用户思维。用户思维，是互联网思维的核心。这个逻辑不仅适用于舆情的处置，同样适用于品牌推广——100篇不疼不痒的PR稿，不如一篇刷屏文章；让10 000个无关者看到，不如影响100个目标用户。

三、舆情可能持续多久

2015年8月12日23:30左右，位于天津市滨海新区天津港的瑞海公司危险品仓库发生火灾爆炸事故。事故中爆炸总能量约为450吨TNT当量，造成165人遇难（其中包括救援人员上百人）、8人失踪、798人受伤，经济损失达上百亿。

因为死亡人数远超29人，这起安全生产责任事故被国务院调查组定性为"特别重大"。

那么，对这起事故的关注持续了多久？我们可以根据时间轴来做一下分析。

其一，从8月12日爆炸到8月18日后舆情逐渐平息，**持续时间在七天以内**。其他的重大突发事件大抵如此。其原因有二：一是"救场说"——另一个重大新闻的发生，会冲淡前一个新闻的关注度。比如，新冠疫情"救了"故宫"大奔女"。二是中国有"头七"的习俗，当逝者入土为安之时，舆情就会逐渐平息。

其二，关注度的反复主要来自新的爆料。天津港爆炸就是如此。8月16日舆情的反复，就是因为爆炸责任方——瑞海公司当时的总经理只峰的信息在新闻发布会上被追问，而主办方又没能做出合理解释，导致公众情绪的再次爆发。

所以，新冠疫情引发的舆情所持续的时间，是根据疫情发展状况来定的。只要感染人数在增加，死亡人数在增加，舆情就会持续。这与天津港爆炸、汶川地震等重大事件不同。虽然大地震造成死亡的人数远远超过新冠，但地震给社会带来的影响是逐步减小的；疫情则会蔓延甚至反复。所以，在做好打疫情持久战的时候，也要做好打舆情持久战的准备。

四、当事人如何做出回应

舆情处置有两种最直接的方式：一是删除不利于自己的报道；二是正面回应、引导舆论。删帖不是不可以，但在今天的网络环境下，起到的作用相对有限。微信、微博、今日头条、一点资讯、五大门户网站，还有百度、搜狗……而这些还只是大平台，另外有400多万家网站，以及千万个自媒体。想一一清理，就算用上洪荒之力，效果还不一定能达到。

而且一旦舆情形成，说明事情的关注度已经很高。帖子可能被处理，但留在读者脑子里的信息是无法被清除的。

所以，做好回应、引导舆论才是重中之重。回应又可分为两个层次：其一，以书面文字回应；其二，召开一场新闻发布会。

（一）如何做好书面回应

优秀的新闻通稿具备同一个特征：不回避核心问题，而且逻辑清晰、文字精练，不会产生歧义。最重要的，是能够疏导公众情绪。比如昆山警方回应"龙哥被砍杀"一事，堪称经典。昆山警方回应的经典之处，不仅在于事实陈述清楚、表达逻辑清晰、法律依据明确，还在于其注重细节——特别是对龙哥所驾驶宝马车来源的回应，极大地缓解了公众对"为富不仁"者的愤怒情绪（详情请扫描识别本页右下角二维码）。

愚蠢的回应稿通常存在几个问题：

（1）"以人为本"没做到。一再强调"领导重视""反应及时"，但忽略了事件的进展，特别是人员的伤亡情况。在一场突发事件后，某地警方发布300多字通稿，有220字在说各级领导多么重视此事。这非常容易被解读为"没有人性"。

（2）写成"洗地文章"。试图通过一篇稿子把负面新闻变成正面新闻，是最愚蠢的想法。比如让死者家属感恩政府之类的。灾难是丧事，丧事永远变不成喜事，死者家属的情绪不可能稳定，这是人性。

（3）转嫁责任。不去检讨自己，却说对方的不对，而这种指责又毫无道理，只会加重自己的问题。武汉疫情中就出现了太多的"踢皮球""甩锅"的情况，最后反而造成了更大的舆情。

（4）辟谣式传谣。在辟谣时附带谣言，这是典型的脑子进水行为，只能进一步扩大谣言的传播。建议在辟谣稿里，将谣言模糊处理。

（二）如何召开新闻发布会

新闻发布会是通稿的升级版，除了以上几点注意事项之外，之前的准备和新闻发言人——也包括企业领导人及政府主管领导——在现场的表现非常重要。

2003年11月上旬一个寒冷的夜晚，我顶着寒风赶到了北京郊区某宾馆。在这里，国务院新闻办公室举办了全国第二期新闻发言人培训班，后被称为"黄埔二期"。作为《南方周末》的记者，在培训班现场以及此后的工作中，我结识了诸多新闻发言人，他们中的不少人后来都成了"明星"。比如前铁道部新闻发言人王勇平、教育部前新闻发言人王旭明等。如果从能力上看，王勇平毋庸置疑是这个群体里最优秀的人士之一。但因为在"7·23"动车事故新闻发布会上的失误，他败走温州，后来离开发言

昆山警方回应"龙哥被砍杀"的警方通报

人岗位。

王勇平的失败提示我们以下几点：

（1）不打无准备之仗。

这场发布会最大的问题，首先在于发言人准备不足。王勇平下了飞机直奔发布会现场，间隔不到一小时。而且，他把一个原本应该半小时结束的发布会，开了将近两个小时。所以，后来只能凭借自己的反应回答问题，而不是根据他掌握的情况，所以才说出了"至于你们信不信，我反正信了"的话。

这种准备，不仅仅是发言人的准备，更应该是相关机构的准备。王勇平的发布会现场只有他一个人面对数百位记者的长枪短炮。前铁道部各职能部门的负责人全都没露面。

退休后，王勇平在接受记者采访时称，当时，他下飞机后就接到上级有关部门领导的指令，要求立即召开发布会。他向部领导汇报，当时很多情况还没有搞清楚，能不能稍微晚一天再开发布会，但是有关部门要求当天晚上必须开，因为当时的舆论出现了很大的偏差，谣言盛行，完全可能引发严重的群体性事件。而且当天要开发布会的消息也传出去了，数百家媒体在等候。部领导问他有没有把握，他说他刚刚到，情况不掌握，没有把握。过了一会儿，领导又问他究竟有没有把握？他说他没有把握，但是领导让上，会尽力而为。

（2）可以有不说的真话，但绝不能说假话。

这是《南方周末》当年的办报理念，对于新闻发言人也是至理名言。假话迟早会被拆穿，特别是你是在公共场合说出的。2003年SARS期间的卫生部和北京市"感染者很少"的谎言导致了一场公共信任危机；2020年同样的悲剧又在上演——在1月20日举行的新闻发布会上，武汉市疾控中心主任李刚说出了"（新冠病毒）持续人传人的风险很低"，疫情暴发后被称为"千古罪人"。

对于企业也是如此。特别是上市公司，根据深沪证券交易所股票上市规则，应该及时、公平地披露信息，并保证所披露的信息真实、准确、完整，不得有虚假记载、误导性陈述或者重大遗漏。一旦信息披露不实、存在遗漏或者出现误导性陈述，就会招致监管部门的调查或处罚，甚至可能遭到投资者的索赔。

（3）不是每个场合都要面带微笑。

2003年我采访的新闻发言人培训班上，央视主持人白岩松曾经批评了一位女士。这位女士是某省会城市的新闻发言人，被批评的原因是她在回答每个提问时都面带微笑。"不是每个场合都要面带微笑，"白岩松说，"特别是面对灾难时。"

因为在事故现场微笑，陕西省安监局原局长杨达才落马；天津港爆炸新闻发布会现场，一名官员因说了"见到记者我很高兴"而被网友骂"没心没肺"；王勇平也因为在温州动车事故发布会的一个微笑被截屏，引起了公众的强烈不满。

（4）一句话、一张照片、一段视频更容易被广泛传播。

你可能忘了"7·23"——动车事故发生的日子、可能忘了王勇平这个发言人，但忘不了"至于你们信不信，我反正信了"这句话。特别是在今天，移动阅读已经占据主流的时候，这种碎片化的传播方式更容易被人记忆。

（5）伤其十指，不如断其一指。

负面新闻——特别是灾难，往往伴随很多谣言。抓住主要的谣言，搜集充分证据，一招制敌。对于一些无关痛痒、似是而非的信息，不必理会。

（6）中断还不如不开。

武汉疫情央视记者采访湖北省红十字会仓库，遭到保安阻拦后直播突然中断，从而引发了舆论的强烈反弹。中断意味着想隐瞒，但越想隐瞒的东西，媒体和公众越有好奇心去扒背后的真相。还是那句话，移动互联时代信源的多样性和传播速度远胜于PC时代，人们很快会挖掘出究竟想隐瞒什么。

天津港爆炸事件失败的新闻发布被媒体称为"火上浇油"。下表来自某舆情分析机构，非常清晰地说明了发布会存在的问题，可供大家借鉴。

"天津港爆炸事故"5次新闻发布会总结

发布会	是否准时	正向回应	次生舆情	出席发布会人员
第一次（13日下午16时30点）	是	1. 公布安置情况 2. 公布环境监测情况，公布刺激性气味来源	1. 分管安全副市长未出席、安监部门未有官员出席 2. 危险品爆炸物居民区距离"还是蛮远的"（张勇） 3. 有没有氰化物未回应 4. 具体起火爆炸原因不清楚 5. 经济损失未回应 6. 发布会直播至记者提问环节中断	滨海新区区长张勇 天津市公安消防局局长周天 天津市卫计委主任王建存 天津市环保局局长温武瑞
第二次（14日上午10点）	延迟10分钟	1. 通报伤亡情况，一名幸存者获救 2. 首次通报救援中的爆炸情况 3. 通报环境情况	1. 中转仓库，无法给出危险品详细信息 2. 消防具体处置方法目前不清楚 3. 安全评估报告需向交通部门沟通 4. 发布会直播至记者提问环节中断 5. 发布会结束时，现场多名记者大喊：只峰是谁？	天津市委宣传部副部长、市政府新闻办主任龚建生 天津市公安消防局局长周天 卫计委主任王建存 南开大学环境科学与工程学院教授冯银厂
第三次（14日下午18时）	是	1. 救援进展，明火扑灭 2. 安置情况通报 3. 伤亡情况通报	1. 回应中使用："这个情况不了解，需要下来问一下。""这个情况我需要找同事核实一下。" 2. 发布会直播至记者提问环节中断	天津市委宣传部副部长、市政府新闻办主任龚建生 天津市消防局局长周天 滨海新区常务副区长张锐钢 滨海新区民政局局长郭志寅 滨海新区卫生局局长尹占春
第四次（15日上午10时）	是	1. 伤亡通报 2. 初步确认危化品种类及危害 3. 通报环境监测情况 4. 可部分公开安评报告 5. 辟谣只峰谣言	1. 安评情况系交通部门掌握 2. 记者们要求港口部门出现并发声 3. 发布会直播至记者提问环节中断 4. 消防员家属冲击发布会现场 5. 回应中多次使用不掌握、不了解、无法回答等否定性词语	天津市委宣传部副部长、市政府新闻办主任龚建生 天津市安监局副局长高怀友 天津市环保局总工程师包景岭
第五次（15日下午17点）	是	1. 伤亡通报 2. 救援进展、心理干预及卫生防疫工作 3. 青年志愿者参与救援情况	1. 爆炸是否确定源头回应不清楚 2. 危险品与小区建设距离问题回应不是我的职责 3. 编外消防员谁统计未获回应 4. 伤亡具体数据回答不掌握 5. 发布会直播至记者提问环节中断	天津市委宣传部副部长、市政府新闻办主任龚建生 天津市公安消防局局长周天 市卫计委主任王建存 共青团天津市委书记徐岗 天津蓝天救援队行政队长李怡爽

（7）面对敏感问题时，回答要注意措辞。

新冠疫情暴发之初，武汉市一位主要领导接受了央视记者的采访。记者提问：你给自己打多少分？这位领导回答"80分"，结果引发了一片声讨。但按照这位领导的解释，他是给自己应对媒体的水平打的分，而不是针对政绩。只是在武汉封城、医疗资源极度紧缺、死亡事件连连发生的当口，没有人关心这"80分"的真正含义是什么。

我针对这次湖北疫情写了一篇如何开新闻发布会的文章，详见本章深度案例之八《新闻发布会败于口罩》。

五、舆情处置：最终是对公众情绪的疏导

《孙子兵法》讲了一个非常深刻的道理：**一场战争的胜负，不是战场上决定的，而在于准备**。这就是所谓的"运筹帷幄，决胜千里"（西汉·司马迁《史记·高祖本纪》）。

就像新冠疫情，看似是一夜之间席卷中国，实际上已经酝酿了多年。食用野生动物的陋习、公共卫生体系的短板、对冠状病毒研究的停滞、信息披露机制的缺失、地方决策体系与中央之间的扯皮……祸根一步步埋下，直到疫情暴发。

在疫情暴发之前，其实我们有若干个机会去减小它的影响——比如李文亮的提前预警。但为了不产生恐慌，他的言论被删除，甚至遭到警方的训诫，"辟谣"的消息反而第一时间在官方电视台播出。

所以，舆情的最佳处理方式就是消除隐患、控制好源头。不管对企业，还是对政府，乃至对国家。而宣传部或者PR（公关）部门的责任，也应该从删帖转化为判断、预警，特别是对业务风险隐患的提示，做一只优秀的"看门狗"。

所以，作为发言人或品牌负责人，应该更多了解内部的各个板块的业务。很多人都认为品牌负责人是对外，但其实对内的沟通更重要。他应该是整个机构里面除了一把手之外最了解全局业务的人。也只有如此，才能做出提示和判断，并在关键时刻做到应对自如。

要把遭遇战打成阵地战，需要注意以下事项：

（一）建立舆情分类、分级处理机制

相关负责人应该认真梳理此前发生的舆情，并参照同类产品和服务曾出过什么问题，

建立分类、分级的舆情处置系统，并解决以下几个问题：

（1）所谓的级别是根据什么确认的？比如说按照对消费者的人身伤害程度，或者财产损失情况。

（2）每个级别对应的处置模式是什么？比如谁来牵头，获悉情况后走什么样的流程？处理预计达到什么样的效果？对责任人的处罚是什么？

（3）要建立一个什么样的组织来支持这个系统的运作？它拥有的权力和所担负的责任是什么？

（二）建立媒体沟通机制

要了解不同媒体的传播规律，媒体中各个岗位所起到的作用、某个岗位上的人也要了解。这样可以保证在舆情发生时，能够在第一时间找到相关人员进行沟通。记者不是你的朋友，也不是你的敌人。他需要的是事实真相。本着这个原则进行沟通，就不会带来太大的麻烦。

（三）在面对舆情的同时，还要做好其他层面的应对

除了会让用户流失、品牌贬值、公信力降低之外，舆情可能带来的另一影响，是政府执法部门的介入，进一步带来约谈、监管、处罚。滴滴顺风车杀人事件发生之后，包括交通、公安等多个政府部门，在各地分别约谈滴滴，并做出了"顺风车"无限期下线的处理。一个行政处罚一旦生效，对公司的上市或者市值是会产生严重影响的，而这种处罚还会引发新一轮舆情。所以，在应对舆情的同时，应该注意和政府层面的沟通，积极整改，而不是被动等待。

（四）最需要牢记的一点是：舆情处置最终是情绪的处置

在做出每一个应对时，一定要考虑到是否缓解了公众的情绪，而不是火上浇油。

中国自古有"防民之口，甚于防川"的说法，也就是说社会舆论的力量比江河更强大，在处置时要特别谨慎。对于应对模式，其实老祖宗已经留下了成功经验：大禹治水，堵不如疏。找到引发舆情的源头，对民众关切的事情给予回复，这才是化解矛盾的最好方式。在移动互联网上，一味删帖的手段已经过时了。

深度案例之八：新闻发布会败于口罩

提要

病从口入，祸从口出。正确使用口罩，不仅能阻止病毒传播，也能防止舆情扩散。

一

鉴于口罩的重要性，又是本文的主人公，所以先给大家做个科普：

口罩，一种卫生用品，以纱布或纸等制成。戴在口鼻处，用于过滤空气，以阻挡有害气体、气味、飞沫进出呼吸道。

世界上最先使用口罩的是中国。《礼疏》载："掩口，恐气触人。"《孟子·离娄》记："西子蒙不洁，则人皆掩鼻而过之。"马可·波罗在他的游记中描述了这样的场景："在元朝宫殿里，献食的人，皆用绢布蒙口鼻，俾（bǐ，三声，达到某种效果之意）其气息，不触饮食之物。"这里说的绢布，就是口罩的原型。

2003年，凶猛的SARS令口罩一度脱销；2009年，甲型H1N1流感让这种防护品再次出现在各大新闻媒体的镜头前。2013年，随着雾霾及PM2.5概念的出现，口罩成为中国北方人民的冬季必备之物。

有两位国士使用口罩保护了国人：一是110年前，时任清政府"全权总医官"的伍连德，他在东三省肺鼠疫肆虐时发明"伍式口罩"，阻止了病毒的传播；一是钟南山，在新型肺炎的疫情中，**这位84岁的中国工程院院士代表高级别专家组呼吁：存在人传人！戴口罩还是有用的。**

二

但不要以为所有人都知道常识，更别认为某些领导掌握的常识会超过民众。在 2020 年 1 月 26 日举行的"H 省新型肺炎疫情发布会"上，口罩就出了问题。

因为怕侵犯有关人士的肖像权，那张在朋友圈里刷屏的照片就不放了。总之，在三位发布者的脸上，出现了三种佩戴口罩的不同方式，分别是：

右边的领导戴反了（也有人说没反，但最终证明是反了）；

左边的领导只遮住了嘴巴，鼻子却露了出来；

中间的领导没有戴。

首先让我们科学地分析一下，谁的做法更不靠谱？

一次性口罩反着戴：其一，口罩折痕的方向设计是配合脸型的，如果反了，就没有办法紧贴住整个面部皮肤，外面的空气细菌和污染物会沿着缝隙进入口罩里面，这样难以发挥过滤功能。其二，一次性口罩一般都是三层设计类型，其中过滤层在中间，正反面的功能也不同，外层是防水层，里面是吸水层。如果反了，防水层就会变成吸水层，吸水层就会变成防水层。这样会导致呼出来的热气附着在口罩表面，而且越积越多，会让口罩失去过滤功能。其三，如果长期把一次性口罩戴反，会把脸皮磨破。

遮住嘴巴，鼻子露出来：这个，医学专家表示无法评价。因为在一般情况下，人是用鼻子呼吸的……

不戴：这就不是个科学问题了。借用一家媒体的评价：作为负责人，艰难时刻，他所有的行为应该都集中释放出这样一个信息——他要求公众做到的，自己首先必须做到；他和公众一样，他跟公众在一起。作为全场唯一没有戴口罩的人，这不是他表现处变不惊、从容应对的大无畏英雄气概的场合，相反还暴露出他的特殊，暴露出在疫情大面积暴发、蔓延的危急时刻，一些领导干部不注重舆情、对受众观感麻木、对民意疏解缺少感知、缺乏基本媒介素养的弱项。

三

发布会上，口罩的问题还不仅仅是佩戴方式。现在，我们来做一道选择题：

问：H省口罩的"年生产能力"是？

A. 108亿只　　B. 18亿只　　C. 108万只　　D. 谁也说不清

从那位领导的回答看，应该选D。

选择题来源于他对于口罩产能的回答——起初表示"年生产各类口罩108亿只"；收到纸条后又改口说"不是108亿只，是18亿只"；此后又再度更正："我们省口罩的年生产能力是108万只，不是亿是万，单位错了。"

对于错误的原因，这位官员解释是"口误"。然而，口误背后呢？

请注意：这是口罩。**是防止新冠病毒进入人身体最重要的屏障；是最能让市民安心的屏障；说重了，它是战略物资，是打仗使用的枪！**

一个军长，不但自己不会用枪，也不知道要给属下的军队配多少枪。这怎么行？

四

最后，还是要回归我的专业，谈谈舆情处置以及新闻发布会的正确开法。一场本应该披露更多事实、抚平公众情绪的发布会被口罩搞成这个样子，确实值得深思。这不是在平事，而是在添乱，是在产生二次舆情。

那么，一场正确的新闻发布会应该怎么开？这里有几个建议：

（1）核心问题弄清楚。

在本次发布会上，除了疑似、确诊、死亡、出院等几个核心数字外，口罩是重中之重，具体原因前文已经说得很清楚了。这种核心内容都不准备好，现场尴尬是必然的。

（2）做好事实披露，更要做好解释。

市长同时披露的另一个数据"春节因素和疫情因素影响下，500多万人离开了W市"，也引发了全国人民的担心。其实，这个数字可以解释得更清楚些，因为基本相当于每年该市春运外流人口的数字。

《新京报》评论说，要消除这重疑虑，应综合出行数据、运营商数据、当地反馈等方面，进行更详细的解读——这500多万人分别在什么时候离开，又流向了哪里，有多少人曾与感染源有过接触……有了足够数据与模型做支撑，焦虑就能尽早打消。尤其是在互联网、大数据时代，精确的数据管理并非不可能完成的任务。数据管理不只涉及感染、疑似病患等情况，也包括与防疫相关的床位、物资、人口流动等数据。相关数据涉及的领域越多、越精确，我们对疫情的防控就越主动，也越有针对性。

（3）被广泛转播的永远是一句话、一张照片、一段视频。

公众或许不会记得这个发布会，但"500多万人流出"以及这张关于口罩的图片是很难忘记的，这就如同2011年温州动车事故后的"至于你们信不信，我反正信了"一样。在移动互联网时代，碎片化信息更容易传播，而且传播得会更快。所以，更需要发布者谨言慎行。

（4）让专业人士说话。

在重要的发布会上，除了政府官员之外，应该引入专业人士。与H省发布会同一天举行的国务院新闻发布会上，除了几位部委领导参与之外，有关专家也被邀请参加，并现场回答了问题。闻道有先后，术业有专攻，在某些场景下，专家的作用是官员无法替代的。

（5）不说假话。

2003年4月初，正值SARS病毒扩散时，时任国家卫生部部长张文康在国务院新闻办记者招待会上表示："正如大家看到的，现在中国大陆社会稳定，人们生活工作持续正常。在此，我可以负责任地告诉大家，在中国工作、生活，包括旅游，都是安全的。在座的各位，戴口罩、不戴口罩，我相信都是安全的。"

然而，灾难不会因为瞒报而停止。摘下口罩，反而将中国置于非常不利的地步。也正因为瞒报，张文康最终引咎辞职。同时因瞒报去职的，还有时任北京市市长孟学农。

2020年1月24日，国务院发布公告表示：对涉及缓报、瞒报、漏报疫情，落实防控措施不力，导致疫情扩散的，一经查实，将依法依规严肃处理。我们也相信，随着医疗资源的投入、传播链条的阻断以及真实信息的公开，国内疫情会被控制。届时，我们会摘下口罩，在灿烂的春天里，繁花与共。

疫情处置：一切应以人为本

提要

新冠疫情的迅速蔓延，不是源的问题，而是流的问题；想打赢这场战争，要面对的不仅仅是病毒，还有人心。

一

曾经与不少同行讨论过如何衡量信息的价值。有时政记者说：判断一则时政新闻的价值，在于它所关注的政策的重要性；有财经记者说：判断一则财经新闻的价值，在于它所关注的资本的多少；有科技记者说，判断一则科技新闻的价值，在于它所报道的新技术的领先性。

这些说的都有道理，但都没有说到本质上。判断一则新闻重要与否、一条信息有无价值，最终归结为对人的影响。它又可以拆解为三个指标：

影响了多少人（数量）；

影响了什么人（身份）；

影响到什么程度（对人的命运的改变，比如染病、受伤、死亡、后遗症以及其他）。

这三点，与判断疫情严重程度的指标一致。

二

对于这场或将影响中国命运的疫情而言，2020年1月23日是个重大转折点。这一天，武汉官方宣布了"封城"的消息，瞬间成为各媒体平台的头条新闻。

封锁一座城市,为何会引发空前关注?

答案很简单:封的不是城,而是人。

它影响着疫区武汉大约 1 400 万常驻人口;自古就被称为"九省通衢"的武汉,今天的人员迁徙排名位列全国城市第 15 位。武汉高铁可直达 25 个省份、40 多个城市,几乎覆盖了大半个中国;来自航空业的不完全统计表明:从 2020 年 1 月 1 日到 23 日封城之前,已经有超过 6 万人从武汉飞到北京,接近 6 万人进入上海,去往广东省的也超过了 5 万人……

而这些人可能连接着上百万个亲人、朋友与家庭,最终影响 14 亿中国人。

三

有关人的信息,在任何一场灾难中都是核心。

比如,全国第一个确诊的病例(零号病人)、第一例死亡的患者、第一例康复的患者,包括某一个省、直辖市、自治区的各种"第一例"。他们都是处于转折点上的人,从无到有、从 0 到 1;他们的背后,是一个传播链条——从 1 到 100 到 1 000 再到 10 000,乃至更多。

比如,有着特殊身份的人,像北京大学第一医院呼吸与危重医学科主任王广发。作为新型冠状病毒感染肺炎专家组成员,他患病要比普通人受到的关注高很多。1 月 25 日报道的"2 岁女童被感染",说明了病毒已经开始侵害我们更关心的一个群体。

再如,那位传染了 14 位医护人员的"超级病毒携带者",他就相当于信息传播中的大 V,影响力超群。所以,对类似人员的防控至关重要。

对方舱医院、火神山医院、雷神山医院的关注,来源于它的几千个床位。但床位的背后,是几千名患者的收治,以及这些人传播链条的阻断。包括正在投入使用的试剂盒、药品也是如此。

最重要的,是新冠病毒传播方式的确认——特别是"人传人"的确认,这是一个质变。

110年前，鼠疫在东三省肆虐时，时任"防疫全权总医官"的伍连德所做出的"可以通过空气，在人与人之间传播，具备人传人的能力"的判断，是在极其落后的条件下战胜这场甲类传染病的根本。钟南山院士最大的贡献，也是向公众披露了新型肺炎"人传人"的特点。此前武汉官员及卫生系统最大的过错就是隐瞒了这个传播链条。如果说，动物传人类似于传统媒体的传播模式，那么人传人就是社交平台的传播方式——报纸和朋友圈，你觉得哪个传播更快？

四

我们可以再向前探究一步：**人的背后又是什么？内是人心，外为情绪**。疾病的可怕在于它不仅会影响人的身体，也可以摧垮人的精神。当一个人绝望的时候，他可能做出任何极端事情。比如，有患者在绝望时撕扯医生的防护服，要"同归于尽"。

所以，香港大学教授管轶表达的事实可能是准确的，但他传递的情绪是错误的。这就如同在战争的紧要关头，一个逃兵向军队宣布："敌人很强大，我已经跑了，你们看着办！"而钟南山院士以84岁的高龄临危受命赶赴一线，他带给中国的不仅仅是治疗方案与真相，还包括对公众情绪的安抚。

苟利国家生死以，岂因祸福避趋之。

比这种不负责任的说法危害更大的，是某些地方政府一度的淡漠、隐瞒甚至放纵。有1 000个理由甚至拿出"依法办事"做幌子，但最终把事情办砸了，这法就是恶法、程序就是恶程序；那些打着"符合程序"幌子的人，就是在逃避责任，理应受到严惩。这种不负责任的行为，会让公众不再相信政府，把人们的信心一点点地消磨掉。

想疏导公众的情绪，只有一个方式，就是信息的披露。

真实。每一个数字、每一个案例，客观平实，不能瞒报、不能夸大。特别是要对引发公众情绪恐慌的谣言进行辟谣。比如，若干具尸体在医院停放几小时无人处理；以及钟南山也被感染等。

及时。建议官方24小时滚动播报疫情核心信息，随时通报最新情况。

实用。 解释好每一个信息的背后意味着什么，面对疫情，公众最应该做什么。

回应。 这里指对媒体监督、批评的人或者事进行回应，对违规人员进行处理。如此才能平息民愤，真正让大家众志成城。

但一切的结果，都要集中到病患者身上。如果在这样全国 26 省份启动重大突发公共卫生事件一级响应（1月25日消息）的国难面前，还把镜头丢给领导，描述高度重视、第一时间赶到现场之类，那也是人性问题了。

五

疫情什么时候能够平息？与信息传播的规律相同，依然可以用"源流说"解释：病毒从哪里来？病毒向哪里去？

权威报道表明，2020 年 1 月 24 日，中国疾病预防控制中心（CDC）已经成功分离出冠状病毒第一株病毒信息。此前的好消息是：1 月 9 日，中国科学家成功破译了武汉发现的新型冠状病毒基因组，并在第一时间共享到了相关国际网站上。此举得到了世界卫生组织驻华代表的认可。1 月 18 日疫情出现较大范围蔓延后，国内的医学专家们迅速编制出了诊疗指南。一位经历过 SARS 的医生对媒体表示：这种速度在 17 年前 SARS 流行时，根本不可想象。

在"源"的层面上，我们做得不错了。

但问题出在了"流"上。"人传人"信息披露太晚，以及迟到的封城已经给这次疫情的控制带来巨大难题。

源与流是可以相互转化的，当病毒入侵了某一个人的体内后，他就从"流"变成了"源"。而这，就是传染病的可怕之处。

中国的春运，是全球规模最大的人类迁徙，今年将超过 30 亿人。而在 1 月初开始的返乡潮之后，是 1 月底的返城潮。所以，疫情在短时间内肯定不会减弱，甚至在 2 月会有进一步扩大之态势。正如一些专家所说：这次流行病的控制成本，已经是一个天文数字。但相对有利的一点是：到目前为止，病毒对人体的影响程度相对 SARS 较轻（中国的死亡率为 2% 左右；而 SARS 的死亡率在 10% 左右）；另外，因为有了 SARS 的治疗经验，康复者应该不会出现大规模股骨头坏死的后遗症。我们期待着，那个每天在攀升的数字会在某一日下降——每一个数字背后都是人的生命。

六

这次疫情暴发之初，包括我在内的一些人还不太相信会闹得这么大。毕竟，我们有过处置 SARS 的经验，而时间已经过去了 17 年。

但不是每个人都会以史为鉴；不是每个人都会把总书记"为人民谋幸福"的教导放在心上；也不要认为这一件事情很简单，因为它涉及人与人之间的关系、人与人之间的利益博弈——在疫情处置的背后，是一套体系和机制在运转，这就如同中国男足的问题，不是靠球员和教练就能解决的。所以，说这场疫情是"国难"，不仅仅因为它让中国大陆所有的省级行政区域都启动了一级响应，更在于它将对已经迈入"新时代"的中国的政治、经济、卫生以及社会治理等各个层面产生深远的影响。

国难当头，武汉需要有能力、负责任、敢担当的人物统筹治理。只知道说"内疚、愧疚、自责"的书记、一问三不知的地方 CDC 主任，怎么可能担此大任？一将无能累死三军的情况不能再延续下去了。也只有如此，才能把正在涣散的人心收拢回来。

补记

2020 年 4 月中旬，当我开始为书稿做最后的校订时，为此文做了以下的补记：

回顾这篇在三个月前写下的文章，几乎所有的判断都得到正确的验证。除了疫情的走向之外，还包括人事变动——2 月 13 日，中央决定：应勇同志任湖北省委委员、常委、书记，蒋超良同志不再担任湖北省委书记、常委、委员职务。武汉市委主要负责同志同时调整：王忠林同志任湖北省委委员、常委和武汉市委书记，马国强同志不再担任湖北省委副书记、常委、委员和武汉市委书记职务。

而在这次抗击新冠肺炎疫情中，以习近平同志为核心的党中央一开始就明确要求把人民群众生命安全和身体健康放在第一位，坚决做到应收尽收、应治尽治，所采取的防控措施都坚持以人民为中心，首先考虑尽最大努力防止更多群众被感染，尽最大可能挽救更多患者生命，高度重视对疫情防控一线工作人员的关心与保护。习近平总书记指出，战胜这次疫情，给我们力量和信心的是中国人民，并反复强调打赢疫情防控这场人民战争，要紧紧依靠人民群众，充分发动人民群众，提高群众自我服务、自我防护能力。这些体现出新时代中国共产党人时刻牢记人民利益高于一切，坚持人民至上，坚持一切为了人民、一切依靠人民的精神特质。

3月31日，国新办在武汉举行新闻发布会，据中央指导组成员、国家卫健委主任马晓伟介绍：以武汉为主战场的全国本土疫情传播已基本阻断，疫情防控取得阶段性重要成效；**2020年4月8日0时，在艰苦卓绝地奋战了76天之后，武汉解除封城。**

这一刻，中国再次沸腾了。眼泪与笑声、痛苦和欢腾、悲伤与欣喜，对逝去的追忆与对未来的期许充斥在各种媒体上，包围了每一个人。我在自己的朋友圈里发出了如下文字：有人说你即将归来，我却说你从未离开。在最艰难的时刻，我没有抛弃，你没有放弃。英雄之城，英雄人民，涅槃重生。武汉，晚安！

（文中部分资料援引自人民网、新华网等媒体，特此致谢！）

源流说 后记

内容的未来

从 2020 年 1 月 31 日开始整理《源流说》的书稿,直至 3 月 19 日第一稿结束,这是漫长的 48 天。

"梅英疏淡,冰澌溶泄,东风暗换年华。"当所有稿件完成的时候,春天终于到来。

有位朋友看完书稿,提了一个建议:可否预测一下内容发展的趋势——春天来了,内容的春天也会到来吗?

实话实说,对此我并不乐观。理由有三:

其一,在刚刚过去的 2019 年,移动互联网的增速已经清零,流量红利消失。2020 年以及未来,如果不发生巨大的技术变革,不可能再出现类似2012年前后人们更换智能手机，而导致用户暴增的情况。

其二，国内和全球经济形势堪忧。在新冠疫情的冲击下，无论是哪里，在短期内很难恢复活力（根据国家统计局数据：2020年第一季度，中国国内生产总值即GDP为206 504亿元，同比下降6.8%）。而这必将影响内容的发展，因为做文章也是需要成本的。

其三，对舆论的管理趋严，内容空间可能越来越小。

政治、经济、用户——这三个条件决定着"内容大盘"。当大盘下跌的时候，个股上涨肯定比较艰难。

然而在这种大背景下，依然会诞生一些机会。具体分析如下，供大家参考。

一、在短期内，5G不会给内容带来巨变

1G传播的是声音，2G是文字，3G是图片，4G是视频。此前，移动互联网的每一次进步，都会带来一次内容形态的跨越。从4G到5G，人们也寄希望于同样的突破。但现在的问题是，声音、文字、图片、视频，这些内容形态在PC甚至传统媒体时代已经出现，只是互联网对其进行了"加持"。

所以，5G能否创造新的内容形态，还是个未知的问题。可能有人会提到VR，但虚拟现实的全面应用有一定困难，特别是穿戴设备的成熟度——软件与硬件总是相辅相成的。

事实也证明，从2019年中旬5G开始商用后，内容格局并未因此发生巨变。

但从另一个角度说，5G会给很多其他的应用提速——比如无人驾驶、远程医疗等，会让人工智能再上台阶，侧面给源、流以助力。

二、短视频红利仍可开发

用"春花烂漫"来形容这几年以来小视频的成长，恰如其分。靠着这种全新的业态，今天，快手已经成长为DAU超过3亿的国民App。而另一款以"记录美好生活"为slogan的小视频音乐社区产品"抖音"DAU的峰值，已经接近4亿。要知道，即使在巅峰时刻，今日头条的DAU也不过1.2亿。

小视频的爆发性增长，与两个因素相关：

其一是网络的升级。2013年起，4G在中国铺开，到了2016年前后资费大幅度下降，真正成为"国民网络"。5G则会让播放更流畅、资费更低廉，进一步促进了小视频的发展。

其二是人工智能的崛起。这导致近几年算法水平、数据量以及算力都在不断提升。这种提升，对小视频的识别、审核、分发等处理能力有很大帮助。

之所以说小视频的红利期还未消失，还有一个重要原因：它极大降低了内容阅读和生产的门槛——因为并不是每个人都认字，更不是每个人都会写文章。但无论是3岁的孩子还是80岁的老人，都能观看甚至拍摄视频。与音频相比，视频也是跨语言的、跨地域的、跨国家的。中国的红利吃完了，还可以吃国外。目前，抖音已经在全球100多个国家和地区有布局。

三、深度内容有限回归

移动互联网成就了碎片化传播，但深度报道仍然不可或缺。这次的新冠疫情恰恰成为最好的助力，引发了人们对于真相的追问、对深度的探求。

有人说"中国人很健忘"，或者是"江山易改、本性难移"，但也要分什么事。这次疫情带来的冲击太显著了，以至于人们不得不去主动或者被动地总结，包括反思内容传播的模式。但之所以说"有限"，是因为真正的深度报道往往都不是唱赞歌的，这需要有关部门的包容。

四、从有趣到有用

自媒体及小视频的大量出现，产生了很多好玩的内容，比如明星八卦、笑话段子。因为轻松愉快，这类内容深受阅读者欢迎，瞬间产生10万+。但同样，它们也容易被遗忘。因为笑过去了，可能什么也留不下。

与有趣内容相对的，是有用的内容。尽管看起来没那么轻松，但它能给阅读者带来实际的帮助，甚至是直接收益，比如正确的股票信息。人总是懒惰的，但也要分场景，吃不上饭的时候，肯定希望别人告知哪里能找到面包，而不是听一则笑话。

所以，在经济起飞、机会遍地的时候，人们会钟情于娱乐；而当经济不景气，甚至身边危险重重的时候，人们更愿意得到生存的机会。这也是在今天的大环境下，有用的内容可能崛起的原因。

但这里说的"有用",是要能提供货真价实的信息。具体说有三个层面:其一是提供技能,学完了就能挣钱、谋生;其二是提供知识,加深用户对某一个领域的了解,并能转化成生产力;其三是提供"道",让人了解事物运行的本质规律,以更从容地应对复杂局面。

五、"下沉"仍有市场

大约在五年前,我和时任赶集网 CEO 的杨浩涌有一次深谈。在说到赶集网成功的经验时,杨浩涌表示:抓下沉市场是核心。

这里的"下沉"包括两个路径:其一是五六七八线的地方,也就是我们常说的"五环外";其二是蓝领,比如保姆、保安等人员。抓前者是因为竞争少;抓后者是因为需求量大且变化频率高。

我很遗憾当时没有真正理解"下沉"的含义,否则一点资讯应该不是今天的样子。而快手、拼多多就是因为抓住了下沉市场快速崛起,成为中国互联网的巨头。

在流量红利减少的当下,下沉市场仍有机会。专业人士判断,在中国还有 3 000 万～ 4 000 万用户,是现有的内容型 App 没有覆盖到的,其中绝大多数集中在下沉市场。但需要注意的是,为下沉市场提供的内容不代表是错字连篇、低俗无比或者标题党,因为不管是哪个阶层,追求美都是共性。而像错字、病句这样的东西,是不美的,是哪个阶层都接受不了的。

下沉市场大抵有几个特点:一是用户有大把闲暇时间;二是有盘根错节的裙带关系;三是因收入所限,比较看重小的利益。根据这些特点,就可以设计出一些符合用户需求的产品来。

六、"大社交"的机会微乎其微,但垂直社交或可尝试

2018 年,我们看到若干社交产品的失败——包括字节跳动的"多闪"、罗永浩的"聊天宝"等。这再次说明了一个道理:对于社交产品而言,就是马太效应——穷的越穷、富的越富,要么是 10、要么是 0,没有 1 ～ 9。

社交产品和纯资讯产品不一样，是以关系链条为基础打造的。所以不是一个人就能玩转的。如果你想再造个"微信"，必须要把你和身边所有使用微信的人都挪过来，重新编织一张网络。

所以，大社交就别想了。但在某一个领域里挖掘或者针对某一种特定社交功能，找一群志同道合的人攒个局是有可能的。比如钉钉，它所满足的是企业里同事之间的交流，也为这种社交开发了很多特定功能。目前，在钉钉上的注册企业已经超过1 000万家。

七、内容的战争，终究也是全球战争

2020年3月中旬，字节跳动集团宣布了其组织升级的消息，张一鸣出任全球CEO。

在给全员的信中，张一鸣表示："随着业务的变大，外部效应也不断扩大，社会也对我们有了更多期待。过去一年，我花费近三分之二的时间去了全球很多地方。除了了解公司业务，我还跟很多当地的同事和朋友交流，去德里迪利哈特市集做用户调研，去巴黎朋友家做客，去各地博物馆了解历史，我对世界的丰富性和文明的演化有了更深刻的理解。我们在全球多个国家有业务有用户，要更认真地思考和外部世界的关系，对外部世界的贡献。"

官方资料显示，字节跳动成立八年以来已成长为在30个国家、180多个城市有办公室，拥有超过6万名员工的全球化公司，截至2019年年底，字节跳动旗下产品全球每月活跃用户数超过15亿，业务覆盖150个国家和地区、75个语种。

有业内人士这样评价字节跳动旗下的抖音与快手的竞争：在国内，两者会在三四线城市交锋；但在国际上，抖音的布局已经远远领先于快手。

正如"'源流说'概论"中所提到的，源与流虽然说的是内容，但背后终究是人。只要有人的地方，就是可以进行拓展的市场。内容的战争，终究是全球化的战争，而其打法，则需要因地制宜。对于很多中国内容公司而言，他们对移动互联网的理解已经远远超过国外同行，"Copy from China"正成为一种潮流，走向世界各地。唯一遗憾的是，新冠肺炎的全球大流行又给这种拓展带来了很大的阻力和不确定性。

图书在版编目（CIP）数据

源流说：内容生产与分发的44条法则 / 吴晨光主编. -- 北京：中国人民大学出版社，2020.8

ISBN 978-7-300-28412-5

Ⅰ.①源… Ⅱ.①吴… Ⅲ.①新闻工作 Ⅳ.①G21

中国版本图书馆CIP数据核字（2020）第135242号

源流说

内容生产与分发的44条法则

吴晨光　主编

Yuanliushuo

出版发行	中国人民大学出版社		
社　　址	北京中关村大街31号	邮政编码	100080
电　　话	010-62511242（总编室）	010-62511770（质管部）	
	010-82501766（邮购部）	010-62514148（门市部）	
	010-62515195（发行公司）	010-62515275（盗版举报）	
网　　址	http:www.crup.com.cn		
经　　销	新华书店		
印　　刷	北京宏伟双华印刷有限公司		
规　　格	170mm×240mm　16开本	版　次	2020年8月第1版
印　　张	17.75插页3	印　次	2020年8月第1次印刷
字　　数	258 000	定　价	59.80元

版权所有　侵权必究　印装差错　负责调换